社會科學研究法

論文寫作之理論與實務

Research Methods in the
Social Sciences

謝 金青 ◎著

序一　知識國度追求的起點

　　社會科學領域範圍寬廣，主要包括了經濟學、政治學、心理學、社會學、教育學、管理學、人類學、歷史學以及大眾傳播學等多門學科。這些學科主要的研究焦點在於人及其行為之影響，其重要性不言可喻。

　　社會科學研究成果產出及其貢獻的有無，重要的關鍵之一來自於嚴謹的研究方法。因此，社會科學領域中的研究所，多半會將研究方法列為必修課程之一，讓研究生在課程學習過程中培養研究基礎能力，並為學位論文的撰寫做準備。可惜的是，坊間有關社會科學研究方法的教科書，通常著重於理論之闡述，且因著者學科背景的差異而論點各有所偏，不易成為研究生撰寫學位論文之良好引導。有鑑於此，謝金青教授積極將多年教學及研究經驗所得，彙集出版，實是社會科學界及廣大研究生之福音。

　　謝金青教授青年時代即投入教育工作，累積了相當豐富的基層教學經驗。一九九二年執教大學以後，戮力鑽研學術，基礎能力紮實，研究表現允為優異。因為在研究所中教授研究生「研究方法」課程多年，長期教學相長的穿梭證驗，加以不斷的思考與困境突破，讓他擁有遠比其他學者更好的條件，以進行社會科學研究方法專書之論著。

　　本書以創造性的思維，開闢MSS研究方法專欄，深入淺出的闡述研究方法之重要概念，文辭流暢練達，相當容易理解。其次，結合研究實務與經驗，選取研究歷程中的焦點問題，開闢「觀念擂台」，提供不同的論述觀點，引導讀者進行批判反思，頗有創意。此外，則從研究生學習角度出發，精心規劃「自我測驗」、「個案

研討」、「論文實例」等節段，對於可讀性及應用性的提高，有畫龍點睛之妙，雖為學術論著，但讀來行雲流水，頗有提升讀者閱讀興趣之效。

　　目前社會科學研究方法之論述，相較以往，已有相當之進步。但是，某些關鍵問題則仍存有歧異觀點，這些歧異觀點因為缺乏適當的討論與澄清，隨著研究生論文參差不齊的產出，造成了許多以訛傳訛的現象。本書之出版，適可些許彌補上述現象之缺憾。值出版前夕，個人有幸先睹為快，深感浩瀚學界傳承後繼有人，樂為之序。

葉學志

前彰化師範大學校長

序二　匠心獨運成一家

　　據教育部統計，本學年大學校院教師數共有49,086位，博士生有34,178人，碩士生更高達185,000人，國內需要從事研究工作的人口不在少數。因此近年來坊間教人如何做研究的書籍可謂汗牛充棟，而每本書都互有所長，也各有特色。

　　謝金青教授是我多年好友，他的學術著作是我拜讀的文獻，而他指導研究生的獨特方法，更給我許多啓發。現在，他要把多年來的寶貴經驗化爲文字與大家分享，是我個人所樂見，相信也是讀者之福。

　　在本書中，謝教授透過「MSS專欄」提綱挈領說明重要觀念，在「觀念擂台」並陳各家對重大議題的正反見解，「自我測驗」提供讀者逐點自我檢視研究所需的重要能力及觀念，「個案研討」提出相當實際且生動的案例及深入的問題，可作爲課堂討論的依據，最後的「論文實例」中，則簡介了國內之學位論文，並摘要說明謝教授的評析。如此的安排不僅匠心獨運，相信也能使讀者獲益。更難得可貴的是，這本書中有許多是謝教授獨到的見解，這是市面上其他同類型書籍不容易見到的。武俠小說常說練了某本祕笈而增長一甲子的功力，相信本書就是研究所需的祕笈。

　　以我個人的研究成果，實不足爲謝教授寫序，但是基於多年情誼，及再三誠懇相邀，個人也就不揣簡陋，衷心向大家推薦本書。我有幸可以比各位早點看到此書，相信大家一定可以從中獲益。

於屏東教育大學

目　錄

第一章
研究的第一步

- 楔　子
- 科學的定義
- 科學研究的特徵
- 論文寫作基本能力
- 論文主題的評估

科學和哲學是人類心智活動最高的一個層次，而且也是人類
精神動力的發動機。

——拉蒙卡哈（1906年諾貝爾醫學獎得主）

楔　子

　　科學（science）一詞可以說是當今社會的優勢語彙，科學也是
現代文明與社會進步的主要表徵符號。早年，國小老師最喜歡的作
文命題是「我長大後的志向」。結果，小朋友選擇最多的未來志向
之一是「偉大的科學家」。科學不僅老少咸宜，人人琅琅上口，甚
至於任教哈佛醫學院的Nancy Etcoff探索「美麗」之餘，都要將書
名掛上「The Science of Beauty」[1]。上述事例可見，科學爲何是當
代最爲強勢的語彙了。

　　不幸的是，許多人對科學的解讀不一，造成許多溝通與互動
上的困擾，嚴重的也會成爲社會混亂的根源。

　　1998年，台灣南部一所藥專教授國父思想課程的講師，對外
宣稱世界末日即將來臨，上帝將在當年的3月31日駕駛飛碟降臨在
美國德州的一個城市Garland（諧音：God's land），並接引信徒脫
離絕望的地球世界，到其他星球安享神仙般的快樂生活。

　　這個事件紛擾許久，記者們每天忙得不可開交，尋常百姓則
眼花撩亂。最終的結局是，許多中外媒體爭先恐後的派人乘坐飛機
跑去Garland小鎮看到「槓龜」的結果。

　　對科學信仰的薄弱在中國社會是個普遍的現象，對科學概念
認知的缺乏也有相當悠久的傳統歷史。學者與研究生，擔負著知識
創發與社會正義的使命，如果對於科學概念之認知亦各有所偏，那

麼就會是一個影響深遠的問題。因此，當我們翻開本書，進入研究之林，準備探索無邊浩瀚的知識國度之際，首先需要反思自我對於科學的信念，必須相信科學是一種思想，追求的歷程以理性、客觀及中立為前提，即使在社會科學領域，不論人們對科學的認知與體驗多麼歧異，對科學的信仰須臾都不可動搖。

科學的定義

1951年，美國哈佛大學校長James B. Conant寫了一本《科學入門》（*Science and Common Sense*）。Conant的意圖很清楚，主要目的是要讓不是科學家的讀者們理解科學的意義何在。他對科學的定義如下：

「實驗與觀察的結果產生概念與學理，舊有的概念與學理又衍生新的實驗與觀察，科學即是這些概念與學理的相互聯結體。」[2]

此一定義指出科學是一種活動，重要性在於「衍生」兩字。Conant的論點屬於動態的科學觀，強調科學的意義是研究活動的不間斷歷程，而非科學產出的靜態知識體，也因為著重在研究活動的周而復始，現有知識的重要性在於提供進一步研究的基礎。動態科學觀的論點闡明了衡量「科學」與否一詞，不能單指任一領域的知識體，而是著重在研究的歷程系統觀點。

Conant對科學的主張事實上是對K. R. Popper（1902-1994）提倡的後實證主義科學思潮——「否證論」[3]的肯定回應。Popper主張，科學研究的目的，並不在於證明研究命題為真實，而是要以否證研究命題的方式，逐一否定既有理論知識中的錯誤。科學理論或

者說科學研究中的發現，並不代表「眞理」，充其量只能稱之爲「近似的眞理」，因此，科學研究會是一種永無止境的演化歷程。

動態的科學觀對社會科學領域研究工作者有重要的啓示，對學者或研究生進行學位論文之撰寫更有關鍵的引導作用。

論文研究歷程所得到的結果，只能稱之爲是概括的暫時性解答，並不是正確無誤的答案，當然也不會是永久不變的答案。更重要的是，論文研究完成後雖然是踏出了重要的一步，爲此一主題或領域的研究提供了一份可以參照的研究紀錄，提供後續研究者之參考。但是，其成就也僅此而已，它是隨時會被批評、隨時可能會被推翻的。上述的觀點相當重要，學者或研究生進行論文研究時，應具備上述的健康心理態度；同時，研究一開始，對於論文研究的最終成果，也不宜有過高的期待與使命感。易言之，動態科學觀的信念，會讓研究者了解身處研究體系中的角色扮演與定位，從而堅定的相信，科學研究是一種永無止境的演化歷程。

研究者對科學定義了解，堅定了研究的基本信念之後，自然會生發謙虛的研究態度，用字遣辭會嚴肅謹愼，心態上會理性客觀，研究結果不會過度推論……。凡此種種，都是來自對科學定義，以及動態科學觀的積極回應。

科學研究的特徵

「研究」（research）是「研究所」及「研究生」的交集關鍵字，對社會科學領域的學者或研究生而言，論文寫作之前，析辨並洞察「研究」之眞義，並在研究過程中具體踐行，事實上正是論文寫作成敗的基礎關鍵。

《辭海》對研究一詞的定義是：「應用嚴密之方法探求事

理、冀獲得一正確之結果者，謂之研究。」[4]

　　這個定義有兩個重要內涵：其一，方法要嚴密；其二，要有正確之結果。就前者而言，方法嚴密指的是科學方法，科學方法至少有三個理性的特徵──系統性、客觀性以及實徵性；就後者而言，正確結果意味著，經過嚴謹科學研究歷程所產出的研究結果，能夠經得起後續研究者的反覆證驗。因此，我們認為，社會科學領域的研究如果要宣稱符合科學方法的檢證，至少應該具備系統性、客觀性、實徵性三個主要特徵。

系統性

　　系統性指的是系統的方法（systematic approach），系統性有兩個重要概念：「整體」與「有機概念」（organism concept）。所謂整體，表示相互依賴的部分所組成的一個整體，將組織看成是部分與變項間相互依存的系統[5]。有機概念，指的是將組織視為一個活的生命個體，會隨著環境或刺激而產生變化、成長或發展，系統表示的是，一群彼此相關或互相作用的個體所組成的集合。

　　系統的整體概念，應用於論文寫作中指的是，撰寫論文時應有整體的思考、概念與計畫，針對論文進行整體式的周延思考。就如同建設高速鐵路一般，必須全程進行系統設計，自北而南規劃場站及路段，然後同時建設聯結完成。系統的概念如果就論文的段落章節對應方法而言，則指的是有其定式的歷程、程序與步驟。

　　有機概念應用於論文寫作中指的是，學位論文撰述應保持彈性，可以不斷地進行修正、不斷地改善，非到最後而不終止。事實上，這正是前述動態科學觀的主動回應與行動實踐。

客觀性

　　一致的判斷與評定者謂之客觀。或者說，人在進行判斷的過程中，免於個人的主觀偏差，或者免於個人價值好惡的影響謂之。通常而言，擁有多元的角度與思考，擴大知識的廣度與層面，可以較佳的達到客觀的要求。即使質化研究中，爲了信效度的要求，主張以三角檢證法的方式建立其信效度，也是研究者在研究歷程中力求客觀的一種表現形式。

　　不過，社會科學的領域中，客觀與否事實上極大的程度取決於Carl Cohen所言的民主心理條件[6]。民主的心理條件意指面對任何議題，都能保持合理程度的判斷，維持實事求是的精神，不帶個人主觀的偏見。面對任何問題爭議，能夠權衡各種不同角度層次的觀點與分析，以平等寬容的方式分析衝突爭議的問題。也唯有如此，研究者才能保持研究結果的客觀性。這種客觀性的體現，落實在論文寫作中，最具體的有以下數點：

1.撰寫論文應以事實爲依據，不虛僞造假，或過度之臆斷與延伸。
2.用字遣辭以「中性」爲原則，避免研究者個人主觀之過度推論。
3.應用第三人稱（研究者、筆者）的方式敘寫，避免使用第一人稱（我）。
4.引用人名，不論聲望尊卑，直呼名諱，避免阿諛奉承。

實徵性

　　Empirical原意為「經驗」，empirical approach則譯為「實徵研究法」。依原意看，只要是源自研究者自身的經驗，都可稱為實徵；另次，依心理學辭典的解釋，實徵研究指的是，應用觀察或實驗在實際資料中求取結果以驗證假設，並建立系統理論的方法[7]。後者的解釋，說明了觀察、實驗或者是實際資料，基本上都來自於研究者的親歷親為。因此，只要是研究者親自經驗或操作的研究歷程，都可以稱之為實徵研究法。

　　實徵研究的有無，也可以應用操作型定義作為判準。對社會科學領域中的研究而言，較適合的操作型定義應該如下所述[8]：

　　「具體描述研究變項的量測工具、方法以及實施程序。」

　　量測工具、方法以及實施程序作為操作型定義的要件，背後預設著後續研究者可以依工具、方法及程序以進行相同研究歷程的複製及研究結論的驗證，而這正呼應了實徵性研究特徵的重要內涵。

　　值得注意的是，對自然科學而言，複製性意味著後續研究者的複製實驗結果能夠成為有力的證明。然而，對社會科學領域的研究而言，因為人及其行為的複雜性，以及時空變遷的影響因素，所謂研究的複製或驗證，僅僅意味著研究歷程的近似，並不保證研究對象、研究工具以及研究結果的同一性，這是初入研究之林的學者或研究生首先必須有的基本認識。

1-1 社會科學稱得上是科學嗎？

社會科學領域的研究生，經過學習後會發現一個事實，並非所有的社會科學知識都是經由觀察或實驗而產生的，進一步引發以下的疑惑：「社會科學稱得上是科學嗎？」

Naville主張，可以稱之為科學的研究，至少需要三個連續性的操作：第一是觀察與實驗，第二是假設與推測，最後則是證明[9]，這是自然科學領域產出知識的基本程序與法則。

然而，社會科學屬性相異，研究對象、研究條件與研究限制相較自然科學頗不相同，不能完全如自然科學般的講求觀察、實驗、假設以及證明。但是，研究者對於研究問題的分析、解釋或者是預測，仍然不能離開科學的觀念與方法。就前者言，研究者應具備懷疑、批判與容忍等科學信念；就後者言，方法意指系統性的探求知識。因此，研究者應具備演繹、歸納與假設求證的科學方法[10]。

社會科學研究要符合科學研究的要求，其知識的產出仍需符合科學定律產生的條件。這些必要條件是：(1)實徵研究法；(2)因果關係的洞察；(3)符號化[11]。

1898年，實驗心理學先驅桑代克（E. L. Thorndike, 1874-1949）完成了博士論文。論文題目是「動物的智慧」[12]。桑代克提出了三個學習原理：準備律、練習律、效果律。上述原理的內涵是：個體的學習表現會因為準備、練習及效果的有無而改變。桑代克的發現，石破天驚，成為重要的學習法則。

桑代克的觀察與實驗，並不如自然科學的研究精確，但是應用了科學的觀念與方法，並將研究結果符號化，因此而有價值恆久的知識創發：社會科學的確是一門科學！

論文寫作基本能力

　　研究生論文寫作的開始，來自於科學研究觀念的建立，繼之於基本能力的有無。二十一世紀初，一位自然科學領域的研究生發表了一篇網路文章，篇名是「研究生論文寫作症候群」。文中細數研究生論文寫作時的病症，計有四十四種指標病徵，從作息混亂一直到行為錯亂。網路文章固然博君一笑，但也說明了如果基本能力未具，論文寫作可能是一個有為青年身心受虐的災難歷程。

　　研究所經營的成功，首在於培養研究生學術研究的樂趣，繼而提升研究的基本知能。四個思想信念、三個生活態度、兩樣基本能力、一個讀書方法，足以形塑研究生良好論文寫作的基礎能力。

四個思想信念

　　首先，研究生應培養理性、科學、分享、關懷的四個基本信念，並時時在學習歷程中體驗實踐：

理性──理性的思維與習慣，讓人們更容易接近事實與真理。
科學──科學的觀念與方法應用，足以創造出無限寬廣的學習潛力。
分享──同儕間的分享學習，將是研究學習生涯最豐碩的學習體驗。
關懷──友善的真誠關懷與體諒，必為美好生命的源頭活水。

　　理性的思維與習慣，會讓研究生掌握重要的學習關鍵符碼，輕易的接近事實與真理；科學觀念及方法的應用，不僅協助跨越學

MSS專欄

1-2 學位論文題目何處尋？

　　論文寫作的開始來自於題目的選定，許多研究生的問題起源於此。通常研究所的課程設計，藉由閱讀、分享以及討論批判的歷程，讓研究生習得學術研究的態度、方法與知能。最終則以題目的選擇作為學位論文寫作的開始。

　　原則上，學位論文題目的選擇有四個較為可行的方向：個人興趣、讀書啓發、教授指引以及同儕討論。

　　就個人興趣而言，研究生從自己有興趣的學門領域入手，逐一向下分析子類目，進而選定研究主題。以人力資源管理之領域為例，分析架構如下：

　　一、人力資源管理
　　　　(一)甄選與任用：招募、遴選、任用……
　　　　(二)薪酬：系統設計、模式、激勵……
　　　　(三)訓練：課程設計、績效評估……
　　　　(四)教育發展：課程設計、知識管理、學習型組織、遠距

習障礙，更足以激發無限寬廣的學習潛力；所謂獨學而無友則孤陋而寡聞，同儕間的分享學習，將會成爲研究生涯中最豐碩的學習體驗；至於師友同儕間的友善關懷與體諒，必是美好生命開創的源頭活水。

三個生活態度

　　良好的生活態度首先來自於食、衣、住、行、育、樂的規劃周

> 　　學習……
>
> 　　(五)評鑑考核：評鑑模式、指標設計、評鑑成效……
>
> 　　(六)其他
>
> 　　從讀書啓發而言，學術專書中的章節都是領域主題選擇的重要指標。例如組織行為專書，必有決策、工作滿足、激勵、溝通、領導、衝突、工作壓力以及組織變革等主題，皆可成為選擇研究主題的來源。其次，學位論文的末節，皆有研究者提供的進一步研究建議，也是選擇研究題目的參考。
>
> 　　至於教授指引的意義是，學術研究的熟手必然有較豐富的研究經驗，能得學者指引必然事半功倍。指導教授如果基礎能力紮實，鑽研學術專注，研究表現優異，那麼手上必有許多經過評估、可行性高而又富有價值的研究題目。只要指導教授首肯，數十道題目貼上標靶，飛鏢一射，研究題目自然手到擒來。
>
> 　　經驗顯示，同儕間的分享學習，是研究生學習生涯最豐碩的學習體驗。同儕間的討論互動，因為思考邏輯層次接近，語言接收頻率相同，容易得到啓發與心得。此外，同儕相互質疑、提問與辯證的歷程，有助導正研究目標與方向，進而有助於選定適當的研究題目。

詳，相輔相成。其次是作息正常始終如一，只有恆久不變的身體力行，才能確保身體能量的健康愉快。第三是適當的尋求支援協助，支持對象可以來自同學、親友，也可以是教授或是諮商中心等等。

兩樣基本能力

　　兩樣基本知能是語文能力及資訊軟硬體應用能力。社會科學的研究，中文和英文的能力是基礎，需要經常鍛鍊提升，才能符合

研究論文寫作之需要。中文能力如果優異，則閱讀容易理解，論述用語流暢，表達無礙；至於英文的能力，攸關外文文獻的蒐集閱讀、撰述及發表，也影響論文寫作的品質，重要性無可取代。

　　資訊軟硬體應用能力指的是，應具備資訊科技軟硬體的基本應用知能。硬體一般指的是電腦、網路等等，此部分略具基本維修常識即可，重大問題仍以專業人員維修爲宜。軟體則有文書處理（Word）、簡報（PPT）、網頁及統計套裝軟體（SPSS）等範圍。應用工具知能如果基礎佳，則研究者在蒐集以及分析資料時可以輕鬆上手，閱讀及寫作時也能事半而功倍。

一個讀書方法

　　唯一的讀書方法，指的是要能充分熟悉並掌握實效的讀書方法。讀書要從記憶與學習的原理出發，並符合讀書的心理原則[13]：方法簡單、引發興趣、維持專心、啓發心得。

　　PQRST（preview→question→read→state→test）是經過實驗後證明有效的科學讀書方法[14]，過程稍顯繁複。不過，簡易的三段式實效讀書法[15]就已經相當適用：略讀、精讀、複習。

　　略讀指的是，先從瀏覽入手，以便形成備讀心向。精讀講究的是閱讀與思考的合一，同時要配合三個技巧：精華畫線、提問筆記、疑點備查。複習是針對精華重點再次閱讀內化，通盤整理成系統知識。

　　從記憶與學習的原理看，複習是短期記憶成爲長期記憶的成敗關鍵。閱讀之後，經過思考，能夠以自己的語言重述重點摘要，表示通過了實效讀書方法的檢核。

MSS專欄

1-3　全世界最暢銷的一本書

　　台灣大學大門口右側的新生南路上，高聳著一棟白色的真理堂。牧師面對著滿座的教徒，指著手上的《聖經》說：「這是人類歷史上最偉大的一本書！」牧師職司佈道而不負責銷售，所以他少說了一句：「《聖經》是人類文明史上最暢銷的一本書！」

　　根據英國聖經公會的統計，聖經自從1454年開始印刷出版以來，到二十一世紀初，已被翻譯成二千五百多種語言，發行量難以計算，而且至今仍未間斷。世界名著不少，但多數只能暢銷一時。只有《聖經》不論各色人種，歷經時代演進與戰火摧殘，至今仍然屹立不搖，始終保持世界上最暢銷的記錄。影響力如此巨大的《聖經》，主題談的是──「愛」和「救贖」。「愛」或「救贖」是人類生命歷程中無法迴避的主題，心靈可以感受，但不易直接觀察，這些不能被直接觀察的概念或情感內容正是社會科學的精粹與研究的內容。

　　最後，我們得到了一個結論，世界上最暢銷和影響力最大的書，其實不是來自自然科學領域，而是一本社會科學領域的書，它的名字就叫──《聖經》。

論文主題的評估

　　研究生選定了研究主題之後，尚需進行評估，以決定是否可以開始行動，或進行調整修正。基本上，四個評估指標可供參考：可行性、經濟性、價值性及發展性。

可行性

　　可行性指的是此一研究主題順利完成的可能性高低，此一評估指標最為根本，但也最為重要。判斷的標準有四：

　　1.文獻或理論是否足夠？
　　2.資料能否有效蒐集？
　　3.是否符合個人職場或條件？
　　4.是否符合個人能力？

　　如果文獻不足，就很有可能會變成探索性研究。探索性研究的難度較高，比較不適合初入研究殿堂的研究生當成論文題目。資料有效蒐集也是一個重要的關鍵，九〇年代時，一位學者想研究政府部門政策制定過程，但苦無管道取得相關協助。後來，政府官員進入研究所攻讀，輕而易舉地完成政策評估的學位論文。換句話說，只有政府官員的條件能夠進行此一研究主題資料的有效蒐集，對其他非屬政府高級官員的人而言，單是資料蒐集都是天險障礙，進行論文研究並不可行。

　　另外，研究主題如果符合個人職場或條件，可行性也會較高。例如，任職企業公司的總經理要研究各部門的相關問題應該都

是可行的。但是，人資部門的一名管理師想要研究製造部門經理的決策模式其難度就相對提高許多。至於個人能力方面，指的是不要逾越個人的有限空間及能力。台灣有位學者，負笈英國留學立志要研究英國思想家洛克（John Locke, 1632-1704），最終鎩羽而歸。這個故事說的是，一位外國人到英國研究英國思想家，並且要通過英國教授的考驗，難度相對而言是比較高的。

經濟性

經濟性指的是完成研究過程中所需資源與經費的計算。經濟性有個別差異，但皆指針對研究者而言是否合理，以及研究者能否承受的問題。經濟性指三方面：經費、時間以及人力成本。不論採質化或量化研究，經費通常都可以精確預估。

一般而言，如果進行的學位論文是1,200份樣本的典型量化研究，總經費上限約台幣五萬元，如果超過台幣五萬元以上就不符合經濟性的要求；其次是時間，應該以六個月為論文完成之期限；至於人力成本，通常也僅是指導教授的指導，以及同學之間相互協助。如果通過上述三方面的評估，表示可以符合經濟性的要求，完成論文的可能性大增。

原則上，符合可行性及經濟性是評估學位論文的基本條件。如果研究生對自我要求較高，或者是有較高的自我期許，才有進一步評估價值性及發展性的必要。

價值性

價值性指的是研究論文較具有價值，受到較多人的肯定，完成後的論文具有領域內獨特及創發性之價值。當然，社會科學領域

所謂的價值，涉及到哲學判斷的層次，會有許多相互主觀產生的可能，也可能因人而異、人云亦云。不過，透過多元審查及交互辯證等過程，論文價值的高低仍有其相對之客觀性。

通常，研究論文的主題如果屬探索性的研究，會較具領域內獨特及創發性之價值，這樣的論文難度較高，相對而言，因之而獲得的學位也會較有價值，研究生的研究知能也會在研究的歷程中有較為顯著的增長。反之，如果研究主題太過泛濫，相同之研究題目過多，則相對而言價值性會較低，但研究生仍可在研究的過程中得到研究方法的練習。

發展性

發展性指的是，研究論文主題有助於未來繼續研究的可能。此一可能性如果高，則表示對碩士級研究生而言，有助於未來繼續攻讀博士學位的可能；其次，對博士級研究生而言，則有助於未來從事學術研究工作的可能，生涯規劃有更上層樓的揮灑空間。

綜合以上，研究生的目標如果僅是進修取得碩士學位，則符合可行性及經濟性兩個條件即已足夠。對嚴以律己或期望未來追求更高學術成就者而言，則可以進一步以價值性及發展性作為評估的指標。

觀念擂台

正面論點：學位論文只是研究方法的訓練罷了

社會科學雖然有趣，但是人的行為太複雜，因此社會科學的研究對研究生而言難度太高。如果要以生產知識的標準加以檢核，則研究生鮮少有人能夠達到目標。

社會科學領域的研究所，研究方法是必修課程，與自然科學領域研究所頗不相同。研究方法課程主授文獻評析、問題假設、測量方法、問卷設計、抽樣方法、資料分析及研究報告撰寫等。這些主題的技巧都很有深度，即使浸淫學術多年的教授都不見得能夠得心應手。單以文獻的蒐集與評析來說，需要蒐集與研究主題相關而有用的中外文獻，並能針對重點進行歸納、比較及深度評析，單是此點就難倒不少教授，遑論初出茅廬的研究生了。

再進一步，如果應用調查研究方法進行研究，還需學習問卷編製、抽樣技巧，以及統計套裝軟體（如SPSS）的應用，最終還要對複雜的論文寫作格式（APA）相當精熟，才能順利完成學位論文之寫作。

因此，以知識創發的有無作為研究生論文品質的指標，對社會科學領域的研究生而言，顯然不切實際。許多社會科學領域的大學教授，終其一生原創性的著作發表極少，對社會科學領域知識的增進貢獻不多。如果連以學術研究為終身志業的教授都難以企及要求標準，可見以此標準要求研究生，並不適當。

再次，論文寫作都是碩士生第一次的研究寫作經驗，即使有指導教授引導，仍是如假包換的生嫩新手，不應有遙不可及的過度期待。

總結以上，研究生的論文宜界定在研究方法的訓練即已足夠。讓研究生從論文寫作中，習得資料蒐集的能力、邏輯推理的思維、問題的深度剖析，以及研究工具的應用。

所謂研究所要追求及生產知識的期待，乃是對社會科學與自然科學領域迷惑認知的誤解。

觀念擂台

反面論點：知識創發是檢核學位論文的唯一標準

諾貝爾獎得主李遠哲說，研究所和大學的差別在於：大學所學的是人類已知的學問，研究所要探索的是未知的學問[16]。

毋庸置疑，研究所的學位論文當然是其探索未知學問的代表作，論文是否通過、學位是否頒授，必然是以知識創發的有無作為唯一的標準。

台灣地區研究所整體素質每下愈況，主要原因就是論文品質審查把關不嚴，對知識創發的要求輕忽。如果奉行知識創發是檢核論文的唯一標準，那麼論文濫竽充數的亂象自然會得到解決。

長久以來，人文社會科學較不受重視，原因不言可喻，因為社會科學領域的著作或發表，創見者少。普遍的現象是，研究成果對解決實務問題或建立學術理論幫助不大，而其關鍵原因，在於研究所未將知識創發設定為檢核學位論文的唯一標準。

拉蒙卡哈（Santiago Ramón y Cajal, 1852-1934）曾在他的書中描述一個故事：

「Billings是一位有學問的圖書館管理員，工作負擔很重，要分類整理成千上萬的各種文獻。他認為這些文獻讓人十分沮喪，因為都是用不同的方法，談論相同的事；或是談論自古以來就已經知道的知識[17]。」

暮鼓晨鐘，誠哉斯言，說明了學位論文知識創發的無可取代。

建立在知識創發是檢核學位論文的唯一標準的基礎上，論文寫作應該擁有絕對開放的呼吸空間，鼓勵創造性的獨立觀點，避免用似是而非的理由扼殺知識創發的可能與空間。

學位論文只要能夠在研究主題方面提出有別以往的說明或解釋，就已符合知識創發的最低標準。長此以往，每一篇學位論文都提供了一份可以參照的研究紀錄，提供後續研究者參考，也為領域知識的累增鋪上了一塊無可取代的重要基石。

【自我測驗1】撰寫學位論文的基礎能力

作答說明：請閱讀左邊題目後，就你實際的情況與感受，在右邊適當□內打 "✓"。

題　目	極為符合 5	大致符合 4	普通符合 3	不太符合 2	極不符合 1
1.我能使用盲打（眼睛不用看鍵盤）的方式進行打字輸入（中英文）。	□	□	□	□	□
2.我具備資訊及網路安全之相關概念及知能。	□	□	□	□	□
3.我應用軟體（Word等）打字，每分鐘能輸入50個以上中文字。	□	□	□	□	□
4.我能應用文書軟體（Word等）完成文書處理及排版工作。	□	□	□	□	□
5.我能應用簡報軟體（如PowerPoint）製作簡報。	□	□	□	□	□
6.我能應用郵件軟體（如Outlook）收發電子郵件。	□	□	□	□	□
7.我會應用線上即時通（如MSN）和朋友通訊連絡。	□	□	□	□	□
8.我能應用多媒體軟體（如Adobe）進行學習活動。	□	□	□	□	□
9.我會上YouTube收聽喜好的音樂或瀏覽影片。	□	□	□	□	□
10.我能應用網頁軟體（如FrontPage）設計簡易網頁。	□	□	□	□	□
11.我具備病毒防治之相關知識及操作技能。	□	□	□	□	□
12.我能應用網路資源蒐集生活相關資訊。	□	□	□	□	□
13.我熟習進階英文約3,000個單字。	□	□	□	□	□
14.我平常有閱讀英文雜誌的習慣。	□	□	□	□	□
15.我平常有觀看英文電視新聞的習慣。	□	□	□	□	□
16.我能應用實效讀書方法的技巧進行文章閱讀。	□	□	□	□	□
17.我常會和朋友同學聚會以相互分享學習心得。	□	□	□	□	□
18.我平時生活正常讓作息很有規律。	□	□	□	□	□
19.我相信科學研究是一種永無止境的演化歷程。	□	□	□	□	□
20.我認為實徵性是社會科學研究的必要條件。	□	□	□	□	□

結果詮釋：
一、每道題目配分為1～5分，滿分100分。總分90以上為傑出，80～89為優，70～79為可，低於70分為差。
二、自評80分以上已具備撰寫學位論文之能力，可擇期面見指導教授，啟動學位論文之撰寫。
三、自評70～79分者表示部分能力有所欠缺，應待充實之後，再啟動學位論文之撰寫；自評70分以下者，能力空缺很大，應立刻埋首充實基礎能力！

個案研討1

康德vs.杜威──他們是哲學家或科學家？

　　讀過大學的人都知道，十八世紀的康德（Kant, I., 1724-1804）與十九世紀的杜威（Dewey, J., 1859-1952），是影響人類最鉅的經典人物。其中康德曾獲德國、俄國以及義大利三個科學先進國家終身院士的名銜，至於杜威一生共獲得了哲學、法學、理學等十二個榮譽博士學位的頭銜。

　　但是，他們到底是哲學家或是科學家？我們將兩人的大事紀羅列比較如下：

康德（**1724-1804**）

1724	出生於東普魯士哥尼斯堡
1746	哥尼斯堡大學哲學院畢業（22歲）
1754	發表〈從物理學觀點考察地球是否已經衰老問題〉
1755	發表〈關於諸天體的一般發展史和一般理論，或根據牛頓原理試論宇宙的結構和機械的起源〉
1755	博士論文〈對於火的形模的考察〉（31歲）
1755	母校擔任講師；講授「數學」
1756	發表〈1755年大地震經過和自然現象誌〉
1762	出版《上帝存在的論證的唯一可能的根據》
1763	參加柏林科學院懸賞徵文：〈關於自然神學和道德的原則的明確程度〉得第二獎
1765	講授「邏輯學」
1767	講授「自然法學」；講授「哲學概論」
1770	講授「礦物學」一年
1776	講授「教育學」
1781	出版《純粹理性批判》（知識──真）
1788	出版《實踐理性批判》（行為──善）
1790	出版《判斷力批判》（藝術──美）
1792	發表〈論人的劣根性〉
1804	逝世於哥尼斯堡（81歲）

杜威（**1859-1952**）

1859	出生於美國佛蒙特州
1879	佛蒙特大學畢業；任中學教師二年
	講授「代數」、「自然科學」、「拉丁文」
1884	獲霍布金斯大學博士學位
	博士論文〈康德心理學〉（25歲）
1885	密執安大學擔任講師
1895	出版《心理學》
1897	出版《數的心理學及其在算術教學法上的應用》
1899	出版《我的教育信條》（38歲）
1904	獲威斯康辛大學法學博士
1908	出版《學校與社會》
	出版《倫理學》
1909	出版《教育上的道德原理》
1910	出版《我們怎樣思維》（*How We Think*）
	獲佛蒙特大學法學博士
1913	出版《教育上的興趣與努力》；獲密執安大學法學博士
1915	獲霍布金斯大學法學博士
1916	出版《民主主義與教育》（*Democracy and Education*）
1917	獲伊利諾斯學院法學博士
1920	獲北京大學法學博士
1922	出版《人性與行為》
1929	獲哥倫比亞大學法學博士
1930	獲巴黎大學法學博士
1932	獲哈佛大學法學博士
1934	出版《藝術即經驗》
1935	出版《自由主義與社會行動》
1946	出版《人的問題》
	獲奧斯陸（挪威）大學榮譽哲學博士
	獲賓夕法尼亞大學理學博士
1952	紐約去世（94歲）

 **問題討論** ....

1. 從兩人一生的求學歷程、論文發表以迄教學著述,他們應該被定位為哲學家或科學家?理由是什麼?

2. 康德與杜威早期發表以自然科學領域為多,後來發表之論文逐漸傾向以探討人的行為及其影響為多,這種轉變的原因是什麼?

3. 康德近70歲時發表〈論人的劣根性〉,杜威近90歲出版《人的問題》,如此類近的主題聚焦,意味著何種象徵與對後人的啓示?

4. 依您所知,您認為康德與杜威兩人,對後代人類思想及社會生活形態的影響何者為大?請說明具體理由。

5. 如果有機會,您願意選擇「教授或學者」作為一生的職業志向嗎?為什麼?

論文實例 **1**

資料來源	國立新竹教育大學 / 95 / 碩士
論文題目	國民小學初任教師專業發展與輔導之研究[18]
研究生	莊忠和
研究背景	研究者本身擔任國民小學校長，綜理學校校務。任職學校每年都會有數名初任教師蒞校任職，而校長身負輔導之責任。初任教師如何達成專業發展的目的，進而成為學校場域之中堅幹部，誠為學校教育成敗的重要關鍵。因此，初任教師之專業發展需求、困擾與輔導之策略與建議，誠為學校現場之重要研究主題。

▼解析：根據上述研究背景，提列下述由近而遠，四個層次之研究目的。

研究目的	1.瞭解國民小學初任教師專業發展之需求。 2.探討國民小學初任教師專業發展之困擾。 3.規劃國民小學初任教師專業發展輔導之策略。 4.提出國民小學初任教師專業發展輔導之建議。

▼解析：應用指標體系建構技巧，逐一分解研究目的，改造為提問形式，作為未來研究結果解答研究問題之依據。

待答問題	1.1國民小學初任教師教育專業之起點行為如何？ 1.2國民小學初任教師專業發展之需求如何？ 2.1國民小學初任教師之工作困擾為何？ 2.2國民小學初任教師如何因應工作困擾及尋求協助？ 3.1國民小學初任教師專業輔導之需求如何？ 3.2國民小學初任教師專業發展輔導之策略為何？ 3.3國民小學初任教師專業發展輔導之建議為何？

▼解析：根據待答問題，選定專業發展為關鍵字，國民小學初任教師為研究對象，進行文獻之蒐集、閱讀及評析，並據以鋪陳文獻之章節架構。

文獻架構	一、專業發展之相關概念 二、教師專業發展理論 三、國民小學初任教師專業發展輔導之現況 四、國民小學初任教師專業發展輔導之相關研究

▼解析：研究目的、待答問題確認後，建立在文獻評析的基礎上，本研究決定採用個案訪談及問卷調查之方法，可說兼籌並顧。

研究設計	1.本論文主要應用訪談法進行研究，並兼採問卷調查之方法。 2.訪談時應用之研究工具為研究者綜合文獻及學校場域體驗所得自行編製，計有三種訪談大綱。訪談結束後才進行問卷調查，工具仍為研究者自編之問卷。

研究設計	3.訪談時間歷時一年，獲得了32篇之訪談紀錄。問卷調查則發出175 份，回收164份，回收率93.7%，調查結果並應用SPSS統計套裝軟體進行簡單之描述分析。隨後，再選取初任教師、輔導教師以及行政人員進行深度訪談，作為相關研究結果之進一步驗證。
論文評析	1.本論文之問題意識清晰，優勢來自於研究問題具體明確，能夠敘述清楚而且明確界定。更重要的是，學校場域的實務問題可以架構在教師專業發展的學理之上，因此，其研究結果對於理論建構與解決實際問題都饒富價值。 2.本論文之文獻與研究問題密切相關，並能提供作為研究設計之堅實基礎；研究方法方面，兼採個案訪談及問卷調查之方法，兼籌並顧以深入探析研究問題，研究邏輯可說聯結緊密、環環相扣。 3.研究者充分應用了豐富的實務經驗當基礎，研究結果不僅敘述清楚，而且討論深入，對於問題的詮釋十分精闢，最終的研究建議合乎邏輯，而且具體可行。

第二章
邏輯與組織

- 問題意識
- 論文章節
- 緒　論
- 文獻探討
- 研究方法
- 研究結果與討論
- 結論與建議

【MSS專欄】　2-1　學位論文章節架構
　　　　　　　2-2　概念性定義vs.操作性定義
　　　　　　　2-3　學位論文的迷失
【觀念擂台】　正面：研究假設乃科學論文之必要條件
　　　　　　　反面：社會科學論文不必然一定要提出研究假設
【自我測驗2】　學位論文主題評估試算表
【個案研討2】　小君同學的學位之路
【論文實例2】　室內裝修業管理系統與顧客滿意度之研究

邏輯是唯一的共通語言！

——大前研一（日本・國際趨勢大師）

問題意識

　　研究應從問題開始。換句話說，研究的起點始於問題。任何論文的研究開始，都應該是以解決問題為起點，不論是理論上的問題或者是實務上的問題。至於研究的最後目標也是提出解決問題之建議，這樣的觀點放諸人文科學、社會科學或者是自然科學都是一樣的。

　　因此，研究者一開始最好的做法是從搜尋問題作為出發點，先自行審視此一研究領域或範疇內有哪些問題？這些問題是否已經完全得到解決？搜尋問題可能遇到的問題，會因為研究者在職或非在職的背景不同而有些許差異。一般而言，在職者從自己的職場範圍出發尋找問題較為容易，對於問題會有較為深入的了解，研究過程中的障礙容易克服，論文最終的討論、結論與建議都會較為深入具體，整篇研究論文之價值也較容易突顯。至於沒有職場工作經驗之研究者，只要經過閱讀、思考和指導啟發，培養鮮明的問題意識並不困難，也能找到評估良好值得研究的論文題目。

　　如前章所述，問題的來源有四個方向：個人興趣、讀書啟發、教授指引以及同儕討論，不管任一方向，從問題的析辨為起點，進一步成為論文研究的基石並無二致。例如，個人興趣提供了一個大方向，分析之後，研究者應可從領域方向的逐一分析中搜尋到可以研究的問題；再如讀書啟發，研究者進行學術期刊及學位論文的閱讀後，論文中的討論及建議內容，通常也提示了未來可行的

研究問題；至於教授指引則更爲精確有效，經過教授評估過的研究
題目，通常會較符合可行性、經濟性、價值性及發展性的全面要
求。

問題意識的提煉，缺少不了深度思考。思考能夠激發研究者
的想像力，最大的功用是有助於問題的釐清，找到眞正的研究問
題。所以，研究者需要養成深度思考的習慣，面對經驗現象，首先
進行描述思考，所見的經驗現象，反映的是什麼？經驗現象如何組
成？參與其中者是什麼？進一步則思考這些經驗現象形成的原因是
什麼？它們可能會有什麼影響？這些影響會造成什麼問題？最終再
思考這些問題可能有哪些影響？解決這些問題之道可能有哪些？

至於問題意識的生發，首在於研究者注意力的引發，進而產
生問題意識。問題意識引發的歷程，先從潛在刺激引發研究者注意
開始，進一步潛在刺激轉化爲有效刺激，最終問題意識形成[1]，踏
出成功研究的第一步。

不過，即使如此，每年仍然有許多社會科學領域的研究者對
問題意識的生發與尋找適合的研究題目感到困擾，並常造成研究成
本的浪費與研究時程的延宕。

實際上，世事洞明皆學問，就搜尋問題而言，關鍵只在於用
心與否。以學校場域爲例，台灣地區國民小學每年都會有新進教師
進入學校服務，這些新進教師的專業發展良窳與否，與其未來教師
生涯發展息息相關；再者，學校校長肩負新進教師之輔導責任，如
何有效輔導，是校長要審愼思考的重要問題。於是，「國民小學初
任教師專業發展與輔導之研究」，就是一位國民小學校長進修研究
所學位時，一個問題意識清晰且富有應用價值的研究題目[2]。

另以企業管理領域爲例，企業面對全球化人才競爭之威脅，
有效招募優秀人才，是企業人力資源部門的首要任務。而校園人才
招募則是各公司網羅優秀人才的主要管道，更是人力資源部門年度

工作的重點。於是，「高科技公司校園人才招募策略及其對企業影響之研究」，就是一位高科技公司人力資源幹部進修研究所學位時，一個問題意識清晰且富有應用價值的研究題目[3]。

學術論文必須講究深刻的問題意識，其基礎建立在研究者對研究問題本身的廣泛探知與了解。研究者最忌諱的是，隨意從學術期刊或學位論文中捕捉變項，加以組合拼湊，恣意尋找研究對象，即開始進行所謂的論文研究，如此將混淆學術研究的本質，及其追求知識真理應有的嚴謹態度。

論文章節

論文寫作是個計畫性的活動，論文章節的預擬規劃則是計畫性活動的起點。值得一提的是，學位論文與期刊論文的要求並不一樣，雖然兩者的結構及內容皆相近，但不應混為一談。《APA出版手冊》明白指出，學位論文必須滿足各研究所的特定要求，而各研究所應提供研究生書面的指引方針[4]；另一方面，APA或者其他學術性期刊也都不接受學位論文的原始形式。雖然如此，我們仍然要根據《APA出版手冊》的原則，以及國內社會科學領域研究所的通例，提出較為適當的論文寫作章節形式，以作為讀者應用上的參考。

首先，論文章節的安排應該要講究「合理」及「共識」。所謂合理指的是應符合知識邏輯的要求，共識指的是多數人認可的章節範式。

學位論文中章節的合理要求體現在《APA出版手冊》所提示的內容，包含有：摘要、緒論、方法、結果、討論、參考書目以及附錄等，這些內容是學位論文章節安排的可行參照，並富有知識創發的邏輯與保護智慧財產權的精神。至於共識的合理要求，體現在學

術專業團體或研究社群成員的認同與接受程度。易言之，學術專業團體、研究社群成員，或者是學校系所，皆可採取民主參與討論的方式，訂定論文章節的通式，以符合各自的不同需求。比較重要的是，應該提供給成員完整的書面指引方針或範例，以能有所依循。

　　《APA出版手冊》將論文分成五種類型：實徵性、評論性、理論性、方法論、個案研究[5]。從知識原創性的角度看，五種論文類型並無優劣之分，類型的選擇也並不保證最終論文品質的好壞。事實上，研究所常因學術領域的不同，而有論文類型傾向的差異。即使是社會科學領域，也常因學術專業的方向而不同。教育與心理學門的研究所偏多實徵性論文，法律學門研究所則偏多評論性論文，管理學門研究所則個案研究型論文有日漸增多之傾向。

　　立基於科學研究的本質，我們認為實徵性的研究較為貼近原創性的精神，較能有順序地呈現研究過程的各個階段，也較能呼應創造新知識、發現新知識或生產新知識之研究目的，建議應為社會科學領域研究者撰述學位論文之首選。

　　實徵性論文的章節架構，基本上是從「IMRD格式」推衍而來，IMRD指的是Introduction（緒論）、Method（研究方法）、Results（結果）、Discussion（討論）四章，加上前文的Abstract（摘要）以及文末的References（參考文獻），就構成完整的期刊論文之架構[6]。IMRD格式脈絡簡約的風格形式，適用於多數的期刊論文投稿要求，多數社會科學研究所，自行訂定之學位論文章節架構皆經過適當的調整修正，以符應個別研究所之所需。

MSS專欄

2-1　學位論文章節架構

　　實徵性論文的章節架構，以「IMRD格式」推衍，頗能彰顯創發與生產新知的研究目的，表格化之章節標題如下所示。

章別	節別	主題
第一章		Introduction緒論
	一	Research Background Information研究動機（研究背景）
	二	Research Purpose研究目的
	三	Research Questions待答問題
	四	Defining Concepts名詞釋義（概念定義）
	五	Limitations of the Study研究限制
第二章		Literature Review文獻探討
	一	Concepts概念
	二	Literature Review理論文獻評介（視需要增添節次）
	三	Research Review相關研究評析（視需要增添節次）
第三章		Method研究方法
	一	Research Design研究架構（或研究設計）
	二	Research Hypothesis研究假設（視研究需要）
	三	Subjects/Participants研究對象
	四	Materials/Instruments研究工具
	五	Data Collection Procedure資料蒐集程序
	六	Data Analysis資料分析
第四章		Research Results and Conclusions研究結果與討論
	一	Research Findings研究結果
	二	Review of Research Findings研究結果討論
		2.1 Giving a Possible Explanation for the Results詮釋研究結果
		2.2 Comparing with Those of Other Studies與其他研究比較
		2.3 Suggesting Implications/Applications結果之意涵啟發／應用
第五章		Discussion結論與建議
	一	Conclusions研究結論
	二	Suggestions研究建議
		2.1 for Applications實務上的建議
		2.2 for Future Research未來研究建議

緒 論

　　論文的第一章是緒論。緒論主要包含五個節次：研究背景
（動機）、研究目的、待答問題、名詞釋義（定義概念）、研究限
制。其中，研究背景（動機）以及研究目的可以視研究者的需要或
寫作習慣結合爲一，以精簡章節。至於選擇研究背景或研究動機作
爲節次標題，端視研究者需要，以及研究問題之性質而定，部分研
究較適合應用研究背景爲題，但部分研究可能較適合研究動機。如
果研究者認爲有需要，研究背景及研究動機兩個節次皆保留亦可。
無論如何，研究者都應有一個體認，研究者才是對研究本質及內涵
最了解者，擁有最終的決定權利。

　　如果是以研究背景爲題，則是從研究問題之解析入手，闡述
研究之相關背景及脈絡，一般不談研究者之個人研究動機；但是如
果是以研究動機爲題，則是從研究者的角度出發，論述進行研究的
具體理由，可能包含學術、實務及現況之闡述說明，並突顯研究的
意義、價值、重要性及必要性。此部分的撰述原則將在第十一章論
文發展方格中再進行條理式的闡述說明。

研究目的與研究問題

　　科學研究的主要目的有三：解釋（explanation）、預測
（prediction）、控制（control）[7]。其中解釋是最基本的目的，指
的是對社會科學現象的有效解釋，至於預測相較於解釋更進一步，
期望根據科學研究所得之知識或理論，對問題及現象進行有效預
測，至於控制是指操縱某一因素或條件，而使問題或現象產生預期

的改變。

解釋、預測及控制三者有階層式的密切關係，研究者的研究結果能夠進行有效的解釋時，事實上也表示了研究結果已具有預測未來的功能，至於研究結果能夠有效預測，也創造了對相關問題或現象控制的可能空間。民意調查是最能夠顯示上述三者既交集又聯集關係的案例。通常民意調查會探知受測者現今的態度，這是解釋的層次；繼而會揣度未來的行為態度，推進到預測的層次；等到擁有了上述兩種資訊，通常研究者就能夠擬出具體行動建議方案，藉以改變受測者未來的態度或行為，進而達到控制的目的。

根據以上的分析，研究目的及研究問題的敘寫，應該能夠充分地彰顯科學研究解釋、預測及控制的目的。換句話說，研究目的應能具體地表現出，研究的最終目的是要解釋什麼、預測什麼以及控制什麼，至於研究問題則是以研究目的為基礎，應用指標建構體系之方法，進一步推衍分解而得，兩者必須邏輯緊密。

研究目的之敘寫，理想上應使用「動態動詞」時態的起始動詞為開始，例如：「了解」、「調查」、「探討」、「比較」、「分析」等，進而完成一個研究目的的肯定句。至於研究目的之句尾，則使用「名詞」或「形容詞」作為肯定句之結束，例如：「現況」、「關係」、「影響」等等。

從一篇學位論文的要求來看，列舉四至五個研究目的已足夠，層次由淺而深，過猶不及皆非所宜。至於研究問題的敘寫，則是在研究目的之基礎上，應用指標體系的建構方法，逐一向下分解而得，一個研究目的可以分解成多個次研究問題，以遂其具體化及條理化之目的。原則上，研究問題的陳述應具體而且明確。

圖2-1表達了從研究目的分解成待答問題之組織與邏輯圖示。

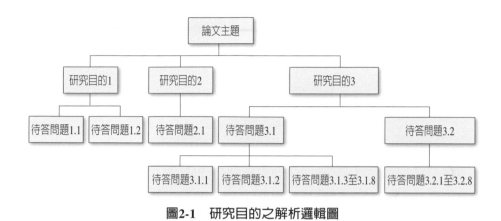

圖2-1　研究目的之解析邏輯圖

後續，再以〈室內裝修業管理系統與顧客滿意度之研究〉一
文，以文字說明研究目的解析成待答問題之實例：

一、調查室內裝修業管理系統與顧客滿意度之現況。
　　（研究目的1）
　　1.1室內裝修業管理系統之現況為何？（待答問題1.1）
　　1.2室內裝修業顧客滿意度之現況為何？（待答問題1.2）
二、探討室內裝修業管理系統與顧客滿意度之關係。
　　（研究目的2）
　　2.1室內裝修業管理系統與顧客滿意度之關係為何？
　　　（待答問題2.1）
　　2.2室內裝修業管理系統能否有效預測顧客滿意度？
　　　（待答問題2.2）
三、分析背景變項對室內裝修業管理系統與顧客滿意度之影
　　響。（研究目的3）
　　3.1顧客背景變項對管理系統之影響為何？
　　　（待答問題3.1）

3.1.1顧客之性別對管理系統層面之影響為何？

（待答問題3.1.1）

3.1.2顧客之年齡對管理系統層面之影響為何？

（待答問題3.1.2）

3.1.3顧客之職業對管理系統層面之影響為何？

（待答問題3.1.3）

3.1.4顧客之學歷對管理系統層面之影響為何？

（待答問題3.1.4）

3.1.5顧客之收入對管理系統層面之影響為何？

（待答問題3.1.5）

3.1.6顧客之服務經驗對管理系統層面之影響為何？

（待答問題3.1.6）

3.1.7顧客之服務性質對管理系統層面之影響為何？

（待答問題3.1.7）

3.1.8顧客之服務金額對管理系統層面之影響為何？

（待答問題3.1.8）

3.2顧客背景變項對顧客滿意度之影響為何？

（待答問題3.2）

3.2.1顧客之性別對顧客滿意度層面之影響為何？

（待答問題3.2.1）

3.2.2顧客之年齡對顧客滿意度層面之影響為何？

（待答問題3.2.2）

3.2.3顧客之職業對顧客滿意度層面之影響為何？

（待答問題3.2.3）

3.2.4顧客之學歷對顧客滿意度層面之影響為何？

（待答問題3.2.4）

3.2.5顧客之收入對顧客滿意度層面之影響為何？

（待答問題3.2.5）

3.2.6顧客之服務經驗對顧客滿意度層面之影響為何？

（待答問題3.2.6）

3.2.7顧客之服務性質對顧客滿意度層面之影響為何？

（待答問題3.2.7）

3.2.8顧客之服務金額對顧客滿意度層面之影響為何？

（待答問題3.2.8）

　　根據以上，研究目的具體而微的解析成待答問題後，研究的問題意識大幅提升，研究方向也將會十分清晰，對於研究方法的進行，以及最終研究結果的呈現更有明確的指導作用，整體論文的邏輯與組織得到最大程度的鞏固與強化。

名詞釋義

　　對問題或概念的認知一致，是互動雙方進行有效討論或溝通的起點，如果互動雙方的認知或理解不一，就會形成雞同鴨講，讓讀者感到局面混亂。同樣的道理，對名詞或概念進行有效的定義是學術社群研究討論的重要前提，Defining Concepts通常譯為名詞釋義，它是緒論中重要的一個節次。

　　名詞釋義的主要目的是因為學術研究中，皆會使用理論或實務上的關鍵名詞或概念，這些關鍵名詞或概念的使用是學術社群經長久共識方才形成的，這也是科學知識能夠有效交流的重要基礎與關鍵。然而，不同的主張、學派或者是不同的讀者，他們對同一關鍵名詞或概念的意涵詮釋不盡相同，研究者為了縮減及拉近與讀者之間的距離，並為論文接續的流暢導讀做鋪排，需要先針對論文的重要關鍵名詞進行精確定義，名詞釋義乃應運而生。

　　學位論文對名詞釋義的要求較為明確。名詞釋義之內涵應該含括：概念性定義（conceptual definition）及操作性定義（operational definition）[8]。概念性定義（或稱文義性定義）是應用文字修辭針對研究變項加以描述，以讓讀者可以理解，學術專書或專業辭典通常都會有此類之定義；至於操作性定義則是依據可觀察、可測量或可操作的特徵及內涵，針對研究變項加以描述或解析。操作性定義遠比概念性定義更為重要，它是論文研究結果注釋、推理及結論的基礎和依據。

MSS專欄

2-2　概念性定義vs.操作性定義

試以「家長滿意度」（parents satisfaction）為例，進行概念性定義及操作性定義之敘寫，對比呈現如下[9]：

一、概念性定義

家長滿意度（parents satisfaction），係指家長接受學校教育之服務後，所感到的整體滿意度，所謂的感到滿意是指接受學校教育服務後的評價。一般而言，家長在接受學校教育服務前有所預期，最終與實際績效之間進行比較。如果接受服務前的期望獲得滿足與實現，則感到滿意；相反的，如果期望未能獲得滿足與實現，則會感到不滿意。

二、操作性定義

本研究所指「家長滿意度」，係指家長對教師所提供之教學服務品質之評價。滿意度之範疇在學校場域之內，服務主體為教師，並以家長為服務對象。易言之，本研究測量之家長滿意度，僅指家長對教師服務品質上的整體性態度，重在對教師服務的經驗知覺。另外，本研究採自陳量表方式，係以教師為測量對象，測量其自我覺知之家長滿意度。

從操作性定義看，本研究之自我覺知家長滿意度，係指受測對象於研究者自編的「國民小學幼稚園教師自我覺知家長滿意度調查問卷」之量表得分情形。問卷採取四點量表，每題計分方式最高為四分，最低為一分。每一層面的整體分數越高表示家長滿意度愈佳；反之，分數越低則表示家長滿意度愈差。

文獻探討

功用與內涵

文獻探討（literature review）係指對研究主題相關研究成果的回顧與評析（評論與分析）。總結而言，文獻探討的功用有二[10]：

1. 彰顯研究者對研究主題的充分準備，表現了對研究主題成果的精熟與了解，同時也預設了在現有研究成果的基礎上未來創發新知的可能。
2. 鋪陳研究設計的內涵底蘊，成為發展研究的邏輯思維基礎，居間回應研究目的與問題的呼喚，最終有效的成為研究發現與討論的堅實支撐。

易言之，研究者因為精準有效的文獻評析，最低層次可以熟悉研究主題現有的研究成果，進一步則能藉由評析研究成果的優劣得失，提早找到研究主題的正確定位與方向。另一方面，研究者也能經由變項、方法、對象、工具以及研究結果的歸納分析討論，提前進行評估、釐清，並選擇建構適當的研究方法，一舉中的地進行有效的研究，避免研究人力及相關資源成本的虛擲與浪費。

文獻探討稱得上是最典型的知易行難──浮光掠影易，內涵深廣難。所有的研究論文皆完成了文獻探討的篇章，但能博得讚譽者很少。因為如此，學者們殫精竭慮，提出了許多文獻探討的方法與技巧，也指出文獻選用及判別的標準[11]。我們認為，文獻探討要不流於浮光掠影，要能達到內涵深廣，事實上有其充分條件及必要

條件。

　　兼顧理想與實務應用上的需要，文獻探討的評價應是層級式的，不會是全有或全無的問題。更清楚一點地講，不同研究層次的水平，文獻探討有其相應的要求標準。以下是五個不同層級的要求（如**圖2-2**）：

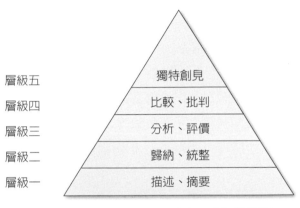

層級五　　　獨特創見
層級四　　　比較、批判
層級三　　　分析、評價
層級二　　　歸納、統整
層級一　　　描述、摘要

圖2-2　文獻探討之要求標準層級

　　第一層級對文獻內容進行描述及摘要；第二層級對文獻內容進行歸納與統整；第三層級對文獻內容進行分析與評價；第四層級對文獻內容進行比較與批判；第五層級則是對文獻內容提出個人獨特創見。至於文獻探討擇定的水準要求則視個別需要及個別差異而定。例如，A級研究型大學的要求會以層級五為標竿，至於C級教學型大學的要求達到層級三已可滿足要求。同樣的道理，A級期刊對文獻探討的要求層級會比B級或C級期刊的要求高；博士生的要求會比碩士生或大學生的要求水準高。

敘寫內容

　　文獻探討的敘寫內容過猶不及皆非所宜。文獻探討之內容過簡，會有浮光掠影、短視膚淺之弊。但是，如果包山包海，則易有標靶迷惑且浪費資源成本之失。簡言之，就學位論文而言，應包含以下三個區塊：概念（concepts）、理論文獻（literature review）以及相關研究評析（research review）。

　　研究者需要注意的是上述文獻的引用來源原則：概念及理論文獻的引用（citation）來源以學術性專業辭典或專書為宜，相關研究文獻的引用來源則以期刊論文、學位論文或研究報告為宜。如果此一引用來源原則未能遵守，則容易陷入學術倫理抄襲的危機。

研究方法

　　研究方法的討論位階在研究派典（paradigm）之下。本書第一章開宗明義揭示系統性、客觀性以及實徵性的科學方法特徵，事實上也等於宣示了科學的派典是本書對研究方法主張的後設理論信念。不過，科學派典的主張並不意味著排斥人文派典的研究發現。相反的，APA對五種論文類型的歸納：實徵性、評論性、理論性、方法論以及個案研究，是對學術研究成果廣泛接納的基本態度。

　　雖然如此，基於科學研究的基本信念，在此對研究方法章節的內容討論，基本上仍以科學量化研究為主軸。根據以上，第三章研究方法之內容，基本上包括了研究架構、研究假設、研究對象、研究工具，以及資料之蒐集程序與分析等數項內容。

研究架構

　　架構意指相對位置的集合形式，研究架構即指研究方案中各變項相對位置的集合。爲了表達上述的精確內涵，學術研究社群通常採圖示的方式，以表達研究架構的意涵。值得注意的是，如果圖示僅是單純的變項關係之呈現，稱爲架構；如果加入資料蒐集的歷程及演進，則應以研究程序或步驟名之較爲適當。

　　研究變項間的關係以研究架構圖來表示，是知識符號化的極致表現。不僅可以讓讀者清晰的理解研究變項間的關係，也能清楚的呈現研究的方向與預期成果，如果輔以文字補充說明，對研究者自身掌控研究歷程亦有相當大的幫助。

研究對象與工具

　　就科學研究而言，研究對象的交代十分重要而且關鍵。如果是推論母群的研究，不僅要說明標的母群的性質及其範圍，同時也要明確交代取樣方法、取樣程序以及樣本人數。

　　至於研究工具，更是實徵研究成敗的關鍵指標。研究工具的指涉範圍相當廣泛，舉凡調查問卷、訪談大綱、調查表、觀察紀錄表，以及各類型測驗與量表等等皆是。如果研究工具不符合學術嚴謹要求，研究結果的可信度必然大幅降低，研究價值雖不致於蕩然無存，但也乏善可陳。

　　研究工具的敘寫內容除了闡述設計編製程序、工具內容之外，最重要的必須要周延詳盡的闡述說明信度與效度，以及考驗的方法及結果。如果可能，應儘量以表格化的方式呈現會較爲清晰。

　　研究工具是研究者學術研究能力高低的有效檢核指標。一般

而言，研究者應該自行發展、編製或設計研究工具，以作為基本研究能力具備之證明，同時也確保未來持續從事研究工作，或者應用相關研究方法解決問題的能力[12]。

資料蒐集程序與分析

資料蒐集程序與分析基本上包括了資料蒐集程序，以及資料分析兩個部分。前者含括了研究之進行步驟，以及資料蒐集的程序。如果是調查研究，需要說明問卷或測驗的實施程序；至於訪談、觀察等質性研究過程，則須將進場至退場之過程詳加說明。原則上，列點呈現較能清晰具體，如果能夠將資料蒐集程序加以圖示化是最佳的選擇。

至於資料分析，指的是蒐集所得研究資料的處理與分析，如果是量化資料，需要具體說明資料之統計分析方法；質性資料則須以文字闡述說明資料整理與轉化的相關程序。

研究結果與討論

研究結果是呈現經過研究歷程之後所得到的結果。就組織與邏輯的要求，研究結果的呈現首先要呼應研究目的與待答問題之需要，易言之，待答問題的疑問都要逐一在研究結果的內容中得到適當的回應。研究結果的呈現以圖或表的方式表達最佳，再輔以文字說明。圖表化是知識符號化的極致表現，也是人類文明進步的重要特徵。

至於討論的意涵較為寬廣。狹義來看，討論意指討論研究結果，但廣義而言，討論是討論整個研究的所有內容，包含所有因研

究而產生，富有價值及需要思考討論的研究結果或內容。因此，使用「綜合討論」一詞會較為精確恰當。

綜合討論主要有三個層次：詮釋研究結果、與其他研究比較、研究結果之意涵啟發及應用。從第一個層次看，有意義並有深度的詮釋研究結果已相當不易，因此透過適當的研究結果訪談，可以減輕研究者進行深度討論之壓力；從第二個層次看，與其他研究比較，則需回頭與相關研究文獻穿梭驗證，找出異同並進行適當評析；從第三個層次看，研究結果之意涵啟發及應用難度最高，它是研究生手最感艱難的任務，甚至於研究老手偶爾也會感到障礙重重，除了博學、慎思、明辨之外，亦無其他更佳之捷徑。

2-3 學位論文的迷失

《APA出版手冊》談及論文的內容與組織時，有如下的一段話[13]：

「……藉由前人的研究成果，可以讓後續的研究者避免重複不必要的工作，並以現有的研究成果為基礎，貢獻出新的研究發現……。」

這是學術論文的基本準則。根據以上，歸納數點學位論文迷失：

一、拼湊變項

研究的初始，未從研究問題的角度切入，僅在閱覽相關研究論文之後，就從中選取研究變項，然後加以組合，成為論文研究題目。這種拼湊變項的做法，嚴重背離學術研究創發與重要性的精神。最終結果雖然也完成了一本論文，但從論文品質評估指標加以檢證，會發現研究主題毫無意義，沒有任何價值，每位參與其中的人，都不明所以的浪費了寶貴的光陰與生命。

二、問題意識不明

研究問題是論文品質第一個判定規準。研究問題首應有清晰的問題意識。這個部分包括：研究問題是否明確界定？是否對理論的建立或修正有價值？是否對解決實際問題有幫助？研究問題意識不明，即開始進行研究，就如同對著黑影開槍，不僅無法評估表現績效，也是一種資源及人力的浪費。

三、研究方法不符需要

研究方法植基於研究目的與待答問題，要達成什麼研究目的，或者是要解答什麼問題，因此而選擇適當的研究方法。某些問題情境適用量化研究，但某些情境則適用質化研究，企業問題的診斷則適用個

案研究方法，至於口述歷史研究，以深度訪談的方法最適當。

四、統計方法應用過度

統計方法應用過度反而會抹煞論文的價值[14]：統計是量化研究的必要條件，但不是充分條件；統計僅是研究的工具，而非研究的主體。就工具而言，工具只有適不適用的問題。所謂「尺有所短，寸有所長」，每個統計方法都有其優勢及劣勢，研究者要辨明每個統計方法，並適當的去應用它。

從研究的層次看，從解釋、預測到控制的不同目的，應用的統計方法就不會相同。沒有因果關係的適當資料，卻盲目的應用因果關係之統計方法（如SEM），只會混淆研究目的。

結論與建議

　　結論是研究結果詮釋後的最後結果，也是研究之後的判定論述。通常，研究者將研究結果進行歸納，去蕪存菁後，將重點摘要詮釋，進而形成研究結論。因此，結論的用語以使用肯定句為佳。

　　研究結論的表達以條理式的列點呈現較好，文字說明並應精簡扼要，以便達到與讀者交流分享的目的。

　　研究結果不見得都會成為結論，原因是部分研究結果之論證不夠堅強，仍有疑義，有待未來持續研究；或者是本研究的研究結果與過去的相關研究之結果有歧異，但難判是非，因此尚不能成為結論。這些爭議性結果價值性仍在，研究者可以在研究建議中交代，成為未來持續研究的引子。

　　研究建議的敘寫有三個方向：理論上的建議、實務上的建議、未來研究的建議。至於應敘寫多少個研究方向，端視研究領域及主題的需要而定。一般而言，學位論文至少應有實務及未來研究建議等兩大內容。

　　研究建議的敘寫應遵守「有所本」、「具體」及「可行」三個原則。有所本意指研究建議應根據研究結果或研究結論而來，不是自行想像或胡亂拼湊。「本研究結果顯示……，因此，本研究建議……」，就是一種有所本的建議寫法；具體意指研究建議應描述具體，不可天馬行空，過度抽象而讓讀者無法理解；至於可行意指研究建議在現實上行得通，可以付諸實際上施行驗證，而不是只做表現文章，因為將束之高閣而毫無應用價值。

觀念擂台

正面論點：研究假設乃科學論文之必要條件

凡是科學的研究，無可避免三個連續性的操作：觀察與實驗、假設與推測、證明，這是創發及生產知識的基本法則。

科學研究的歷程中，研究者對待答問題明確陳述之後，下一步驟就是建立研究假設。

所謂研究假設是指待答問題的暫時答案，也是研究者綜合理論、相關研究之評析，以及個人經驗所得後，進一步做的一種理性的猜測。

因為研究假設是解決問題的一種預測，所以假設的敘述是直接從問題的敘述中產生的。通常，社會科學中的研究假設大多數水準不高，且不易有效驗證，甚至於無法應用量化或便於量化的表達形式加以呈現，所以許多社會科學研究者選擇放棄建立研究假設，而只以敘述待答問題交代。

這正是問題所在，因為社會科學研究者認為上述障礙不易跨越，放棄了提升社會科學研究方法的契機，反而讓社會科學淪為低度發展的科學。

另一方面，認為建立研究假設困難者，理由無非是應用上的普遍性問題，強調敘述性或探索性的研究，研究假設建立不容易。真正的事實是，敘述性的研究假設建立也不困難。以「家長式領導風格之檢驗」[15]為例。研究目的之一是：

• 探討公立國民小學之家長式領導風格現象。

待答問題可敘述如下：

• 公立國民小學之家長式領導風格現象為何？

這是敘述性研究，要追求的是解釋性的研究目的。研究者綜合文獻及相關研究之評析後，研究假設可以敘述如下：

• 公立國民小學存在著高度的家長式領導風格現象。

上述的假設雖僅是敘述性文辭，但已達到經過實徵研究之後可以驗證的水準，達到科學論文之最低要求。

因此，如果我們對社會科學知識的創發與生產有共識，無可懷疑：研究假設乃科學論文之必要條件。

觀念擂台

反面論點：社會科學論文不必然一定要提出研究假設

眾所皆知，研究假設所陳述的是兩個或數個變項之間的可能關係。同時，研究變項必須是可以操作或測量的，變項間的關係也必須在研究的過程中可以驗證的。

不過，社會科學的變項不必然是可以操作或測量，變項間的關係多數也難以精確驗證。另一方面，從社會科學的演進歷史看，知識的創發歷程與自然科學知識的累積歷程也有許多的不同。

例如，遍數社會科學的巨著，並無鉅著是依照「觀察與實驗」、「假設與推測」以及「證明」三個連續性的操作而完成的。湯恩比寫《歷史的研究》，杜威寫《民主主義與教育》，康德寫《純粹理性批判》，乃至於寫《開放社會及其敵人》的作者等等皆是如此。

上述的例證說明了一件事實，社會科學不完全等同於自然科學，自然科學那套知識生產模式，不見得適用於社會科學領域。

再以法律學門的論文為例，從頭到尾都是文字論述，不僅沒有清楚的結論，甚至於也沒有具體的建議，與IMRD格式相去甚遠。即使如此，法律學門的論文仍然獲得了學位，也不會因此而一文不值。

即使教育學門之研究論文亦是如此，一篇〈國民小學學校效能評鑑指標與權重體系之建構〉的論文[16]，研究目的有二：

- 探討學校效能評鑑指標體系中的權重分配。
- 建構國民小學學校效能評鑑指標與權重體系。

顯然，這樣的研究目的有其相應的研究問題，但是要在資料蒐集之前建立研究假設並不可行。

綜合以上，社會科學之論文，不必然一定要提出研究假設，如果是屬於敘述性研究或探索性研究，反而以提出待答問題較為適當[17]。

【自我測驗2】學位論文主題評估試算表

作答說明：1.根據左列評估指標之內容，具體評估各向度之滿意度，並在右邊滿意度適當□內打 "✓"。

2.將勾選之滿意度方格中之分數，乘以評估指標內之百分比，填入右邊之「得分」欄中。

3.將各得分欄之得分，加總後填入合計欄中。

評估指標	非常滿意 (100)	滿意 (80)	普通 (60)	不滿意 (40)	非常不滿意 (20)	得分
可行性45% 1.文獻或理論是否足夠？ 2.資料能否有效蒐集？ 3.符合個人職場或條件？ 4.符合個人能力？						
經濟性35% 1.經費成本？ 2.時間成本？ 3.人力成本？						
價值性10% 1.先驅研究？ 2.問題具原創性？						
發展性10% 繼續研究空間？						
合計						

結果詮釋：

一、滿分100分。90以上為傑出，80～89為優，70～79為可，70分以下為差。

二、評估達80分以上，表示學位論文主題相當不錯，不需瞻前顧後，可立即啟動論文研究。

三、評估70～79分者，表示學位論文主題尚有調整空間，應即早與指導教授討論，修正後再重新評估。

四、評估70分以下者，表示此論文主題不佳，應儘早放棄，另起爐灶，避免一失足成千古恨。

個案研討2

小君同學的學位之路

　　小君同學長相眉清目秀、性格開朗。父親是公務人員，母親則任職私人銀行，家境小康。大學期間喜好參與社團及戶外活動，2009年6月畢業於M大國文系。小君同學的學長姐畢業後多數到其他相關產業任職，繼續攻讀相關研究所的也不在少數。

　　父母親的鼓勵與支持下，小君同學決定放棄就業，繼續攻讀研究所碩士學位，經過評估後並以隸屬管理學門類的研究所為優先選擇。

　　這一年，台灣高等教育在少子化的衝擊影響下，各大學哀鴻遍野，J大的招生更是江河日下，逐漸走下坡，全校研究所的整體錄取率超過50%。小君同學雖非管理學門畢業，但拜高錄取率之賜，僥倖錄取了J大的H研究所成為研究生。

　　進入H研究所之後，小君同學發現，自己的中文能力整體水平尚佳，應付平常功課沒有問題。不過，英文能力和統計的基礎則較差，每回閱讀英文期刊及準備課堂報告都是艱難的挑戰，至於統計課程的學習更是嚴苛的考驗，幸運的是必修統計課程的分量不多。

　　進入研究所二年級，小君同學面臨選擇指導教授及撰寫學位論文的問題，讓她感到相當苦惱。

　　H研究所的K（男）教授治學嚴謹、研究能力佳，量化研究取向，研究生的論文指導很有效率，產出品質有目共睹。更重要的是，K教授的個人影響力大，但是也因此而外務繁多，經常神龍見首不見尾，旗下研究生要和K教授見面討論，都需要像上醫院一樣提前掛號約診，好不緊張；至於W（女）教授則美麗大方、親切和藹並且笑臉迎人，與研究生私人互動良好，治學認真但要求合理，歷年來指導的研究生及畢業生較少，和研究生互動沒有距離，研究生隨時都可以和女教授見面暢敘，或者是一起用餐談心。

問題討論 ···

1. 請羅列選擇指導教授的指標，並就指標進行分析及評估，以作爲小君同學選擇指導教授的參考。依您所見，小君同學應該選擇K（男）教授或W（女）教授較佳？請充分討論後，說明理由。

2. 小君同學如果選擇K（男）教授，請問她的論文題目應該走量化研究取向或質化研究取向？爲什麼？反之，如果選擇W（女）教授，請問她的論文題目或研究方法需要改變嗎？理由何在？

3. 小君同學選擇指導教授，應以指導教授的研究能力及影響力爲優先，或者是以師生互動及過程愉悅做考慮？理由何在？

4. 小君同學如果要有效率的完成學位論文，請問她應該先充實哪些基本能力？這些基本能力應該如何學習鍛鍊？

5. 依您所見，研究生選擇指導教授或撰寫學位論文，尚有哪些應該考慮的事項？請提出與同學討論分享。

論文實例 **2**

資料來源	國立成功大學／95／碩士
論文題目	室內裝修業管理系統與顧客滿意度之研究[18]
研究生	游仁謙
研究背景	研究者為室內設計經營者，進修EMBA的目的在於職場實務問題的解決與提升，而室內裝修業管理系統改善及顧客滿意度的提高，乃企業經營績效成敗的重要關鍵。

▼解析：根據上述背景及研究者之需要，擬定四個從現況、關係以至影響目的之階梯式研究目的。

研究目的	1.調查室內裝修業管理系統與顧客滿意度之現況。 2.探討室內裝修業管理系統與顧客滿意度之關係。 3.分析顧客背景變項對室內裝修業管理系統與顧客滿意度之影響。 4.提出室內裝修業改善管理系統與提高顧客滿意度之建議。

▼解析：研究目的確認後，就概念、理論及相關研究等三個文獻蒐集之準則進行文獻架構之鋪排。因最終的研究實務目的，擬修正建立有效之室內裝修管理系統，故增列室內裝修管理系統現況之介紹。

文獻架構	一、管理系統 二、顧客滿意度 三、管理系統與顧客滿意度之相關研究 四、室內裝修管理系統之建立

▼解析：確認研究目的之後，研究者先以關鍵名詞為軸心進行文獻蒐集及評析，並回顧實務現場管理系統之建立過程，作為研究假設具體提列之基礎。

研究假設	1.室內裝修業管理系統之評價與顧客滿意度之得分呈現正相關。 2.顧客背景變項不同對管理系統之評價有差異。 　　2.1不同性別顧客對室內裝修業組織與人事各層面之評價有差異。 　　2.2不同年齡顧客對室內裝修業組織與人事各層面之評價有差異。 　　2.3不同職業顧客對室內裝修業組織與人事各層面之評價有差異。 　　2.4不同學歷顧客對室內裝修業組織與人事各層面之評價有差異。 　　2.5收入不同顧客對室內裝修業組織與人事層面之評價有差異。 　　2.6接受服務經驗不同顧客對室內裝修業組織與人事層面之評價有差異。 　　2.7接受服務性質不同顧客對室內裝修業組織與人事層面之評價有差異。

研究假設	2.8接受服務金額不同顧客對室內裝修業組織人事各層面之評價有差異。 3.顧客背景變項不同對室內裝修業之滿意度有差異。 　3.1不同性別顧客對室內裝修業服務態度之滿意程度有差異。 　3.2不同年齡顧客對室內裝修業服務態度之滿意程度有差異。 　3.3不同職業顧客對室內裝修業服務態度之滿意程度有差異。 　3.4不同學歷顧客對室內裝修業服務態度之滿意程度有差異。 　3.5收入不同顧客對室內裝修業服務態度之滿意程度有差異。 　3.6接受服務經驗不同顧客對室內裝修業服務態度之滿意程度有差異。 　3.7接受服務性質不同顧客對室內裝修業服務態度之滿意程度有差異。 　3.8接受金額不同顧客對室內裝修業服務態度之滿意程度有差異。
▼解析：研究假設邏輯清晰，且條理層次分明，可以有效而且明確的在研究結果中加以分析驗證，乃研究假設敘寫之良好範式。	
研究設計	1.本論文主要應用問卷調查之方法進行研究。 2.問卷調查之問卷為研究者綜合文獻所得自行編製，經專家諮詢、因素分析後修正而得。統計分析結果發現，因素分析解釋變異量在62%以上，問卷各層面 α 係數皆在0.92以上。 3.研究對象來自於研究者服務轄區之客戶及其成功大學EMBA校友，共寄發了765 份問卷，回收330份，有效問卷324份。調查結果應用SPSS統計套裝軟體進行描述、差異及迴歸等統計分析方法。
論文評析	1.本論文是實務工作者進入學術殿堂學習，應用研究方法洞察公司組織經營，進而提升企業經營績效的研究成果。整體研究過程嚴謹，研究結論富涵實務應用之價值，乃眾多EMBA論文中的代表性作品。 2.本研究主題不似其他主題廣泛，相關研究文獻不足，國內無一相同研究對象領域可以佐證參照之學位論文，研究者只能擴大範圍尋找相關文獻，可見研究歷程艱辛，難能可貴。 3.本論文經過實證研究所得，發展管理系統及顧客滿意度各兩個子向度測量指標，提供了未來研究者之有力參考。其次，根據研究結論，針對室內裝修業及主管機關所提出之六項具體建議，言之有物，頗有應用價值。

第三章
文獻評析

✎ 文獻來源

✎ 文獻探討架構

✎ 文獻探討步驟

✎ 文獻評論模式

✎ 論文撰述理路

事情應盡可能的簡單，但過度簡化是不可能的。

——愛因斯坦（1921年諾貝爾物理學獎得主）

　　人類科學文明的進步，關鍵之一來自於擁有知識創發與生產的思考邏輯。知識領域的進展，根源在於創新原動力的有無。更重要的是，整體社會群體創新原動力的強弱，正是國家發展與競爭力高低的重要關鍵。

　　憑藉著創新而生產者謂之「知識」，知識普及後，大眾皆能琅琅上口，則會淪為「常識」。從研究的角度看，知識有其原創性、獨特性以及唯一性，透過智慧財產權等機制的保護，成為帶動人類科學文明向前邁進的重要推手。

　　論文寫作章節中的文獻探討（或文獻評析），與上述的觀念有相當密切的關係。原則上，文獻一詞所指涉的是具有知識的概念、學理或事實。易言之，文獻評析的內容，應著重在研究的成果——知識，而不是大眾皆知拾人牙慧的——常識。

　　文獻探討有其重要的功能。首先，文獻探討需要廣泛的閱讀，它能夠讓研究者洞察研究問題的本質，聚焦研究的主軸，從而提升研究者的起點行為；另一方面，文獻探討需要分析及批判，這個歷程能夠精進研究者的思考邏輯，有助後續研究的進行以及研究品質的提升；更重要的是，文獻探討是研究設計成形的重要基礎。因此，學術社群專業人士普遍都有一個共識，文獻探討是研究歷程不可或缺的重要階段。對社會科學領域的研究者而言，文獻探討更常常成為耗費時間最多的研究階段，主要原因來自於研究論文及相關文獻已到了多不勝數、汗牛充棟的地步。

　　面對幾何級數增加的浩瀚文獻及研究成果，我們應盡可能的選擇科學化的方法以去蕪存菁，盡可能的應用工具以提升效能。即

使如此，面對文獻探討，付出時間及心力是無可避免的，我們可能需要有適當的心理準備，就如同愛因斯坦所言：「事情應盡可能的簡單，但過度簡化是不可能的。」

文獻來源

科學研究的目的是探索未知學問，並以知識的創發與生產為目標，因此文獻的來源也應具有知識的特徵。基本上，文獻的來源主要有四類：專業辭典、學術專書、專業期刊以及學位論文。這四類文獻的產出、目的、內容及性質都不相同，部分更有相當大的差異性。通常，社會科學領域的研究，鎖定上述四類文獻來源進行探討已經相當足夠，並不需要極盡上窮碧落下黃泉之能事。

專業辭典

專業辭典指的是領域學門中出版的專業學術辭典，學術專業領域高度發展的學門一般都會出版有此類的辭典，並成為大學圖書館的必要藏書，甚至於鎮館之寶。例如政治學、法學、經濟學、管理學、教育學、心理學、語言學等等。這類辭典的編撰不易，資料內容相當豐富，通常會包括該學門四大類的內容：重要概念、重要理論、重要人物以及重要方法。

換句話說，學術論文寫作中應用到的概念、定義以及理論基礎等內容，都可以在學術專業辭典中找到。不過，學術專業辭典扮演的角色是參考工具，主要的目的是提供讀者索引和簡單的文義性解釋，無法提供專題式的縱深分析[1]。因為如此，乃限縮了專業辭典在論文寫作中的應用空間和價值。

專業辭典可以說是論文寫作時，撰述關鍵名詞概念定義時的最佳來源。研究者踏出論文研究的第一步，應該先到專業辭典中檢索，建立關鍵名詞或概念最基本的理解和認識，至於其他理論及研究方面的文獻，以到學門中的學術性教科書中搜尋為佳。

學術專書

學術專書指的是領域學門中學者撰寫的專門著作，此種專門著作如果稍具水準，通常也會成為學門領域上課教學時的教科用書。一般而言，經過研究所得的創新發現或理論，最早會投在專業學術期刊上發表，然後不斷遭到領域學門研究者的挑戰與驗證，最終通過挑戰與驗證者才會被領域學者選用成為教科書中的內容，或者成為專業辭典中的詞條。這一段歷程在社會科學領域通常為時甚久，十年或二十年皆是常有的事。

學術專書的內容相對而言較為完整，舉凡專書主題中的重要概念、重要理論、重要人物以及重要方法，都會有相當詳實的介紹。例如一本品質良好的「組織行為」學術專書，內容必然會包括個體行為、激勵、決策、溝通、領導、衝突、團體行為、組織結構、組織文化、工作壓力與滿足、組織變革與發展等內容[2,3]。學術專書章節內容如果掛一漏萬，或各有所偏，就無法扮演領域知識傳承的良好媒介。

學術專書可以說是論文寫作時，撰述學理文獻時的最佳來源。因此，研究者進行學理篇章的撰寫時，應從學術專書中尋找或引用較為適當。

專業期刊

專業期刊指的是專業學術社群出版的學術性期刊。通常，領域學門發展越發達，專業期刊也就會越多，反之亦然。專業期刊的出版目的是領域學門創發知識的交流平台，具有讀者水平一致及傳播快速兩大特徵。讀者水平一致是因為嚴謹的匿名同行審查機制所致，相對的也排除了其他非專業的讀者；至於傳播快速，主要原因是專業期刊著重在創發性與重要性的研究精神，因此出版快速。

專業期刊的內容相較學術專書而言，有創發性的新知優勢，所謂「研究領先」，指的是研究者領先在專業期刊上的發表受到肯定。不過，專業期刊論文發表後，會開始遭到領域學門研究者的不斷挑戰與批判，最終通過挑戰與驗證者才會被領域學者認同與接受，進一步成為教科書或專業辭典中的內容。大多數的情況下，專業期刊的論文以陣亡者多而存活者少。即使如此，並不能否定期刊論文的地位及其重要性。對研究者而言，期刊論文具有專業性及創新性的優勢，是研究者撰述相關研究章節最主要的內容來源。

學位論文

學位論文指的是博士及碩士論文，常見於各大學圖書館的學位論文專區。學位論文是研究生修習課程及取得學位的重要指標，通常有嚴謹的流程和考試機制把關。

學位論文是較為周延的研究過程，並有指導教授協助，理應成為領域學門研究創見及知識生產的重要來源。不過，因為不同研究所的品質要求不同、研究生素質的差異，以及晚近論文考試機制的改變，學位論文的品質不論中外，目前都有每下愈況的趨勢。

觀念擂台

正面論點：碩士論文至少應有6萬字

S大是台灣E領域學門中的龍頭學校，百年歷史、古色古香，稱得上是人文薈萃、大師輩出。

S大有一個歷史悠久的研究所，培育出無數傑出優秀的人才，不僅是S大的傳統典範，也是學門領域內排名第一的研究所，對學位論文的品質要求相當嚴格。值得注意的是，該所學位考試實施辦法中，言明論文字數須符合下列規定：

「博士論文以8～15萬字為原則；碩士論文以6～10萬字為原則。」

言簡意賅。碩士論文最低標準是6萬字以上，博士論文最低標準是8萬字以上，如果論文字數未達底標以上，不僅出不了指導教授研究室的大門，要想拿到百年歷史S大，全國排名第一典範研究所的學位，顯然是困難重重。

碩士論文至少應有6萬字以上，這個標準並不是憑空喊價或招標而來，背後有教育理念的支持。

首先，督促研究生廣泛閱讀，所謂「讀書破萬卷，下筆如有神」，為了要滿足6萬字以上的最低要求，研究生勢必要努力讀書、用功讀書；其次，沒有功勞也有苦勞，沒有苦勞也有疲勞，寫了6萬字以上的一本厚重論文，應該可以充分的代表研究生積極努力、勵志向學的情操；再次，「三更有夢書當枕」，6萬字的厚重論文完成後，研究生的學習心靈將會得到最滿足的踏實感；最後，消費促進經濟成長，每一位研究生都完成數萬字以上的厚重論文，對國家經濟成長肯定有貢獻。

所以，碩士論文至少應有6萬字以上的規定，不僅有教育意義，也深富價值。

觀念擂台

反面論點：教育部長曾志朗的碩士論文

曾志朗博士是中央研究院院士，也是美國心理學會會士，享譽國際認知心理學界，學術聲望崇隆，曾在2000年間擔任教育部長。

曾志朗學生時代表現傑出，1969年獲政治大學教育研究所碩士學位時年方25歲，論文題目是：「消息量對語言學習之影響」，論文口試時獲得口試委員極高的評價，畢業後隨即赴美深造。曾志朗的碩士論文全本不到50頁，如果只計本文，則不到30頁。

曾志朗的學位論文，證明了論文品質的高低和字數的多寡無關。學術研究的基本目的是探索未知學問，論文是否通過、學位是否頒授，應以知識創發當作判準，而非以字數的多寡當依據。

研究所如果能將知識創發設定為檢核學位論文的標準，那麼研究生就毋須為了字數的問題盲目拼湊版面，填充沒有意義且無病呻吟的文字，製造口試委員的困擾。

學位論文摒除了字數多寡的魔障後，後續有很多效益。首先，研究生可以專注於思考研究問題，從而找到適當而嚴謹的研究方法，為研究品質的提升奠定基礎。

其次，研究品質提升之後，自然會產出富有意義的研究結果，最終研究結論對理論的修正以及解決實務上的研究問題，將有莫大之幫助。

當然，如果以曾志朗的碩士論文當作研究生撰寫論文的典範，必然可以破除教授指導研究生學位論文的目的迷障，同時在字數大幅減少下，也能減輕許多研究生的家庭經濟負擔。

最後，如果學位論文能夠導正為以知識創發作判準，不以字數多寡當依據，必然可以全面性地提升國內研究所的論文品質，未來產出更多傑出曾志朗的可能性大增，對社會國家的貢獻不可以道里計。

對文獻探討而言，學位論文不如專業辭典的公信力，也缺乏期刊論文的專業性，但至少還保有創新性的優勢。如果品質不錯，仍可當作是研究者撰述相關研究節次的來源參考。

需要特別提醒讀者的是，學位論文的引用，應該鎖定在第四章研究結果，以及第五章結論與建議，並且只能在相關研究的節次中討論與評析。原因是——學位論文的其他章節引用，都不符合學術研究創發精神的要求，也容易陷入二手文獻或論文抄襲的危機。

文獻來源除了上述主要四類之外，亦可因應領域及學門的不同，或者是研究問題及研究目的之需要，適當的參考或引用其他第一手的各類資料。

文獻探討架構

文獻探討的章節架構主要包括三個節次：概念、理論文獻、相關研究，並且可以視研究問題及目的之需要增添節次。

第一節所要撰寫之內容為概念解析，主要在闡述研究主題關鍵變項的概念意義，其來源主要來自專業辭典或學術專書。概念解析的目的在於踏出研究的第一步，取得與讀者的共識，成為學理討論或評述相關研究的基礎，這個部分通常也是操作性定義的必要前置作業。

第二節所要探討的是理論基礎，介紹研究主題密切相關之主要學理，如果需要也可以擴及相關學理及外延理論，至於其來源則以學術專書為主，專業辭典為輔。理論基礎的闡述或評析應注意過猶不及，評述引用與研究問題密切相關者才有意義及價值，否則濫竽充數，浪費成本與資源，並不符合學術研究的精神。

第三節所要探討的內容是相關研究，視研究問題及目的之需

要，也可以酌加實務現況之節次。相關研究的來源相當清楚，它必須是經過研究歷程所得的結果，來源當然是專業期刊以及學位論文。相關研究的評析，原則上仍應以學位論文第四章研究結果，以及第五章結論與建議爲主要內容，如果需要，可以進一步針對研究方法、研究工具、研究對象，以及論文的原創性、學術或應用價值進行評析。

文獻探討步驟

　　文獻來源及文獻架構了解之後，進一步要學習的是文獻探討的步驟。因爲思維特質及讀書習慣的差異，不同研究者的文獻探討步驟和技巧並不相同[4]。不管如何，有效能的文獻探討步驟，可以有效地確保化繁爲簡的學習目標。

閱讀及摘要

　　閱讀是完全無法避免的文獻探討基礎活動，也一定要付出相當的時間。與科學的讀書方法相同，閱讀文獻仍以分節進行，以節爲單元較爲適當。目前科技文明的進步，文獻的閱讀已不限於紙本，因此有必要保持更爲彈性開放而多元的思考模式，以因應研究之需要。

　　如果是私人擁有的紙本文獻，仍需進行圈點劃線的基本功。配合搜尋閱讀，將代表性的重要關鍵句劃線，這是重點摘要的前置作業。重點摘要的劃線在精不在多，關鍵的重要文句才有文獻引用之效益。

　　如果是借閱而來的紙本文獻，可以選擇先將重要章節內容影

印後，再進行閱讀摘要。除此之外，基本功夫不錯的研究者，也可以配合應用資訊軟體設備，伴同閱讀的進行，同時在個人電腦進行摘要打字，彙集成爲個人研究的資料庫。

另次，目前已有很多開放付費分享，或是免費分享的電子文獻資料庫，研究者可以在線上直接進行閱讀及摘取重點；如果不是開放分享的電子文獻，則閱讀摘要的技巧與紙本文獻相近。

分類存檔

研究者閱讀及摘取重點之後，接下來需要將文獻摘要內容分類存檔，成爲個人論文研究時參考文獻的資料庫。

此一階段要將閱讀摘要所得分類存檔。分類存檔仍以文獻的來源爲依據較爲適當，分別依專業辭典（D）、學術專書（B）、專業期刊（J），以及學位論文（T）建立四種不同的資料夾，每一筆摘要文獻編上不同的代碼和序號，並仿參考文獻的格式建立不同的檔名以爲區別。試以〈家長式領導風格內涵之理解與分析〉[5]一文爲例，電腦資料夾中所見檔案範例如下：

檔名：

C\master\參考文獻\專書\B001王玉波（1998）中國古代的家

　　　　　　　　B002李亦園（1995）文化與行為

　　　　　　　　B003楊國樞（2002）華人心理的本土化

　　　　　　　　研究

　　　　　　　　B004……

　　　　　　　　…………

上述檔名中的B代表專書，001代表編號，後爲作者年代書名；相反的，如果是專業辭典中的摘要文字檔，就以D代表，依此

類推。至於檔案中摘要打字的內容，應如下範例所示，標明摘要的頁碼及文字內容：

P.81～82
生活圈中的動力驅勢有兩種，即自主性趨勢（autonomous trend）與融合性趨勢（homonomous trend）。自主性主要是人的一種擴展性傾向，融合性則是一種相反的動力趨勢。

P.101～103
傳統中國社會內，社會規範與標準極為重要，它們好像代表他人的共同意見，是大眾言論即行為的主要依據。在中國人的心目中，當地的社會規範與標準，已經不是相對的參考原則，而是絕對的社會權威。

移動定位

經過閱讀摘要，以及分類存檔的程序後，原則上研究者已建立了個人專屬的論文寫作參考文獻資料庫。如果以廚師料理做菜當作比喻，研究者自己就是大廚，目前已完成了市場採買材料的任務，接下來是將各類材料擺放到正確的位置。

移動定位的意思是，研究者從研究文獻資料夾中將文獻選出，置於適當的章節位置。如果撰寫的節次是第一章第一節，檔名可以命名為：C\master\Cha1-1。

再以〈論創造力發展障礙之跨越〉[6]為例，依照論文撰述理路分析圖的技巧，如果第一段要撰寫的邏輯是：重要性→發展歷史→現況→成效→主題揭示。研究者就可以從已有的文獻資料庫中，逐一將與此段主題相關之內容，複製出來後貼上版面，依序如下：

C001教育部（2005b）

P.5

台灣地區中小學生，放學後參加校外補習之比率42.36%，北高兩市52%、54%。

B001黃光國（2002）

P.46

台灣學術圈研究屬邊陲文化OEM（original equipment manufacturing）發展模式。

B002曾孝明（2001）

P.153

台灣學術研究的表現水準，不僅論文之發表質量有待提升，論文的「相對影響力」更是不如歐美國家水平甚多，「缺少創意」是其中最主要的關鍵因素。

J005劉廣定（2001）

P.333

台灣論文之發表質量皆缺少創意。

……

重整潤飾

最後，依上例，研究者的最後工作是將內容重整潤飾。此時，以個人的思維邏輯為前導，應用增刪、挪讓、移位、修辭等技巧，逐一完成各段落之撰寫。如下例，就是上段的文獻加以改寫而成：

弔詭的是，調查結果顯示，台灣地區中小學生，放學後參加校外補習之比率高達42.36%，北高兩市更是高達52%、54%（教

育部，2005b），校外補習的內容是功課與應付考試，與創造力活動並無相關。另一項重要的指標是學術研究的表現水準，不僅論文之發表質量有待提升，論文的「相對影響力」更是不如歐美國家水平甚多，「缺少創意」則是其中最為主要的關鍵因素（曾孝明，2001；黃光國，2002；劉廣定，2001）。當台灣最高素質人力彙集的學術圈，講究知識創發的研究也淪為邊陲文化的OEM發展模式時，即使社會及教育界創造力運動一片蓬勃景象，又能對提升社會國家競爭力的目標提供多少貢獻？

應用上述的步驟，研究生通常也都能輕易地完成文獻探討的大概內容，符合指導教授要求的水準。至於要達到鞭辟入裡，深度批判，或是文詞優美，則須仰賴研究資質以及優異的語文能力。

3-1 書目管理軟體

隨著科技資訊的進步，應用書目管理軟體成了搜尋文獻資源的另一個選擇。質化研究應用的文獻管理軟體EndNote，功能相當強大，不僅可以建立個人的文獻資料庫，也能夠達到精準檢索與建立標準化格式的功能[7]、[8]，不失為文獻探討階段良好的應用工具。

文獻探討歷程中，讀書閱讀和內容撰寫是學術研究者無法簡化的一環。不過，文獻的檢索、管理以及部分文書處理作業，可以應用EndNote等管理軟體輕鬆完成任務。EndNote的功能從其使用手冊中可以略窺一二[9]：

1.EndNote是一個線上檢索工具。
2.EndNote可以直接查詢線上書目資料庫書目，自各種不同的線上服務資料庫，匯入檢索結果資料檔，並協助研究者蒐集文獻至EndNote內。
3.EndNote是一個參考文獻和圖像資料庫，可以透過相關功能在Microsoft Word中編排引用、圖表等格式。當撰寫文章初稿中插入引用格式時，即隨插即用地建立參考文獻與圖表清單。

從應用的效益看，書目管理軟體對文獻探討時間成本的節省有相當大的幫助，可以自動協助研究者製作學術論文的參考書目，減少錯漏誤失，符合科學研究的精準要求。

另一方面，研究者可以將資料庫檢索結果下載至書目管理軟體，除可按書目內容進行檢索外，並可將引用文獻按論文發表要求的格式自動產生參考書目，減少論文寫作時的文書處理作業程序及成本。

文獻評論模式

　　建立在前述文獻探討步驟之上，進一步要關心的是文獻探討歷程結束之後，所呈現出的文獻評論的基本樣態。一般而言，大約可以歸納出四種呈現的模式：

重要論點或內容引述

◆先提示再引用

　　範例如下：

　　「……學校領導專書，常將之列為主要的研讀課目（謝金青，2004；Hughes & Ubben, 1994；Smith & Piele, 1996）……」

◆直接引述後，標示出處

　　範例如下：

　　「……約二十年前，荷蘭社會學家Hofstede應用「權力距離」（power distance）、「模糊容忍度」（uncertainty avoidance）、「個人與集體主義」（individualism-collectivism）、「男權與女權主義」（masculinity-femininity）等四種測量指標，針對IBM全球的員工進行跨文化研究。結果發現：「中國人歸屬於高權力距離與低個人主義的文化群聚，與歐美國家大不相同（Hofstede, 2001）。……」

指出研究主題方向

範例如下：

「……不久，兩岸三地的學者也開始以東方社會文化情境為基礎，探討領導行為等主題（康自立、蘇國楨、張淑萱、許世卿，2001；黃光國，1998；楊國樞，1995；樊景立、鄭伯壎，2000；鄭伯壎、周麗芳、樊景立，2000）……」

綜合論點引述

範例如下：

「……行為理論的觀點則試圖經由檢證領導者的外顯行為來解釋領導，希望透過對領導者外顯行為的觀察，獲得更為客觀而有效的觀點，以區分優異的領導者與拙劣的領導者（Lindell & Rosenqvist, 1992; Hampton, Summer & Webber, 1986; Yukl, 1981）……」

整合式引用

文獻評論的基本模式通常如上所述。不過，上述的基本模式，僅僅是提供基本的應用原則而已。讀者或者是研究生，可以在上述的基礎上，依個別研究之需要或是個人的需求，自行調整或發展文獻探討之創新模式。

從本書開始至此，我們經常應用「通常」、「原則上」、

「一般而言」或「參考」等等類似的形容詞當作修飾，部分讀者或許會覺得有些失望，期望看到更為精確的科學用詞，以便立即上手應用。可惜的是，如果我們想呈現真實的情況，這些修飾詞的應用可能無法避免。

　　就社會科學領域而言，沒有任何兩篇研究論文的章節段落會完全相同，也沒有任何兩篇論文的文獻探討歷程會完全一致。即使社會科學領域學門的研究步驟大體上並無多大差異，有些文獻內容甚至於是不斷的複製和重演，但是，實際劇本仍然會有些許差異。

3-2 文獻資料選用標準

　　除了文獻品質評量標準之外，面對浩瀚文獻資料，研究者通常也會有選用原則的困惑。基本上，除非條件或客觀上的障礙，學術研究文獻的選用以第一手資料為前提，以避免對文獻資料的誤判，或是受到中介因素的影響，降低研究過程的嚴謹性，以及研究結果的可信度。

　　就學術論文而言，第一手資料所指的，並非單指原創作者的檔案、文件、日記等原始物件，而應是文獻探討章節中，研究者經過閱讀摘要歷程後，直接引證應用的任何文獻資料檔案。如果研究者並未經過閱讀摘要之歷程，而是間接從他人著作中加以引證應用，則屬二手文獻或是三手文獻。

　　表3-1羅列數點標準，分別闡述選用標準之內涵、特徵及對應者，以當作檢核引用文獻資料的參考。

表3-1　引用文獻資料選用之標準

選用標準	內涵	特徵	對應者
知識性	經過嚴謹實徵研究歷程而創發或生產者謂之	・實徵研究歷程 ・學術社群認同	常識
代表性	領域學門內影響力最大最廣者謂之	・學門領導人論著 ・被引用次數	非代表
重要性	推翻舊有論著，或開宗立派提出創新論述謂之	・影響範圍廣 ・影響時間長	短暫性
創新性	最接近時期之研究所得成果謂之	・近期發現 ・十年內	舊知識
數據化	量化數據呈現之研究成果	・量化數字 ・符號化	質化描述

論文撰述理路

　　論文寫作不同於小學生寫作文，起承轉合四個段落即可大功告成；也不同於文學家創作抒情散文或愛情小說，可以發乎情感，憑空想像或一氣呵成。相反的，研究論文的撰寫是一種計畫性的大規模活動，預設了創發與生產知識的嚴謹目標，需要進行完整的規劃與設計。以學位論文爲例，雖然仍以個人的研究活動爲多，但其周密的邏輯思維，與1944年盟軍發動諾曼第登陸作戰的複雜度並無二致。

　　於是，我們可能需要跳脫傳統的思考邏輯，嘗試以不同往昔的模式來學習生產知識的方法與技巧，此即所謂──論文撰述理路。

　　論文撰述理路的意義是，任何一篇研究論文，都有其行文的段落主旨及運行軌道，有研究者的思維理路貫串其中。段落主旨就學位論文而言，首應應用論文之章節加以區隔框列，至於運行軌道內之思維理路，也能以圖示的方式加以呈現分析，進而指導研究者進行有條理的文獻評析，有效的達到文獻評論中條理、流暢、簡練、正確、清晰的品質要求。

　　論文撰述理路的第一步，仍然是段落章節撰述主旨的確立，隨後，就每一段落節次進行規劃，先完成主題式的流程圖，表示撰寫的程序步驟；進一步，則以符號化的方式，將整體段落圖式表現，作爲行筆撰寫的指引方針。

　　試以〈論創造力發展障礙之跨越〉[10]一文爲例說明。首先，因應文字篇幅之限制，全篇段落節次規劃爲五節：「緒言、創造力迷思、創造力的文化影響因素、個人創造力發展之道、結語」，再依

各節內容預擬組合主題，並以流程圖之方式呈現。如第一節緒言之流程規劃爲：重要性→發展歷史→現況→成效→主題揭示。第二節之流程規劃爲：簡單定義→辭典定義→理論定義→意義解析→研究理論闡述。接著，將流程規劃圖示如**圖3-1**。

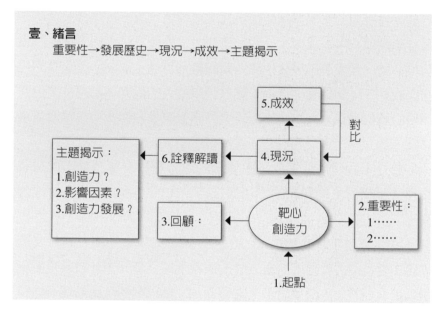

圖3-1　論文撰述理路分析圖──論創造力發展障礙之跨越（第一節）

　　根據**圖3-1**的指引，容易而且清晰的逐一按照步驟開始進行論文的撰寫，最終完成之成果如下所示。

壹、緒言

邇近以來，創造力（creativity）是學界及社會大眾廣泛注目的焦點議題。創造力變得如此重要，說明了創造力不僅是開拓個人價值的重要資產，同時也是組織社會成長發展的重要關鍵。回顧創造力教育發展之歷史，遠從國民政府遷台前就有創造力發展之倡議，一直到2001年教育部開始推動「創造力教育中程發展計畫」，將「創意台灣全球布局」作為教育施政之主軸，投入無數人力資源及經費預算，正面宣示了「創意」是「教育」核心的堅定目標，充分顯示了國家長期以來對創造力發展之重視，積極提升國家競爭力之強烈企圖。

目前的資料顯示，台灣地區大學院校有關創造力之系所中心有34個，民間組織36個；推廣創造力為內容之網站有39個。此外，創造力為主題的研討會活動有39場、書籍595本、學位論文373篇、相關研究362篇……（教育部，2005a）。政府領航、學術界動員，配合社會各階層的積極參與，放眼看去，創造力運動可說是一片蓬勃景象（吳靜吉，2003，3月）。依照S. Arieti的觀點，有效刺激創造力的社會有九項特性，其中第九項是──「社會用獎勵來提倡並鼓勵創造力」（程樹德譯，2000）。若以此標準作為檢視，當前台灣可以稱得上是積極鼓勵創造力的國家了。

弔詭的是，調查結果顯示，台灣地區中小學生，放學後參加校外補習之比率高達42.36%，北高兩市更是高達52%、54%（教育部，2005b），校外補習的內容是功課與應付考試，與創造力活動並無相關。另一項重要的指標是學術研究的表現水準，不僅論文之發表質量有待提升，論文的「相對影響力」更是不如歐美國家水平甚多，「缺少創意」則是其中最為主要的關鍵因素（曾孝明，2001；黃光國，2002；劉廣定，2001）。當台灣最高素質人力彙集的學術圈，講究知識創發的研究也淪為邊陲文化的OEM發展模式時，即使社會及教育界創造力運動一片蓬勃景象，又能對提升社會國家競爭力的目標提供多少貢獻？

上述現象顯示的，不僅是創造力發展輸入與產出不對等的矛盾現象，也說明了各界對創造力意涵的詮釋與理解，觀點是極為不同的，它們反應了對創造力發展的基本歧見。而在其他方面，有關創造力運動的表象又顯示，這種發展創造力提升國家競爭力的解答，背離創造力的核心關鍵問題有多遠。面對這些橫亙於前的困境與障礙，我們必須要以更為嚴謹的態度，面對發展個人創造力提升國家競爭力所引發的相關議題：創造力精確意涵是什麼？影響創造力發展的關鍵因素是什麼？這些障礙又應如何有效突破？

創造力問題意識的建立與釐清，不只能夠協助我們澄清創造力的真正意涵，同時藉由交叉檢視創造力發展的相關問題，讓我們可以更為深刻的理解創造力發展障礙之所在，有助於創造力發展社會情境之營造。

後續，我們也將第二節之流程規劃為：簡單定義→辭典定義→理論定義→意義解析→研究理論闡述。接著，將流程規劃圖示如**圖3-2**。

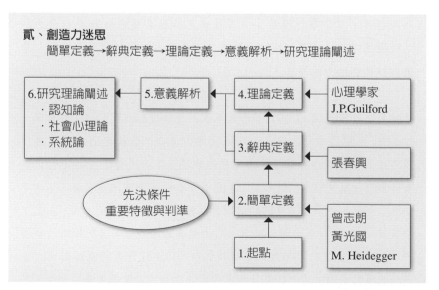

圖3-2　論文撰述理路分析圖——論創造力發展障礙之跨越（第二節）

　　根據圖3-2的指引，逐一按照步驟開始進行論文的撰寫，最終完成之成果如下所示。

貳、創造力迷思

　　創造力一詞人人琅琅上口，但是許多人的認知與詮釋可能並不相同。對創造力意涵言簡意賅的詮釋，認為創意就是見人之所未見，並能有效解決當前問題的新意，其先決條件來自於把問題界定清楚的能力，以及對問題反應不擇舊固執的思維彈性（曾志朗，2003）。創造力的一個重要特徵與判準在於原創性，如同M. Heidegger所強調的：「一切的真，一切的美，都不在於遵循已有的什麼，而在於重新的創造」。（黃光國，2002）通常，學者們對創造的重要性認知並無歧異，但是對於「原創性」一詞的內涵詮釋卻大不相同，其落差來自於人們對於創造力的研究，一直受到科學家對創造力的認知缺乏共識所阻礙。其原因是因為創造力是一個多面向的觀念，不同的研究學者各自以不同的角度來了解它，對創造力的認知亦有所不同（王薇真譯，2003）。

　　一般而言，創造力意涵指涉有二：心理歷程與超常能力（張春興，1989）。就前者而言，創造力指的是，在問題情境中超越既有經驗，突破習慣限制，形成嶄新觀念的心理歷程；就後者而言，創造力指的是，不受成規限制而能靈活運用經驗以解決問題的超常能力。進一步分析，其相同點在於二者皆將創造力視為解決問題的心理活動，相異點則在於前者重視思考歷程，後者重視思考能力。重視思考歷程的研究就是創造性思考的研究，重視思考能力的研究就是創造力研究。

　　創造力意涵解析人言言殊，廣受應用的是美國心理學家J. P. Guilford對其內涵的詮釋，他應用因素分析（factor analysis）的方法將創造力歸納為四個因素（張春興，1989）：流暢性（fluency）、變通性（flexibility）、獨創性（originality）以及精密性

（elaboration）。流暢性指的是一個人心智活動流暢，短時間內觀念多、文字多或聯想多；變通性指的是一個人思考方式變化多端、舉一反三、觸類旁通；獨創性則是一個人行為表現超常、事物處理有獨特見解；至於精密性指的是一個人深思熟慮、問題分析精密、周延完美的思考特質。

　　Guilford對創造力的詮釋實際上與一般社會大眾的簡單認知並不相同，但卻讓我們很容易的辨明了一般創造力（everyday creativity）與卓越創造力（eminent creativity）的差異（王蕨真譯，2003）。通常，每個人都擁有一般創造力，並表現在日常生活中：新的午餐食譜、令人噴飯的笑話、別開生面的宴會，諸如此類等等。一般創造力，以知識經濟的觀點看，並不具備知識的條件。易言之，一般創造力離轉化成為具備生產力的知識還有一段距離。但是，卓越創造力不一樣，卓越創造力是在領域中有傑出表現、發現或技能表現獨一無二，甚至於能夠生產知識，從而影響人們生活、創造無限價值，甚至於改變世界的優異能力。愛迪生、達爾文、莫札特、愛因斯坦、康德、杜威以及NBA球星喬登等人都可說是卓越創造力的代表性人物。

　　一般創造力與卓越創造力之間有鴻溝般的區隔，一般創造力固然也可以讓生活更為充實而有趣，但是國家創造力的發展，所要追求的軸心焦點是卓越創造力，其成功基礎來自於社會文化的營造以及教育對培養卓越創造力人才的努力。社會文化是否營造了鼓勵創造的環境，教育培養卓越創造力人才的目標是否達成，兩者都容易驗證。環視周遭，許多電視節目模仿日韓劇情，教師完成教學設計自認為已擁有智慧財產權，學術研究的表現水準不如預期，顯示的不僅是對卓越創造力的錯誤認知，也凸顯了整體社會卓越創造力人才缺乏的困境。因此，當前社會及教育界創造力運動一片蓬勃的景象，是真正的要形塑創造環境、培養卓越創造力人才？還是只界定在是一種「運動」，幫助大家活絡活絡筋骨而已？如果是前者，那麼我們有必要更為嚴肅地解析創造力的相關研究理論，作為分析創造力文化影響因素之基礎。

　　根據學者的歸納，創造力主要有四種研究理論：認知（cognitive）、人格特質（personality）、社會心理（social psychological）以及系統（systems）理論，它們分別代表了不同的詮釋觀點與研究方法，以下分別就認知論、社會心理論以及系統論三者闡述如下（王藏真譯，2003）：

　　從「認知」的角度看，某人很有創造力，意味著他總會想出新的、有創意且實用的方法來解決問題，而此方法正是大家迫切需要的。此種解決問題的方式即是「創造性問題解決法」（creative problem solving）。創造性問題解決法的特徵是，致力界定問題所在，尋求問題本質，找出解決方式並蒐集有用資料。運用「創造性問題解決法」解決問題需要面對許多挑戰，因為問題情境並不明朗，甚至於連問題本身都尚未浮現。面對這樣的狀況，科學的研究方法就派上用場了。依據諾貝爾獎得主S. Ramón y Cajal的論點，獲取知識的科學方法，包括觀察、實驗，以及應用演繹和歸納法進行推論（程樹德譯，2000）。科學的方法指引了解決問題的創造者，必須先致力於界定問題，尋求對問題本質的了解，進而找出解決問題的方法。

　　社會心理論主要關心的焦點在於富創造力環境與因素的營造（王藏真譯，2003）。社會心理論的研究發現「內在動機」（intrinsic motivation）在創造力中扮演了非常重要的角色，確認「內在動機」是引發創造力的重要關鍵。其次，社會心理論指出，創造力有三個重要組成因素：創造領域相關技能（domain-relevant skills）、創造力相關能力（creativity-relevant skills）以及內在動機。所謂創造領域相關技能，指的是有關此一領域內的知識、技術及應有的能力；創造力相關能力則是指一個人的認知能力。社會心理論的觀點事實上與Guilford對創造力的解析相互呼應，皆說明了卓越創造力的展現需要基本知能，需要精密分析，以及專注追求完美的努力。J. R. Hayes以及H. Schonberg的研究發現，天才是需要時間孵化的，他們認為卓越創造者的傑作產生前，至少需要花費十年的時間努力學習，這就是所謂的

「創造力十年準則」。一個人必須花費十年光陰進行艱困異常的「計畫性訓練」，累積足夠的能力、技術、知識、觀念及理論後，才有可能產出卓越創造作品（王薇真譯，2003）。分析牛頓、達爾文、梅爾等天才成功的背後關鍵因素，既不是幸運也不是偶然，而是時間、耐性以及專心致志的結合（杜明城譯，1999；程樹德譯，2000）。

系統理論的基本主張是——創造力不可能在一個真空的社會狀態中產生，而必須深植於文化環境中。它的研究焦點是——創造力在哪裡？系統理論的研究歸納認為，創造力只能由一個完整的系統中產生，此一系統包含三部分：領域（domain）、領域全體參與者（field）、個人（person），創造力是從上述三者相互完美結合的條件之下而產生的（王薇真譯，2003）。

認知、社會心理或者是系統理論的觀點，都說明了卓越創造力的生發需要相當的條件。認知論的「創造性問題解決法」需要教育啟發與學習；社會心理或者是系統理論的觀點，則更為強調社會文化情境的營造與配合。我們的主張呼之欲出：創造力發展不能只是一種運動，探索深層的文化影響因素，尋找有效的突破方法，應是當前國家創造力發展的著墨重點。

應用論文撰述理路分析圖，我們可以依計畫軌道進行論文撰寫。同樣的道理，我們也可以應用同一份撰述理路分析圖，略作調整及修正後，進行不同主題的論文撰寫。此外，我們也可以應用相同的原理，據以分析傑出學者的研究論文，整理出其撰述理路圖，作為未來研究學習的典範及參考。

MSS專欄

3-3 文獻探討品質指標

　　文獻探討的成果大功告成，品質的良窳就成了研究者關心的焦點。針對此點，APA提出了一些原則性的建議[11]。加以整合詮釋後，歸納為以下數項原則：條理、流暢、簡練、正確、清晰。

　　所謂「條理」，指的是研究者的「理念」有次序的陳述，思維有一貫性，容易了解；「流暢」指的是表達的流暢，所謂文辭暢達，用語修辭的講究可提高論文的可讀性；「簡練」指的是文辭簡約精練，沒有無所不包的評論；「正確」意指用字遣辭符合學術社群的共識，避免使用個人主觀認知的選擇；至於「清晰」意指用辭表達及句子結構應減低意義曖昧的可能。

表3-2　文獻評論品質評量標準

指標	內涵
條理	研究者的理念有次序的陳述，思維有一貫性，容易為讀者所了解
流暢	文字修辭流暢通達，段落文字邏輯一致，可讀性高
簡練	文辭簡約精練，通篇主題焦點明確，評論及引用範圍適當
正確	用字及遣辭符合學術社群共識，並以客觀方式呈現
清晰	用辭表達明確，文句結構暢達，語意內涵清晰

【自我測驗3】論文撰述理路模擬測驗

作答說明：1.K教授2008年獲國科會補助專題研究計畫，期末報告摘要一段如下[12]。

2.請閱讀全文後，應用論文撰述理路之技巧，嘗試完成以箭頭串接之論文撰述流程規劃。

3.接著，請以流程規劃為藍本，進行圖示分析，完成K教授的論文撰述理路分析圖。

論文題目	DPM評估系統在教育人力資源發展之應用研究

　　人類自有組織活動以來，「管理」即一直是歷史活動舞台成敗的核心。不過，對於管理的內涵詮釋解讀互異，古今中外皆不相同。1980年，美國管理學會（American Management Association）將管理重新定義為：「與其他人共同達成目標任務的實踐過程」。

　　美國是當前世界超級強國，創造力表現冠於全球，不論是政治、經濟、社會、教育、科技、人文及體育等各領域皆然（謝金青，2006）。根據比較，世界大學前十名排行榜中，美國十有其八（上海交通大學高等教育研究所，2005），顯見美國的影響力動見觀瞻。自從美國管理學會（AMA）調整了管理的思維方向之後，迅速地影響了全球的管理哲學與組織管理實務。此後，管理的觀念有了三點重大的改變（Montana & Charnov, 2000）：其一是人的重要性被強調；其二是目標的實踐更勝於活動事件；其三則是個人目標與組織目標的整合。此種管理思潮的改變最重大的啟示來自於：建立在績效表現的基礎上，組織目標與個人目標是可以整合而達成的，此一宣示成為當代企業經營者的重要挑戰，也是組織經營成敗的重要關鍵。

　　組織績效評估（measuring corporate performance）的主題一直是產學界關心組織效能的焦點（Evelyn, 2001; Gilbert, 2004; Osama, 1996），個人績效表現（human performance）則是員工薪酬論述的主要依據（Haring, Lindemann, & Reiser, 2000; London & Wueste, 1992; Sofo, 2000），針對上述兩項主題的研究與論述散見於各種專書及論文中。不過，要能呼應美國管理學會的當代管理意涵主張，將組織目標與個人目標整合而成的努力，業界的實踐遠比學界的討論更多（DeSimone & Harris, 1998; Kempton, 1995）。

　　1998年，德州儀器人力資源處長鮑惠明於指導企業分析和診斷之學習社群時，發表了《績效發展：實務操演手冊》一書（鮑惠明等，1998），深入討論績效發展評估系統（Development & Performance Management, DPM）在業界實務上的應用內涵，可以說是將業界實踐化為學術知識的重要一步。DPM評估系統的概念不僅強調人的重要性，也重視目標的實踐，更將員工生涯發展目標的追求與組織效能目標的整合視為組織經營策略思維的核心價值。

　　焦點移回國內教育場域，隨著知識經濟時代來臨，學校面臨遠比過去更為嚴苛之挑戰，其成敗關鍵來自於教師人力資源的有效提升。時代變遷、社會需求以及家長要求提升的大環境下，教育改革開始要強調教師成長與學校績效標準，教師終其職場一生，必須嚴肅面對素質條件以及教學表現水準不斷提升，以符合社會期望的要求。易言之，教師從師資養成階段起始，一直終了教職為止都必須持續學習與研究，不斷發展專業內涵，始能維持專業素養，成功扮演教師專業角色（沈姍姍，1998；饒見維，1996）。

　　不過，相關研究結果卻顯示，學校教師取得教職後的專業發展有許多討論之空間，教師被動性的參加專業發展活動，與組織效能的關聯性不高（梁坤明，1998）。這些現狀顯示了學校基層要談組織興革與發展，仍然存在著不小的障礙。研究者認為，其中很重要的關鍵來自於學校組織缺乏適當的人力資源發展策略，無法將員工生涯發展目標與組織效能目標進行有效的整合，進而提升學校人力資源品質。

　　企業界一向將「人」視為是組織中最重要的資產，也是組織保有競爭力的重要關鍵因素。文獻顯示，多數企業均有人力資源發展活動，且半數以上設有訓練單位（簡建忠，1995）。不過，學校組織對於人力資源的問題未如企業界重視，缺乏適當人力資源發展策略，無法將員工生涯發展目標與組織效能目標進行有效的整合，進而導致學校效能整體表現不如預期。因此，如何從當前教育人力資源發展現況之問題著手，結合理論與實務，分析教育人力資源發展之條件、問題與障礙；並嘗試評估教育人力資源績效發展評估系統應用之可行性，誠為當前提升學校教育品質的當務之急。

　　教育人力資源的良窳攸關學校經營表現的好壞，有效能學校的首要核心關鍵在於教師人力資源素質之提升，而其前提則在於對教育人力資源發展現況之了解，明晰教育人力資源發展之問題與困境，進而提出相應可能策略模式。綜上所述，本研究主要目的如下：

結果詮釋：

一、論文撰述流程規劃，應在30分鐘以內完成為及格。

二、論文撰述理路分析圖，30分鐘內完成為傑出，40分鐘內完成為優，50分鐘內完成為良，60分鐘以內完成為可。

三、如果超過60分鐘以上，或是無法完成，摸不著頭緒，則需要面見指導教授，討論一下未來的生涯規劃。

個案研討3

K教授的文獻評論作業

H研究所的K教授向來治軍嚴謹，主授研究方法。2010年的春天，一個萬里晴空的清晨，校園鳥語花香、遍地綠意。K教授以輕盈的步伐走進研究生教室。第一堂課開始，教學計畫上的課程主題是：會心經驗……。

會心經驗過後，針對期末作業要求，K教授開出的標準如下：

● 期末作業——（……）相關研究文獻之評析
  ■ 擇定撰述主題（e-mail先經教授同意）。
  ■ 限五年內Journal文獻六篇，中英文各三篇。
  ■ 採APA撰述要求。
  ■ 不抄錄二手資料；未親自閱讀之資料不引用。
  ■ 報告架構
    ◆ 封面
    ◆ 選擇撰述主題的理由（1,000字）
    ◆ 分析與批判
    ◆ 文獻評述
      ◇ 研究方法
      ◇ 研究工具與對象
      ◇ 原創性、學術或應用價值

光陰似箭，很快的課程結束，到了繳交期末作業的期限。研究生小梅同學以組織變革為主題，完成了K教授的作業，摘要部分重點如下：

壹、期刊出處（略）

貳、選擇撰述主題之理由（略）

參、分析與批判

一、文獻評述

(一)摘要、歸納與比較

　　廖國鋒、范淼、吳振昌（民91）的研究報告來自於台大管理論叢（TSSCI），其文獻除了作者本身的相關研究外，主要來自國外對於組織變革相關的研究資料，文獻中引用了Schabracq and Cooper（1998）的觀點，認為組織變革會造成組織成員的壓力，這是由於組織變革後，工作技能或職位也可能造成改變，組織成員由於技能無法隨之調整，形成對未來的不確定感。並根據Hui and Lee（2000）的研究，引申組織變革不確定感的意涵，認為預期組織變革並不等於實際上就會從事變革，在預期變革的前提下，員工的心理層面產生了不確定感，當有任何組織合併或精簡的訊息時，其實已經開始對組織內造成衝擊與影響。

　　José, R. N., & Francisca O. G. (2003) 的論文來自Higher Education Policy，主要在證明變遷的社會環境中，大學策略管理的重要性與必須性，並建議一個曾在大型且複雜的組織進行過的策略性變革模式，來進行大學的策略性管理。

　　綜合以上文獻之回顧，將之歸納比較並加以評分後表列如下：（摘要）

作者	篇名	文獻重點摘要	文獻來源	評分
Jones[1] T., & King[2] S. F.	Flexible Systems for Changing Organizations: Implementing RAD	1.RAD的意義： (1)James Martiny造出rapid application develop這個詞，用來描述這個透過小的、緊密連結資訊科技和使用者的團隊的發展，並透過電腦軟體輔助科技，做進一步的整合（Martiny, 1991）。並根據Martiny的理論提出傳統的計畫應透過四個時期的發展。 (2)相較於Martiny的理論，英國DSDM（dynamic system development method）提出一個RAD管理設計的架構，有九個指導原則（DSDM, 1997）。 2.RAD的顧慮： (1)Ljubic and Stefancic（1994）： RAD並非沒有批評者，Ljubic and Stefancic（1994）指出RAD的成功不只依靠資訊系統的能力，還要考慮到使用者的知識和行為，Ljubic and Stefancic指出影響RAD在執行成功的因素，計分三大類，共十個項目。 (2)Reilly（1995）推論為了RAD的成功，軟體設計不再是被隔離的，RAD是一個過程，考慮使用者及其工作環境變得非常重要。	1.RAD的意義： (1)Martin J. (1991). *Rapid Application Development*. MacMillan, New York. (2)DSDM (1997) DSDM Version 2, http://www.dsdm.org/method.html. Eisenhardt KM (1989). Building Theories from Case Study Research. *Academy of Management Review, 14* (4), 532-550. 2. RAD的顧慮： (1)Ljubic, T. and Stefancic, S. (1994). Problems in the Introduction of Rapid Application Development (RAD) Principles Put to PRAXIS. In *Proceedings of the Fourth International Conference for Information Systems Development-ISD 94: Methods and Tools, Theory and Practice*, pp. 233-241. (2)Reilly JP (1995). Does RAD Live Up to the Hype? *IEEE Software*, September, 24-26.	甲

(二)批判

　　Jones[1] T., & King[2] S. F.（1998）的研究內容關係到資訊科技的部分，因此其所引用的文獻，資料都是年代很近的，因此其後續推論的

可信度亦較高，其優點為：

1. 由於資訊科技進步一日千里，Jones[1] T., & King[2] S. F.（1998）的研究引用的文獻資料不但豐富，而且為當時最新訊息，對於此研究的價值較高。
2. 文獻資料中，不但有理論基礎，也有其他學者的實證研究報告，再推論至其他企業時，非常具有參考價值，並具有比較性與驗證性。
3. 文獻引用正反論點，對於部分學者對於RAD的質疑亦有考慮，更豐富其文獻的內涵。

二、研究方法

(一)摘要、歸納與比較

　　社會科學的研究方法主要可以區分為實證研究與非實證研究二大類。就本文所評析之四篇報告看，Jones[1] T., & King[2] S. F.（1998）採用個案研究法，探討兩個企業執行RAD的過程，並結合訪問與資料分析，以了解為何同樣執行RAD的兩個企業，一個成功另一個卻失敗的原因。

　　綜合以上，加以比較如下：

作者	篇名	文獻重點摘要	文獻來源	評分
Jones[1] T., & King[2] S. F.	Flexible Systems for Changing Organizations : Implementing RAD	此研究在探討為何RAD在PowerCo執行失敗，在TIB卻執行成功的原因。作者在比較過調查研究法和個案研究法之後，決定採用個案研究法，因為調查研究法適合探討who, what, where, how many和how much的問題；個案研究法則較適合探討how和why的問題。個案研究法有利於解釋某一現象的細節，尤其是探討現象與背景的關係，因此個案研究法較適合此研究，同時此研究還結合了訪問與資料分析，使內容更具可靠性。	個案研究法	甲

(二)批判

　　研究方法是一篇研究報告價值之所在。實證研究報告重要的是資料是否第一手取得，非實證論文則重在推論邏輯的合理性與有效性。綜合分析四篇報告之優缺點如下：

1.研究方法皆符合個別研究目的之需要，並針對研究需要設計研究工具，研究方法都相當嚴謹，對於相關的變項考慮周密，提出的多項假設，並依回收的問卷分類進行迴歸分析，幾乎對所有可能的變項都進行研究分析。研究架構嚴謹，在樣本的抽樣方式恰當且考慮周詳，問卷的催收方式能有效提醒研究對象寄回問卷，整個研究設計相當完善，報告中對於研究過程交代清楚，使讀者非常清楚其研究脈絡。

2.另外，四篇研究報告中，部分研究的內容分析交代不清。Jones[1] T., & King[2] S. F.（1998）的研究採個案研究法，但是僅提出個案的執行過程與情況，對於其資料蒐集的方式與過程，交代亦不清楚，無法了解其研究方法是否能夠正確取得所欲研究的資料。

　　另外，就研究對象的選取方面，綜合分析四篇報告，提出以下意見：

1.部分研究的研究對象，不是採用抽樣的方式來選取，影響研究結果的推論性。

2.Jones[1] T., & King[2] S. F.（1998）的研究對象是英國兩個執行過RAD的大型企業，研究對象的選擇上，未交代清楚其選擇這兩家企業的原因與方式，降低了研究的可靠性與推論性。

三、研究工具與對象

(一)摘要、歸納與比較

　　從研究工具與對象的角度分析，Jones[1] T., & King[2] S. F.（1998）

的研究對象為PowerCo和TIB兩家英國執行過RAD的大型企業，使用個案分析法、訪問與資料分析，以分析此二企業執行RAD之後，TIB成功地將RAD制度化，而PowerCo卻失敗的原因。

　　將四人所使用之研究工具列表比較如下：

作者	篇名	文獻重點摘要	文獻來源	評分
Jones[1] T., & King[2] S. F.	Flexible Systems for Changing Organizations : Implementing RAD	採用個案研究法，並結合訪問與資料分析，研究工具為：RAD文獻、PowerCo和TIB兩企業的執行資料、調查訪問以及執行成果資料等。	英國的兩個大企業：PowerCo和TIB。	甲

　　從上表中可以發現，Jones[1] T., & King[2] S. F.（1998）的研究係採用個案研究法，並結合訪問與資料分析，直接針對英國兩家執行過RAD的大企業進行個案研究，並綜合分析比較其一成一敗之原因，推論的主觀性較強，使得研究過程的嚴謹度較低。

(二)批判

　　錯綜複雜的社會現象中，若要很經濟地取得準確的資料，則非依賴嚴謹的設計不可，好的研究設計可以使研究者以很經濟的方式，取得準確的資料並作正確的分析，其中，對於研究對象的選取方式必須公正、能夠將研究結果推論至母群體，研究工具必須具有信度與效度，並能客觀地取得研究者所欲蒐集的資料。Jones[1] T., & King[2] S. F.（1998）的研究採用個案研究法，並結合訪問及資料分析，以探討兩家企業執行RAD成敗的原因，雖然缺乏量化的客觀研究，但仍有其應用價值，條列其原因如下：

　　1.深入探討兩個企業的執行過程與執行方式，並充分考慮到其間的人為因素與地域關係，對於此二個案的研究相當深入與精闢。

2. 研究對象皆為英國的企業，同一國家中兩企業所面臨之員工特性、社會環境及風土民情等干擾因素，差別不大，其研究結果受到這些因素的影響較小，故其結果較具可靠性。

3. 研究兩個個案執行成果，一個成功，一個失敗，故就此一正一反進行驗證與比較，在實務上更具有相當高的參考價值。

四、原創性、學術或應用價值

學術價值的討論應是首要重點，研究的結果能夠探討實質的問題，並提供實務上的應用，是學術對於社會的直接幫助，亦是研究的主要價值之一。

就此觀點看，Jones[1] T., & King[2] S. F.（1998）從事個案研究，深入探討英國PowerCo和TIB兩企業執行RAD的始末，澄清PowerCo未能將RAD制度化的原因，以及TIB執行成功的原因，以下歸納此研究之優點與價值：

1. 其研究對象PowerCo是執行RAD失敗的企業；TIB則是成功地將RAD制度化的企業，此研究深入研究這兩家企業的執行過程及成敗的原因，提供其他正在或將要執行RAD的組織，一個有價值的實例，使其他企業對於RAD有更深一層的認識。

2. 研究採用事後回溯法，來了解其執行的狀況，在資料的完整性及客觀性方面，較受到質疑，但也因此其在執行RAD的過程較自然，若是在執行RAD的過程中進行觀察研究，則可能造成人為的影響，故其採用個案研究，並結合訪問與資料分析，研究資料豐富，研究結果可供其他企業的借鏡與參考。

3. 本研究不但比較PowerCo和TIB兩家企業執行的模式，亦將之與英國DSDM協會所提出RAD標準模式作比較，更增添實務上的參考價值。

問題討論 ···

1. K教授的期末作業，焦點是對研究文獻之評析。您認為K教授的作業要求，對研究生而言，適當或合理嗎？對研究生未來學位論文的撰寫有幫助嗎？理由是什麼？

2. K教授的期末作業，預設了文獻評述、研究方法、研究工具（與對象），以及原創性、學術性或應用價值等四個文獻評論的分析架構。請進行分組討論，這些分析架構對文獻探討而言，廣度或深度是否足夠？理由為何？

3. 閱讀了小梅同學的作業（摘要）之後，請您扮演K教授，應用1～10分的評量表，對小梅同學的作業進行評量，並撰寫100字以內的評語。

4. 依照K教授的期末評分，小梅同學的作業得到最優級的5++++，質化評語如下：

   「……撰述水平超過一般研究生的碩士論文水準。個人志窮才疏，勉強側列大學教席，看到您的優異表現，毋寧感到欣慰非常！……」

   您認為，即使同樣受教於K教授的課堂，其他同學們也都能拿到這樣的評量成績嗎？為什麼？

5. 您認為，除了K教授提出的文獻評論分析架構之外，還有哪些不同的文獻評論分析架構？試舉一例說明。

論文實例 ③

資料來源	國立新竹教育大學／96／碩士
論文題目	國民小學英語教師專業發展之研究[13]
研究生	陳淑卿
研究背景	台灣面對全球化，為提升國家競爭力，國民小學英語教育開始受到前所未有的重視。然而，國小英語教育政策的成敗，關鍵來自於英語教師的專業發展，此一問題涉及目前的發展困境，以及英語教師的專業發展需求。
▼解析：根據上述背景，研究者闡述了四個研究目的，分別是現況困境、需求、影響因素以及建議。	
研究目的	1.了解當前國民小學英語教師的專業發展困境。 2.探討國民小學英語教師的專業發展需求。 3.分析背景變項對英語教師專業發展之影響。 4.提出國民小學英語教師專業發展之建議。
▼解析：研究目的所涉之關鍵名詞為專業發展，因此文獻探討可以專業發展為核心，依其意義概念、理論、相關研究，以及教育現場之情況等四大主軸進行探討、分析及評論，即可滿足研究目的之需要。	
文獻架構	一、專業發展之涵義 二、專業發展之理論基礎 三、國民小學英語教師專業發展之相關研究 四、國民小學英語教師專業發展之現況
論文評析	1.研究者本身為英語專業背景出身，亦從事英語教育之工作，擇定英語教育主題進行學位論文研究，能夠有深度的分析與詮釋問題，配合嚴謹的研究方法，稱得上是學教互輔、相得益彰。 2.本論文文獻探討架構完整周延，因關鍵名詞單純唯一，所以文獻評論之焦點明晰精確，有邏輯貫串之優勢。 3.英語教育乃非英語系國家獨有，對台灣英語教師專業發展問題之探究，事實上具有本土化研究之特徵。國外相關研究之成果相對薄弱情況下，僅能就一般教師之專業發展進行剖析，與研究主軸核心稍有差距，殊為可惜；另次，台灣英語教育歷時已久，但成為國民小學教育之顯學乃近年方有景況，相關研究亦少，凸顯了本研究之價值及重要性。

第四章
研究對象

- 研究對象
- 母群體
- 抽樣方法
- 描述統計vs.推論統計
- 樣本人數的計算
- 探索性研究vs.驗證性研究

如果看問題都和別人一樣，看報紙就好了！

　　　　　　　　　　　　──郭台銘（台灣‧鴻海科技集團董事長）

　　研究對象的選擇與研究問題的洞察同等重要，但卻常常被人們所忽略。

　　一個研究者在研究的初始就必須正確的選擇研究對象，才能據以有效的進行研究，探索真正要解答的問題，進而提出結論與建議。換言之，針對正確研究對象進行的研究，將會得到第一手的資料，否則，得到的可能是第二手資料，或者是間接資料，甚至於是不精確的資料，對於理解問題與解決問題沒有幫助。

　　社會科學研究對象係以人及其行為為主體。研究者選擇研究對象要確定以下數項問題：第一，能夠第一手解答研究問題的對象是誰？第二，他們在哪裡？第三，有多少人？第四，研究者要如何與他們接觸？第五，研究者能夠有效的蒐集資料嗎？有能力對他們進行觀察、訪談或調查嗎？

　　上述問題，對部分領域的研究者來說並不會讓人感到困惑，而且障礙不大；相反的，對另一部分研究者而言，則比登上聖母峰還要困難。前者如教育場域中以教師為主要對象的研究，後者如企業場域中以科技公司人員為主要對象的研究。從實務上看，在企業研究中（如高科技公司），母群、抽樣、方法、信度及效度等，實務和理論的要求會出現很大的落差，原因無他，高科技公司連員工上廁所關不關門都列為最高機密，通常不會同意讓外部研究者進行任何可能窺伺公司動態的研究。

研究對象

論文研究的開始起於對解決問題的期待，因此，研究的問題意識為首要。研究問題的探析完成之後，後續的重點來自於要如何有效的解答研究問題，而解決研究問題的起點則是資料的蒐集，資料蒐集的成敗關鍵之一是——研究對象的選擇。

研究對象如果選擇適切，則能精確有效的蒐集到研究資料，進而達成解答研究問題之目的；反之，如果選擇不適當，則可能蒐集到間接或無用的資料，減低了論文的價值，尤有甚者，可能無法解答研究問題。弔詭的是，研究對象選擇的適當與否並不容易判斷，凸顯了選擇研究對象的難度。

茲舉校長領導之研究為例，研究對象到底應選擇校長或者是教師就有不同的見解。贊成以校長為研究對象者主張，以校長為研究對象，資料的蒐集是第一手，較為精確。反之，如果以教師為研究對象，則因與校長的互動有限，容易流於霧裡看花。不過，贊成以教師為研究對象者主張，選擇以校長為研究對象，失於主觀，因為校長可能「自我感覺良好」，但教師對校長領導行為的感受，可能與校長的自我評價南轅北轍。第三種觀點以為，同時以校長及教師為研究對象就好了。不過，校長與教師的評價結果也可能有所不同，也會導致解釋不易而無法獲得結論的問題。

那麼，我們要如何能夠正確的選擇研究對象，以符合研究的需要呢？以下逐題解析步驟可以協助研究者解決研究對象的確認問題（如**表4-1**）。

表4-1　研究對象確認之步驟分析

步驟	問題檢視	舉例
1	研究目的要解答的核心問題是什麼？	家長對教師的滿意度？
2	研究問題存在哪些組織之中？	學校
3	組織中有哪些利益相關人？	校長、教師、家長、學生
4	相關人等對研究問題了解程度，排序為何？	（排序）
5	相關人等解答研究問題之能力，排序為何？	（排序）
6	相關人等解答研究問題的公信力，排序為何？	（排序）
7	針對研究對象蒐集資料時，可行性排序為何？	（排序）
8	總結	研究對象出線

母群體

母群體（population）是指研究對象的全部集合體，亦即所有的研究對象。

研究過程中界定母群體攸關重要，如果界定不清楚，至少會產生兩個困惑：其一，研究樣本的來源混淆；其二，研究結果的推論標的不明。

界定母群體的過程中，主要是思考母群體的範圍與對象。後者已如前段所述，至於範圍則有很大的討論空間。基本上，學位論文研究所指涉的範圍不宜太大。通常，超出一個縣市的範圍都過於巨大。範圍太大不僅增加經費、人力和時間的成本而已，也對研究結果的正確性與解釋的合理性造成障礙。

民意調查是最簡單的一種研究形式，除了調查對象拒答之外，研究對象訪談過程中不會有其他太多的困擾。但是學位論文並不相同，學位論文的研究主題或待答問題事實上都有相當的深度與難度，如果範圍太大，就會造成研究對象因城鄉差距或縣市情境文

化等不同而產生的詮釋落差。以「國民小學智慧資本衡量指標之研究」[1]為例，此種探索性的研究主題，難度本來就較高，如果又跨越縣市，其難度又提升了一級，研究結果要進行深度分析，或是進行合理性的詮釋，對研究者而言都是一個相當艱難的考驗。

　　另外從問題解決的觀點看，社會科學的研究應該走入實務現場，將解決問題作為研究結果的重點之一。就此觀點看，範圍太大意味著將會減低研究結論或建議的應用性，被束之高閣的可能性增大，解決實務問題的可能性乃因而降低。研究生在研究所的學習，從事學位論文的撰述，最終可能變成了象牙塔中的閉門造車，殊為可惜。因此，選擇較小的研究範圍，較明確而範圍較少的母群體，以進行學位論文的研究可能會是較為適當的選擇。

抽樣方法

　　抽樣的方法有兩大類：隨機抽樣（probability sampling）和非隨機抽樣（non-probability sampling）。隨機抽樣方法較能有效推論母群體，研究結論通常較有公信力；非隨機抽樣則較常見於質性研究中，研究目的在於詮釋──「我們不能證明，只能說明」[2]。常用的隨機抽樣方法有以下四種：

簡單隨機抽樣

　　從母群體中抽取樣本時，每一個研究樣本被抽到的機會完全相等，另一方面，抽到任一研究樣本時，並不影響其他單位被抽到的機會。實務應用上，傳統都用抽籤或亂數表的方法以進行簡單隨機抽樣。不過，現在各種應用電腦軟體相當普遍，只要先將研究樣

本排序，即可迅速的達到簡單隨機抽樣的結果。

分層隨機抽樣

如果母群體中內有細類，而且細類並不平均，就需改用分層隨機抽樣。以全台灣的民意調查為例，如果應用簡單隨機抽樣，會使樣本的代表性減低，失去研究結果推論的準確性。原因是縣市人口差距過大，台北縣人口多達400萬，而新竹市則僅有40萬人。因此，就需要先依縣市分類，再依縣市人口的比例進行簡單隨機抽樣，如此抽取到的樣本會較為符合原來縣市人口的分配。

系統抽樣

從母群體抽取樣本時，有系統的每間隔若干個樣本，就抽取一個作為樣本的方法，就是系統抽樣法。系統抽樣法的特徵是第一個樣本決定了其餘的樣本，嚴格而言並不符合隨機抽樣方法的要求，通常只有在特殊的情況下才會被應用。

叢集抽樣

抽樣時以抽樣單位的集合體為抽樣的基本單位時，稱之為叢集抽樣。例如以一個公司或一個學校為抽樣單位，抽到後就以該公司或該學校的全部成員為樣本。因為成本便利的理由，應用叢集抽樣方法者漸多。

學位論文實務應用上，為了推論的有效性，通常會應用到隨機抽樣的原理。然而，為了調查問卷回收的便利與有效，通常也會結合分層隨機抽樣與叢集抽樣的方法。

描述統計vs.推論統計

　　研究對象的選擇自然而然就會面臨描述統計（descriptive statistics）或推論統計（inferential statistics）的問題。研究對象決定了之後，就是資料蒐集的評估。原則上，如果經費、人力及時間都許可，應該將研究對象全體納入以便進行資料蒐集，這種普查的方式所獲致的結果才是最完整的，沒有絲毫誤差的可能。但是，如果經費、人力及時間不許可，就只能採取從母群體抽取部分樣本以蒐集資料的方法了。

　　上述的核心重點在於──「普查」才是研究或解決問題的最佳方法，「抽樣調查」事實上是不得已的替代方案。原因在於，普查沒有解釋誤差的問題，而抽樣後的推論有解釋誤差的問題。舉一個簡單的例子，民意代表的選舉投票就是普查的形式，任一候選人最終只要贏一票就當選。反之，選舉投票前的民調就是抽樣調查，抽樣的民調一定會有誤差，雖然亦有其功能在，但是，因為說不準，可能有錯誤，所以僅能當參考。

　　如果沒有經濟或時間上的理由，針對全體研究對象進行資料蒐集，這一個過程就是普查，普查所得資料之分析，適用「描述統計」。相反的，如果是隨機抽樣所得資料，要據以推論母群體，就適用「推論統計」。

　　描述統計的意義是：「應用計算、測量、描述和劃記等方法，將一群資料加以整理、摘要和濃縮，使容易了解其中所含的意義和其中傳遞的訊息的性質[3]」。這個意義也同時說明了資料經過描述統計的分析後，會得到以下的統計結果：次數分配、集中量數（平均分數、中數、眾數等）、變異量數（全距、平均差、變異數、標準差

等）、相對地位量數（百分等級、百分位數、標準分數等）、常態分配（偏態、峰度、T分數等）。這些統計結果只要運用SPSS統計套裝軟體中的程式（reports、descriptive等）都可以輕易的計算而得。

至於推論統計的意義是：「根據得自樣本的資料，據以推測母群體的性質，並陳述可能發生的誤差的統計方法[4]」。這個意義也說明了樣本資料經過推論統計的分析後，會得到以下的統計結果：t分配、區間估計、假設考驗（平均數假設考驗、相關係數假設考驗、迴歸係數假設考驗等）及其他數據結果。這些統計及分析結果在SPSS統計套裝軟體中有更多的程式可以選擇應用（t-test、ANOVA、regression、correlation等）。

總結以上，研究對象的選擇及其分配屬性，事實上已決定了未來資料統計的應用方法。如果採取的是普查的方法，那麼只可以應用描述統計與無母數統計（nonparametric statistics），如果是應用隨機抽樣方法，就涉及了推論統計的範疇，有必要應用推論統計的方法進行分析。

樣本人數的計算

如果研究論文要進行推論統計，意即要從母群體中選取研究樣本來進行研究，那麼，我們就可以判定這是屬於推論統計性質的研究。決定了研究論文的屬性之後，研究者首先需要知道母群體的數目，其次就要精確的計算研究樣本的數目，以便進行後續的研究步驟。

研究者首先要理解的是，樣本人數的大小會伴隨著母群體、抽樣方法，以及設計的抽樣條件而改變。一般而言，探索性的研究，上述研究條件及限制會較爲寬鬆；但是，如果是驗證性的研

究，相對的其要求之研究條件會較為嚴苛。

　　如果沒有特別的要求，通常抽樣方法會選擇簡單隨機抽樣，並以95%信心水準及上下3%的誤差值為基本條件。**表4-2**以此條件計算出不同母群人數時應該有的抽樣有效人數。相同的條件下，母群人數越少，則相對要抽樣的人數比例會越大。反之，如果母群人數越大，相對要抽樣的人數比例會越小。到了一定的母群規模之後，相對要抽樣的人數就會趨於穩定，變動不大。

　　從**表4-2**中可以發現，母群人數如果達到10,000人以上時，有效的抽樣人數約需要1,000人左右。理想上，因為會有拒答、誤失、延宕等無法回收的情況，因此實際上的問卷調查發送份數會比有效抽樣人數更多，應將可能的回收率（一般都低於100%）列入計算之考慮[5]。

表4-2　理想抽樣有效人數對照表[6]

母群人數	抽樣有效人數≧	抽樣方法	條件（α=.025；d=.03）
100	92	簡單隨機抽樣（simple random sampling）	95%信心水準；誤差±3%
250	203		
500	341		
1,000	516		
2,000	696		
3,000	787		
4,000	842		
5,000	880		
6,000	906		
7,000	926		
8,000	942		
9,000	954		
10,000	964		
20,000	1,013		
2,300萬	1,067		

4-1　抽樣的優點

　　從研究對象母群體中抽取一小部分的研究對象進行研究，此一過程稱之為抽樣（sampling）。論文研究中採取抽樣的方法有很多優點：

一、節省人力

　　社會科學中的研究群體很少是小眾，如果進行普查，將會耗費許多人力成本。實際研究經驗顯示，1,000份問卷的完成，從影印、裝訂、黏貼、裝封、郵寄投遞，以專家熟手為例，單一人次約10個小時；如果是碩士級生手，人力成本要增加為三倍，需30個小時以上才能完成任務。

二、節省經費

　　經費和研究對象的多寡成正比。實際研究經驗顯示，完成一份調查問卷，包含問卷印製、來回郵資、信封、標籤紙等，每份成本新台幣15元。抽樣1,000份，耗資15,000元，如另加電話催收等成本，則更為可觀。如果是普查母群體10,000人或20,000人，那是巨

　　根據以上，學位論文的調查問卷之發放，需要因應母群體的特性調整實際的問卷發送份數。根據過去學位論文之研究經驗判斷，如果研究對象是學校教師，以計算所得的抽樣有效人數為基礎，再增加20％之人數即已相當足夠，通常學校教師對學位論文研究調查的配合度較高。比較困難的是以高科技公司人員為對象的研究，即使再增加一倍的問卷數，回收的樣本數也很難達到抽樣有效人數的要求。這個問題主要原因來自於高科技公司將「機密」無限上綱，拒絕任何資訊的外流。面對上述現象，學界無法苛求此種研

富財團才能玩耍的遊戲。

三、節省時間

　　論文寫作是耗費時間的活動。如果以工程作比喻，寫文章好比蓋一棟樓房，但寫論文好比是興建高速鐵路。單就時間而言，兩者差距不可以道里計。因此，選擇抽樣的方法可以節省相當多的時間成本。

四、增加研究深度

　　採取抽樣的方法進行研究，就自動進入推論統計的領域。推論統計有較多的假設與分析條件，研究結果的判斷又有較為複雜的思考與析辨。每一段過程，都能有效的強化研究者的思辨與表達能力，有助於增加研究的深度。

五、可應用高階統計方法

　　許多較高階的統計方法（ANOVA、regression、factor等）都屬於推論統計，而不是屬於描述統計。因此，研究者為了習得或精熟高階統計方法，應用抽樣的方法進行研究，乃有應用高階統計方法的機會，有利未來從事高深之學術研究。

究困境。因此，研究生的學位論文撰述，主要以「發放樣本數」的正確及合理為評估，確認研究者已充分理解有效抽樣人數之概念，「發放樣本數」達到滿足有效樣本人數之合理要求即可。

　　以**表4-2**為例，如果母群人數為20,000人，理想抽樣有效人數為1,013人，再加20%，則實際調查問卷的發放以1,215人較為適合。

　　（例題）全台灣2,300萬人口為母群體，至少應抽樣多少人以上為有效（適當）？

　　（公式計算）P=.5；N=23000000；α=.025；d=.03；$z_{.025}$=1.96

$$n \geq 1.96^2 \times 23000000 \times P(1-P) \ / \ (23000000-1) \times .03^2 + 1.96^2 \times P(1-P)$$

$$n \geq 1067 \ （人）$$

探索性研究vs.驗證性研究

　　樣本人數的大小會伴隨著母群體、抽樣方法，以及設計的抽樣條件而改變。探索性的研究，研究條件及限制較為寬鬆，反之，驗證性研究的要求較為嚴苛。因此，研究者需在研究之前先行判斷，研究主題到底是屬於探索性的研究或者是驗證性的研究。

　　如果是探索性的研究，意味著這個研究是開創性的，過去很少有人研究，或者是相關的研究文獻及成果很少，未來的研究成果其價值性會較高。但也因為如此，意味著這是一條比較孤獨的道路，同伴很少，未來的研究成果受到質疑或非理性攻擊的機會比較大。通常，我們並不鼓勵碩士級的研究生進行此類學位論文的研究。

　　相對而言，如果是驗證性的研究，意味著這個研究主題相當熱門，相關的研究文獻及成果車載斗量，多不勝數。但是，也因為研究主題及成果相當成熟，未來能夠突破者相當有限。這意味著，這是一條相當平坦而寬闊的研究道路，同伴很多，受到質疑或非理性攻擊的機會也比較小。基本上，社會科學領域中，我們較為鼓勵碩士級的研究生進行驗證性的學位論文研究。

　　理解了上述觀念之後，研究生通常會有一個疑問：「如何簡單有效的區辨探索性研究與驗證性研究？」試以兩個重要的指標回答這個問題：

學術資料庫檢索

應用學術性的關鍵詞（keyword）進行資料庫檢索，期刊及學位論文篇數很多的，屬於驗證性研究；反之，期刊及學位論文篇數很少的，屬於探索性研究。教育領域的研究為例，學校效能（school effectiveness）為關鍵詞和家長式領導（paternalistic leadership）為關鍵詞進行檢索，兩者得到的檢索結果會有相當大的不同，前者屬於驗證性研究，後者屬於探索性研究。

研究結論的比較

學術研究以知識的創發為最終目的。就此目的而言，探索性研究達成目的之可能性較高。至於驗證性研究，顧名思義，主要是在檢驗及確認前人研究成果的真偽及良窳，發現或生產新知識的可能性較低。因此，如果研究結論不一致性大、爭議性較高，受到質疑及攻擊的機會較大，屬於探索性研究。相反的，研究結論相當一致，沒有爭議性，應可判斷屬於驗證性研究。

值得注意的是，研究者如果不從研究問題的解析入手，直接從學術資料庫檢索的結果，據以選擇研究成果篇數很多的研究變項進行研究，企圖有效地減少投注的時間和心力，則會導致研究問題意識的模糊與偏差，終會失去研究的價值。

4-2 「個案研究法」將成為學位論文的主流

嚴謹而言，社會科學領域稱得上「科學研究」的方法只有實驗、觀察、調查及訪談四種方法。這些方法都有明確且可辨別的操作型研究動作，同時也具備明確的科學研究特徵──實證（empirical provement）。社會科學領域的研究中，如果缺乏實證研究的特徵，不易符合知識創發生產的原則，產生創新知識的可能性極微。

實驗法是研究者藉由操作實驗的過程以得到研究結果，觀察法是研究者觀察所要研究的對象及其行為以得到研究結果，調查法是研究者針對研究對象進行調查以得到研究結果，至於訪談法則是研究者針對研究對象進行訪談以得到研究結果。

上述方法中，實驗研究法是最符合科學法則要求的研究方法。實驗研究法是在控制的情境下，藉由操弄或改變研究變項，藉以了解變項間的關係。可惜的是，社會科學領域要控制實驗的情境，其難度太高，可行性極低。

觀察研究法是研究者針對研究對象或其行為，進行有計畫有系統的觀察，並據以得到研究結論的方法。觀察研究法的主要困境有二：觀察的客觀環境是否具備？以及觀察的信效度問題。從經驗中顯示，在學校場域中針對低年級小學生的觀察研究是可行的。除此之外，社會群體中的任一觀察研究困難度都很高。

調查研究法是針對一群研究對象，應用文字問卷進行資料蒐集，再據以分析研究結果的一種方法。調查研究法是當代最為火紅的研究方法，社會科學領域中，多數學位論文都是應用調查研究法進行。晚近以來，因為過於泛濫，導致了兩個嚴重的後果，無法進行精確抽樣及有效回收，致而影響了研究結果的有效性。

　　訪談研究法是研究者針對研究對象提出問題，進行資料蒐集的一種方法。訪談研究法最主要的障礙來自於研究對象配合度及研究成本的問題。因為如此，訪談研究法通常成為輔助方法而非主要的研究方法。

　　稱得上「科學研究」的四種研究方法不是可行性低就是困難度高，為了知識生產的需要，許多研究者開始選擇「個案研究法」。個案研究法是為了研究某單一個人、團體或組織的方法，資料的蒐集可以因應研究情境的需要而選擇應用多種方法，研究過程可確保深入、精確及有效的要求。可以預見，個案研究法將會成為未來學位論文研究方法的主流。

MSS專欄

4-3 不用數字的研究

2006年6月，新加坡國立大學蕭瑞麟博士寫了一本研究方法的書[7]《不用數字的研究》。誠如書名所揭示的，他的主張是——「研究，不一定要用數字」。不過，這可能也是爭議的起點與討論點。

「不」書主要目的在暢論「詮釋型研究」，文章伊始，避免不了要對量化研究大加撻伐，以便為質化研究的出場排除障礙。「不」書指出，量化研究在探索人文的問題時，至少存在著三大陷阱。

一是令人質疑的可信度。量化研究企圖將社會科學現象，完全以客觀的數學關係表達，但是困難重重。首先是研究變項無法精確衡量，有些概念的本質就是主觀的（如愛恨情仇）；其次是資料蒐集過程無法確保精確，回收、機密、造假等問題無法克服。

二是過分簡化的因果關聯。量化研究常將錯綜複雜的人文問題過於簡化，因而犧牲對問題本質深入分析。統計量化容易過度簡化對問題的了解，以致無法摸清問題的真相。

三是簡單的線性邏輯難以全面適用。簡單的因果定律，無法分析出複雜的社會現象，推論時外在效度也頗令人懷疑。

弔詭的是，量化研究的限制，也會同時出現在質化研究的論文研究中。作者高明的應用「目的迴避」的技巧宣稱：(1)質性研究不在解決問題，而是在重新認識問題；(2)我們不能證明，只能說明；(3)透過參與，才能描述被研究者的經驗，真相才能大白。

然而，即使是質化研究最常應用的個案研究法，最終仍然需要面對研究對象的問題。針對此點，質化研究學者的看法也有差異，重視測量及分析者，主張應選四至十件個案；反之，重視詮釋深度者，則主張應把焦點放在獨一的研究個案。

需要注意的是，個案研究法並不是質化研究學者的專利。量化研究學者也開始採用個案研究法進行研究，但是研究的方向、準則、方法及尺度不僅大異其趣，而且頗不相同。

觀念擂台

正面論點：有效抽樣人數要精確計算

抽樣（sampling）是從母群體（population）中抽取部分樣本以進行調查與結果分析，樣本的分析結果是為了推論並獲知母群體的真實情況。

基本上，如果能夠針對全部的研究對象進行調查，那是最為準確的研究方法。採取抽樣調查是不得已的手段，不是迫於人力物力的限制，就是面臨經費或時間的困難，民意調查是一個明顯的例子。

民主國家經常會有選舉活動，為了掌握選民的支持度與投票行為，進而擬定適當的選戰策略，政黨或媒體都需要時常進行民意調查，了解民意走向，作為選戰策略調整的參考。

問題來了，任何一個選舉活動，選民動輒十萬百萬，如果是最高層級的總統選舉，選民甚至於高達千萬（如台灣）或上億（如美國）。如果應用普查的方法進行，不僅人力經費的耗損過巨，而且時間太長，普查尚未完成，選舉已經結束。

這種難以解決的困境，只有抽樣可以解決。理想的抽樣方法要求是，樣本盡可能最小，反映母群體的真實要最大。易言之，成本要最低、時間要最快，但是誤差要最小。

幸運的是，統計學家已幫我們解決了上述的問題。如果預設95%的信心水準及接受誤差正負3%的條件下，有效樣本的計算公式如下：

$$n \geq 1.96^2 \times N \times P(1-P) / (N-1) \times .03^2 + 1.96^2 \times P(1-P)$$

根據以上公式計算，如果我們要推論10,000人的母群體，有效抽樣964人就已足夠，推論20,000人的母群體，有效抽樣1,013人，推論2,300萬人，也只要有效抽樣1,067人就可以了。964、1,013或是1,067，都是精確無比的數字。任何科學的研究，都要講究嚴謹和正確，沒有含糊的空間。

如果研究的目的是理論修正與建構，則不需精確計算抽樣人數；但是，如果研究的目的是要推論母群體，抽樣人數不可人云亦云和稀泥，需要精確計算。

觀念擂台

反面論點：樣本數500人已足夠

任何學位論文的研究，如果是進行抽樣調查，那麼，決定樣本大小就是一件重要但卻是困難的事。

我們都了解，如果樣本數太少，恐怕不能代表母群體，研究結果的推論容易遭受質疑，而且也不利於後續的統計分析。但是，如果增加樣本數，勢必會增加蒐集資料過程所需的人力、物力、金錢及時間等資源。而且，龐大資料的整理與分析也會比較困難，造成後續論文完成的壓力。

雖然，精熟統計原理的專家們一再提醒我們，研究樣本要夠大，研究結果才有普遍性。然而，多大的樣本才算夠大，才能夠精確的反映母群體，事實上還有爭論。

S. Sudman就說了，一般的調查研究，若是地區性研究，樣本人數約在500人至1,000人之間就可以了。若是全國性的研究，樣本數約在1,500人至2,500人之間。

翻開過去許多學位論文，樣本數在1,000人以上的很少。這個事實說明了以1,000人以上為樣本可能是不可行的；如果不是不可行，那就是做不到。何況管理學門的學位論文中，回收的樣本數低於100的所在多有，有些甚至都只回收不到50份問卷，還不是一樣照跑 t-test、ANOVA、regression等等推論統計方法。

目前，研究生大幅成長，調查問卷滿天飛，問卷回收相當不易。當今的學位論文研究，已顯少有全國性的研究了，多數是以單一縣市為範圍的研究，最多也只是相鄰數個縣市的研究，可以說都屬於地區性的研究。

所以，調查研究的樣本數500人應已足夠。如果說調查研究的樣本數一定要經過精確計算才算數，那麼以前那些樣本數不足的學位論文全部要追回學位嗎？

【自我測驗4】研究對象與研究主題契合度測驗

作答說明：請閱讀左邊題目後，就你實際的情況評估，在右邊適當□內打 "✓"。

題　目	極為符合 5	大致符合 4	普通符合 3	不太符合 2	極不符合 1
1.本研究是在歸納研究目的之後，才開始聚焦研究對象。	□	□	□	□	□
2.本研究開始選擇研究對象，是在研究問題確定之後。	□	□	□	□	□
3.本研究對象中的母群體相當明確。	□	□	□	□	□
4.研究者要聯繫研究對象並不困難。	□	□	□	□	□
5.本研究針對研究對象進行問卷調查沒有困難。	□	□	□	□	□
6.本研究要選取部分研究對象進行個別訪談並不困難。	□	□	□	□	□
7.本研究能計算出研究對象的母群體數目。	□	□	□	□	□
8.本研究可以明確界定母群體有意義的次集合。	□	□	□	□	□
9.本研究能清楚說明選擇母群體的理由。	□	□	□	□	□
10.本研究能清楚界定母群體的範圍為何。	□	□	□	□	□
11.本研究能以操作型定義說明母群體的概念。	□	□	□	□	□
12.研究對象是解答研究問題的第一利害關係人。	□	□	□	□	□
13.研究對象能夠有效的回答研究問題。	□	□	□	□	□
14.研究對象能夠理解本論文研究問題的背景。	□	□	□	□	□
15.研究對象能夠感受到與研究主題切身相關。	□	□	□	□	□
16.研究對象能夠體會本研究主題的重要性。	□	□	□	□	□
17.本研究選取研究樣本的方法相當明確。	□	□	□	□	□
18.研究樣本的來源與母群體一致。	□	□	□	□	□
19.母群體中的每一位都有相同的機會成為研究樣本。	□	□	□	□	□
20.抽樣時每一位研究對象都有同等被選取的機會。	□	□	□	□	□

結果詮釋：

一、總分90以上為特優，80～89為優，70～79為可，低於70分為差。

二、自評80分以上表示研究對象與研究主題契合度高，可擇期面見指導教授，開始啟動研究。

三、自評70～79分者表示研究對象與研究主題有落差，應再行調整研究對象；自評70分以下者，需再次聚焦研究主題，並重新選擇適合之研究對象。

問題討論 ···

1. 研究對象之意義爲何？何謂母群體？何謂樣本？

2. 隨機抽樣的方法有幾種？學位論文如何加以整合應用，以符合實務應用上的需求？

3. 請比較「描述統計」與「推論統計」之異同。

4. 請分組討論「探索性研究」與「驗證性研究」的差異，並評估組內同學之學位論文是屬於何種性質之研究？

5. 研究生甲擬探討員工職涯規劃的問題，擬以新竹科學園區350家高科技廠商之人力資源部人員爲研究對象。請問，該生學位論文進行時如果要採取隨機抽樣的方法，可能會遇到哪些困難與障礙？

6. 研究生乙擬用隨機抽樣方法了解台北市長的民眾滿意度，因台北市人口高達260萬人，合格投票選民也有約180萬人，請您協助乙生計算最低有效抽樣人數是多少？如果預估拒答率爲15%，請問應抽樣多少人爲適當？

個案研討4

TVBS民意調查：馬英九的勝率——2008總統大選

2008年3月22日，台灣舉行四年一次的總統大選，國民黨淪為在野黨八年之後第一次有機會再度挑戰總統寶座，選情十分激烈。

朝野政黨共有兩組人馬對壘，國民黨的總統候選人是馬英九，民進黨的總統候選人是謝長廷。當時，民進黨的氣勢十分低迷，主要的原因來自於民進黨籍的現任總統陳水扁爆發了匯款瑞士七億密帳案（俗稱海角七億），加上民進黨前主席施明德發動百萬人民倒扁運動，整體大環境對執政的民進黨相當不利。各種媒體不斷的預測兩組人馬的支持度，除了少數黨派色彩濃厚的媒體胡亂猜測外，多數媒體公布的民調皆顯示，馬英九的支持度較高，勝算較大。但問題來了，馬英九的勝率是多少？應該會贏多少票？

TVBS是台灣的電視台，設有一個民意調查中心專門進行各種民意調查。選前八天（3月14日），TVBS公布了總統大選民調，內容摘要如下[8]：

訪問主題：2008總統大選選前八天

訪問時間：2008年3月14日晚間18:30～22:15

調查方法：電話後四碼電腦隨機抽樣，人員電話訪問

調查樣本：共接觸954位台灣地區20歲以上之民眾，其中107位拒訪
　　　　　最後有效樣本為847位台灣地區20歲以上之民眾

抽樣誤差：95%的信心水準下，抽樣誤差為正負3.4個百分點

TVBS根據民調的結果進一步分析，如果當天就投票的話，預測投票率是79.2%，其中馬英九的得票率是56%，謝長廷的得票率是44%，雙方差距12%，換算為實際得票數的話，馬英九將贏得此次的總統選舉，得票數比謝長廷多了約161萬票。

到了選前一天（3月21日），TVBS繼續進行總統大選民調，內容

摘要如下[9]：

訪問主題：2008總統大選選前一天
訪問時間：2008年3月21日晚間18:30～22:15
調查方法：電話後四碼電腦隨機抽樣，人員電話訪問
調查樣本：共接觸1,293位台灣地區20歲以上之民眾，其中183位拒訪
最後有效樣本為1,110位台灣地區20歲以上之民眾
抽樣誤差：95%的信心水準下，抽樣誤差為正負2.9個百分點

　　TVBS根據最後一天的民調結果進一步分析，如果當天就投票的話，預測投票率是79%，其中馬英九的得票率是58%，謝長廷的得票率是42%，雙方差距16%，換算為實際得票數的話，馬英九將大勝謝長廷約218萬票。

　　最終選舉結果揭曉，馬英九大贏謝長廷221萬3,485票。摘要如下：

總統候選人	得票		狀態
	票數	得票率	
馬英九（中國國民黨）	7,658,724票	58.45%	①當選
謝長廷（民主進步黨）	5,445,239票	41.55%	
選舉人數	17,321,622		
總投票數	13,221,609		
有效票	13,103,963（無效票117,646）		
總投票率	76.33%		

　　值得注意的是，TVBS選前八天以847位台灣民眾為對象所進行的民調預測，與1,300多萬選民實際投票的結果，差距60萬票。至於選前一天以1,110位台灣民眾為對象所進行的民調預測，與1,300多萬選民實際投票的結果，差距只有3萬票。

　　2008年總統大選民意調查的精準預測，是社會科學研究方法中量化研究與有效抽樣人數統計的重大勝利！

問題討論 ....

1. TVBS成立民意調查中心，進行總統大選民意調查的目的是什麼？

2. TVBS民意調查中心爲什麼選擇抽樣調查的方法？爲什麼選擇人員電話訪問的方法？

3. 您認爲民意調查時的抽樣誤差能夠完全避免嗎？

4. 您認爲影響民意調查結果正確性的主要原因有哪些？

5. TVBS選前八天以847位台灣民衆爲對象所進行的民調預測，與最終實際投票的結果有較大的落差，原因何在？

6. 如果您正進行學位論文的問卷調查，請您計算一下，您的母群體數目有多少？有效樣本應該是多少？您應該寄出多少份問卷較爲適當？

論文實例 4

資料來源	國立台北教育大學 / 97 / 碩士
論文題目	台北市公立國民小學附設幼稚園教師專業發展與家長滿意度之研究[10]
研究生	游琇雲
研究背景	台灣自1997年以後，出生人口逐年下降，不僅對社會造成影響，也衝擊到教育生態，最明顯的例子是學校減班及超額教師的問題。不過，也因為學校相互間競爭學生來源的問題，讓教育研究的視角轉向以家長為主體，聚焦於家長滿意度及教師專業發展的問題。
▼解析：根據上述研究背景，本論文的研究目的，首在了解研究對象的專業發展及家長滿意度之現況，進一步探討背景變項對兩者之影響，以及兩者之間的關係。基於研究目的，研究者並以指標體系的技巧闡述分析了數十個具體的待答問題。	
待答問題	待答問題從研究目的分解而來，計有數個不同之層次。 一、國民小學附幼教師專業發展情形如何？ 　(一)附幼教師之專業發展得分如何？ 　(二)附幼教師之專業發展是否達到滿意以上之水準？ 二、國民小學附幼教師覺知之家長滿意度情形如何？ 　(一)附幼教師覺知之家長滿意度得分如何？ 　(二)附幼教師覺知之家長滿意度是否達到滿意以上之水準？ 三、教師背景變項對專業發展與家長滿意度有何影響？ 　(一)國民小學附幼教師背景變項對其專業發展有何影響？ 　　　1.附幼教師專業發展之得分是否因年齡不同而有顯著差異？ 　　　2.附幼教師專業發展之得分是否因學歷不同而有顯著差異？ 　　　3.附幼教師專業發展之得分是否因年資不同而有顯著差異？ 　　　4.附幼教師專業發展之得分是否因學校規模不同而有顯著差異？ 　　　5.附幼教師專業發展之得分是否因班級數不同而有顯著差異？ 　(二)國小附幼教師背景變項對家長滿意度有何影響？ 　　　1.附幼教師覺知家長滿意度之得分是否因年齡不同而有顯著差異？ 　　　2.附幼教師覺知家長滿意度之得分是否因學歷不同而有顯著差異？

待答問題	3.附幼教師覺知家長滿意度之得分是否因年資不同而有顯著差異？ 　　4.附幼教師家長滿意度之得分是否因學校規模不同而有顯著差異？ 　　5.附幼教師家長滿意度之得分是否因班級數之不同而有顯著差異？ 四、國民小學附幼教師專業發展與覺知之家長滿意度之間有何關係？ 　(一)附幼教師專業發展與家長滿意度之得分是否為正相關？ 　(二)附幼教師專業發展與家長滿意度之相關是否達顯著水準？ 　(三)附幼教師專業發展對家長滿意度得分之預測分析是否達顯著水準？ 五、提升國民小學附設幼稚園教師增進專業發展與家長滿意度之建議為何？ 　(一)提升國民小學附設幼稚園教師專業發展之具體建議為何？ 　(二)提升國民小學附設幼稚園家長滿意度之具體建議為何？
▼解析：上述待答問題分成數個層次，自上解析而下，計有26個待答問題，較高層次的待答問題範圍較廣，較下層次的待答問題，且其操作變項相較而言更為明確具體。這些待答問題將成為研究結論呼應的標的，也是研究目的是否達成的重要指標。	
研究對象	一、本研究之研究對象是值得深度討論的研究案例經典。首先，本研究探討的第一個變項是附幼教師的專業發展，其向度包括了專業知能、專業態度、進修發展以及幼生輔導，綜合評估來看，以附幼教師為對象進行自陳量表的測量是合宜的。 二、家長滿意度的研究對象確認，則明顯遇到困難。家長滿意度的向度包括了可靠、回應、有效以及關懷，原則上，家長對附幼教師感受的滿意與否，第一手資料來源的取得應是附幼家長本身並無疑義，且是屬於直接資料。不過，衡諸學校情境現況發現，附幼家長與學校教師的互動深度不足，而且個別差異很大，對於調查量表中的問題無法有效而周延的回答。其次，教師的自我覺知與家長的感受之差異問題亦難克服。另外的方式則是以附幼教師為對象，進行家長滿意度的自我覺知調查，這個缺點顯而易見，所得結果乃屬間接資料，可能有「自我感覺良好」的誤差。最終評估結果，選取家長為對象的研究障礙，比選取教師為對象的障礙要大。

| 論文評析 | 1.本論文不可忽視之處，在於切中當前正在發生的教育問題，探討可能的影響與未來，研究問題具有時代性，研究結論具有實務應用的價值，遠比其他隔空抓藥，拼湊變項的研究有深度、有價值。
2.研究者除了量化調查之研究程序外，應用己身從事附幼教職的優勢，進行調查研究之後的研究結果訪談，以彌補研究對象間接取得資料的弱點，相當程度的拉近有效研究資料的落差。
3.從研究結論看，調查結果與實際現況符合。至於背景變項的影響層面則不一而足，但項項皆有其意義，至於教師專業發展與家長滿意度呈現正相關，研究結果深具意義的基礎上，進而讓研究建議言之有物而富有建設性。 |

第五章
研究方法

- 研究假設
- 調查研究法
- 觀察研究法
- 實驗研究法
- 個案研究法
- 團隊研究模式

要穿越事實與概念的迷宮，我們必須選擇某種最獨特也最有意義的途徑。

——愛因斯坦（1921年諾貝爾物理學獎得主）

研究派典（research paradigm）是研究社群成員信奉依循的信念與方法[1]。從首章「研究的第一步」開始，我們強調科學研究系統性、客觀性以及實徵性的特徵，具體的宣示科學研究派典的隸屬。

科學派典之下，進一步，我們要介紹最具科學研究精神形式的研究假設，再闡述符合科學信念且相對較為普及的四種研究方法：調查研究法（survey research）、觀察研究法（observational research）、實驗研究法（experimental research）以及個案研究法（case study）。

研究假設

研究假設的功用

科學研究的邏輯，建立在研究假設的基礎上。科學研究者認為假設至少有四項重要的功能[2]：

◆研究指引
研究假設建立之後，可以讓研究者確立研究方向，時時刻刻提醒研究者最終要驗證解答的研究假設為何，也指引了研究場域、

研究時間、研究方法及研究資料的方向。

◆演繹推論

研究者可從假設中推論出個別而特殊的實徵現象或關係。例如，從「學歷會影響專業表現」這一假設，可以推論出「高學歷員工的專業表現高於低學歷員工」，後者相較於前者更為具體而易於驗證，較符合科學研究之精神。

◆提供結論架構[3]

研究假設是研究發現最好的參考架構，依研究假設的架構，強化邏輯的連結，提供有意義的研究結果詮釋。研究論文在討論和結論部分的撰寫，最理想的方式是以研究假設為組織架構。

◆增進知識

假設常自某一理論演繹推論而得，而經由證實或否定推論所得之假設，即可增進科學的知識。即使所探討的假設並非導自理論，驗證的結果也會構成科學知識的一部分。

研究假設的形式

研究假設的陳述方式主要有三種形式[4]：條件式陳述、差異式陳述、函數式陳述。

條件式陳述指的是：自變項條件成立，依變項條件也將成立，條件式陳述將前後變項之關係加以連結，但只是說明變項之間的相關。差異式陳述指的是：依變項因自變項條件的差異而不同，差異式的陳述也是說明變項之間的關係，依變項會因自變項的組別條件而改變。函數式陳述指的是：自變項是依變項的函數。函數式陳述的基本形式是「y是x的函數」，仍是說明變項之間的關係，但

易於以數學符號表達，轉化成文字描述是「y和x有關係」。

綜合以上，將三種假設形式舉例如下：

例一：組織氣氛和諧，則組織效能之表現較好。
　　　（條件式陳述）
例二：不同學歷顧客對室內裝修業服務品質之評價有差異。
　　　（差異式陳述）
例三：背景變項是組織領導行為的函數。
　　　（函數式陳述）

社會科學領域的研究，研究假設的敘寫可以因應研究問題的需要，而選擇不同的形式，但其敘寫應以簡單明瞭，易於了解及可供驗證為原則。值得注意的是，社會科學領域的研究，以研究問題的描述為起點，次而追求對研究問題的理解，再而探究研究變項之間的關係或影響因素，到此已將近社會科學研究之極限，企求驗證變項之間的因果關係者，雖然勇氣可嘉，但通常成果有限。

MSS專欄

5-1　研究假設的評量標準

　　社會科學領域的研究，如果研究問題的條件適當，則可以嘗試建立研究假設，力求接近真正的科學研究。研究假設優劣良窳的評量指標如下表[5]：

表5-1　研究假設的評量指標

指標	評量標準	極為符合	大致符合	普通符合	不太符合	極不符合
一	研究假設應從研究問題的描述中產生	☐	☐	☐	☐	☐
二	研究假設應是對研究結論的預判	☐	☐	☐	☐	☐
三	研究假設應以理論及過去研究成果為基礎	☐	☐	☐	☐	☐
四	研究假設應和多數已知道的事實符合	☐	☐	☐	☐	☐
五	研究假設該是敘述變項之間的關係	☐	☐	☐	☐	☐
六	研究假設的用字遣辭應簡單明瞭	☐	☐	☐	☐	☐
七	研究假設應該可以在研究過程中驗證	☐	☐	☐	☐	☐
八	研究假設應該有明確的限定範圍	☐	☐	☐	☐	☐

調查研究法

　　調查研究稱得上是社會科學領域中應用最廣的一種研究方法，原因主要來自於相較其他研究方法的三項獨特優勢：實徵、經濟、客觀。從研究方法上看，調查研究實際上分成兩種：問卷調查（questionnaire survey）以及訪問調查（interview survey）。顧名思義，問卷調查應用的主要工具是編製的研究問卷，訪問調查需要針對研究對象進行不同形式的訪問。前者常見諸學位論文或一般學術研究計畫，後者則在民意調查中較爲普及。

問卷調查

　　量化研究中最常採用的方法是問卷調查。沒有親自經歷過的研究者一般認爲，問卷調查的歷程很簡單，花費的資源與心力都很少，這是不正確的認知。

　　問卷調查的每一個階段都有嚴謹的規範需要遵守，同時，細節上也要耗費相當多的心力。如何經濟、有效而又確保研究品質，一直是量化研究學者關心的重要問題。簡單而言，問卷調查有五個具體步驟：編擬問卷、信效度檢驗、問卷修正、正式施測，以及統計分析。

◆編擬問卷

1.研究講究科學論證，因此問卷的編擬並非憑空杜撰，需要有所根據。一般有兩種來源：理論或是實務問題。
2.根據理論而發展問卷，意指以理論爲基礎推衍量測用的指標

體系。指標體系會先發展出概念向度，再從概念向度向下發展出具體的測量題目。

3. 指標向度或題目設計是否良好，應符合測驗編製的相關理論與原則[6]。

4. 研究者根據上述的原則獨力將問卷編製完成，算是達到量化研究能力基本的要求。研究生如果能夠依理論或實務研究問題自行編擬問卷，表示研究能力已達到相當水平。單以修改他人的問卷進行碩士論文並無不可，取決於研究生對自我的期許與成就動機。

◆信效度檢驗

1. 編擬問卷完成，第二個步驟是進行信效度考驗，一般常用預試的方法。

2. 統計方法進行信效度檢證之前，通常會請學者專家提供諮詢，藉以強化問卷之內容效度。專家諮詢的程序因缺乏有效的工具檢證，嚴謹度事實上並不充分，原則上僅適合於研究情境困難時。

3. 實務研究經驗顯示，除了具高度熱誠者外，高位者、資深、知名或是研究表現不佳的學者，較不適合擔任諮詢專家。

4. 實務研究心得顯示，專家諮詢較理想的方式是：

   (1) 發出e-mail徵求擔任諮詢專家之意願。

   (2) e-mail寄出初擬問卷，請諮詢專家逕以Word插入註解的方式，進行意見提供，存檔寄回即可。

   (3) 電子諮詢的模式可將專家諮詢意見直接轉換成論文附錄，簡便有效。

◆問卷修正

1. 預試完成或專家諮詢完成，進行問卷之調整或修正，完成正式問卷。
2. 原則上，正式問卷不超過3頁為宜，過多篇幅將增加施測填答及回收難度，影響研究資料回收。
3. 預試結果或是專家諮詢意見，可收集思廣益之效，惟問卷修正與否研究者皆應再行評估後定奪。

◆正式施測

1. 正式問卷（A4）色紙影印較佳。寄件前準備「寄件信封」（5K）、「郵票」及「電腦用自黏式標籤紙」，應用電腦軟體編輯套印對象名錄。除回郵郵件外，直接至櫃台寄發大宗郵件。
2. 實際研究經驗顯示，1,000份左右問卷的完成，從影印、裝訂、黏貼、裝封、郵寄投遞，單一人次約10個小時可以全部完成；如果兩人合作，則約4個小時即可完成。

◆統計分析

1. 調查問卷寄出後開始進行回收後，不用每天計算，而是將之歸類儲存。
2. 待回收數量相當之後，才開始應用電腦套裝軟體（SPSS）登錄及進行統計分析。

訪問調查

訪問調查是民意調查及企業調查最常使用的方法。前者講究

隨機抽樣的技巧，以便推論母群，後者則因條件上的限制以便利取樣爲多。至於形式上，前者爲電話訪問爲主，後者則以隨機面訪較多。

　　科學性的訪談調查，學者及研究生的論文，應以結構性的訪問調查爲主，以力求貼近系統性、客觀性及實徵性之精神。原則上，訪問調查可以區分爲以下幾個具體步驟[7]：選取訪問對象、編製訪談問卷、訪談訓練、行程安排、進行訪談、資料整理、再次訪談。

◆選取訪問對象

　　訪問對象的來源依研究目的及研究問題而定。至於人數的多寡及選取技巧尚須考慮以下情境。基本上，如果是探索性的研究，或研究目的僅是爲了修正理論，則毋需符合隨機抽樣之要求；如果研究目的是爲了推論母群，則與樣本調查相同，必須符合樣本代表性以及樣本大小的嚴謹要求。

◆編製訪談問卷

　　訪談問卷有結構式、無結構及半結構三種。結構的意義是代表訪談問卷是否依循研究目的編製而來，結構性越高，則其題意邏輯越嚴謹，與研究目的及研究問題的結合越緊密，訪談結果也越能呼應研究目的之需要。易言之，較能得到預期而且明確之研究結論，不過，也同時意味著不會有其他意想不到的研究收獲。

　　對學位論文而言，訪談問卷的編製要求水準較高，宜應用本書第六章所述理論體系與指標建構的原理設計及發展，可以有效的提高訪談問卷的品質。

◆能力訓練及工具準備

　　學位論文而言，研究生一般同時擔任訪談人員。訪談的成功

需要良好能力和工具才能竟其功。就前者而言，除了應具備研究基本知能之外，也要了解研究目的、研究問題，熟悉發問及應答等技巧。此外，除了訪談問卷之外，錄音筆及相機等等相關工具儀器之使用，亦是訪談成功不可或缺的要素。

◆訪問行程安排

學位論文之訪問調查研究，行程應配合論文撰寫之時程與進度，訪談前宜提前規劃安排，製作訪問行程表，並在行前通知受訪對象確認或調整，避免人力及時間資源成本之浪費。

◆進行訪談

實地進行訪談時，研究者的個人技巧相當重要。程序熟悉、態度誠懇、語言簡練、表達清晰、適當引導都是重要的原則。

◆訪談資料整理

訪談結束後，應將逐筆訪談資料整理成逐字稿，加以編碼存查，成為論文研究後續撰寫研究結果與討論、結論與建議的重要資料。

◆再次訪談

訪談活動結束後，隨著研究成果的初步展現，視情況而有再次訪談的需要。例如驗證研究結果的真偽，或是成為研究建議的諮詢輔助。

觀念擂台

正面論點：調查研究法方興未艾

　　民主社會公民，常會有被訪問調查的經驗，偶爾也會接到問卷調查的邀請。這些公民生活的體驗，充分顯現出調查研究應用廣大的現實。

　　調查研究之所以能夠獨領風騷，歷久不衰，源自於理論上的客觀優勢：合乎邏輯、普遍通則、化繁為簡，以及實徵驗證[8]。除了上述優勢，實務上也有經濟、保密、標準化等優點[9]。

　　社會科學學位論文，應用調查研究而產製的論文數量高居第一。事實非常清楚，即使調查研究需要具備豐富的研究知識，障礙門檻也高，但仍然是社會科學領域了解現況問題，探求變項關係最有效的方法。

　　社會科學的問題有共通性，都是群體性的問題，這些問題應用其他研究方法探求之障礙大。所以，調查研究法在可預見的將來，不僅不會退流行，還會繼續發揚光大。

　　調查研究的程序複雜，從抽樣、問卷設計、資料蒐集、統計分析等等，皆須縝密的思考和邏輯判斷。應用調查研究法從事研究，對研究參與者而言，可以從中得到許多專業知識和訓練。

　　批判調查研究法的人，理由無非是：膚淺、誤差和花錢。不過，這種批評的可信度並不高，原因是在相同的比較基準下，其他研究法更為膚淺、誤差更大、花錢也更凶。事實勝於雄辯，調查研究法的價值經得起檢驗。

　　民主台灣生活，民意調查機構雨後春筍遍地開花，規模越來越大。稍加計算可知，這些民意調查機構應用的幾乎都是調查研究法。

　　結論一句話，調查研究法不僅沒有萎縮退場，正方興未艾呢！

觀念擂台

反面論點：調查研究法已到窮途末路

數十年來，不論古今中外，調查研究法是社會科學領域應用最廣的研究方法之一，趾高氣昂、獨領風騷。不過，情勢就快要改變了。

調查研究的劣勢轉折，主要來自於「濫用」。不論教授或是研究生，幾乎都是應用調查問卷做研究。於是，問卷滿天飛的現象，比天上飛過的小鳥還多。最後，人人避之惟恐不及，可想而知，沒有一項研究結果可以相信。

更嚴重的是，調查研究理應具備豐富的研究知識，但是調查研究濫用的結果，誤導了很多學者及研究生，缺乏堅實的研究涵養，隨意抓取他人問卷，完成調查施測就可換取學位。

這樣的情境和氛圍，造成各式調查問卷錯誤百出，絕大多數不符心理與教育測驗編製的原理。依據錯誤問卷所得的錯誤結果，最後應用SPSS統計套裝軟體分析，甚至於標上顯著性的三顆星符號，最後還能得到具體的結論與建議，這種迷失現象顯然太過誇張。

調查研究的障礙還有抽樣的問題。樣本調查需要推論母群，必須進行隨機抽樣。可惜的是，隨機抽樣的難度太高，許多論文的隨機抽樣都與事實不符，這已涉及學術倫理誠實的問題，如果真的要追究，很多著作及學位論文證書都要追回。

根據以上，因為「濫用」、「誤用」、「盲用」，調查研究法優勢已逆轉成為劣勢，缺點多不勝數：

1. 沒有深度：調查研究所得的資料，都是表面文章，對解決問題的幫助有限。
2. 樣本誤差：問卷調查或者是訪談調查，基本上都無法克服樣本誤差的問題，客觀性和真實性不足。
3. 情境干擾：調查研究法有情境干擾的問題，而且無法有效排除。

綜合以上，調查研究法已到窮途末路。奉勸所有學術研究社群的朋友們，勿再沉迷調查研究，及早回頭是岸。

觀察研究法

　　應用感官了解外在世界是人類與生俱來的本能，視覺和聽覺則是個體應用最廣的唯二感覺功能。「觀察研究」奠基在唯二感覺本能的基礎上，因而成了科學研究中最基本的研究方法。

　　觀察研究法所擁有的優勢，不外乎眼見為憑，這是證據法則。不過，學術研究的定義有較為嚴謹的規範。簡單而言，觀察研究是研究者應用感覺器官，系統性的觀察記錄研究對象的活動，從而分析研究問題與探求相關因素的一種方法[10]。嚴謹而言，觀察研究是指在自然情境或在控制情境下，根據研究目的，針對研究對象之行為或現象，做有計畫與有系統的觀察，進一步依觀察所得記錄，對個體行為或現象，做客觀性的詮釋或理解[11]。

觀察研究的類型

　　實務研究上，觀察研究有四種不同類型，研究者可依研究目的之需要做選擇。四種類型因方法及情境之不同而來。自然情境是指維持研究場域自然狀態，實驗情境則是經過研究者設計、安排及控制之情境。對社會科學領域之研究看，實驗情境之難度高，可行性低。至於方法上，非結構性適用於探索性研究，沒有明確的研究目的、程序或研究工具。因此，對目的明確且要求嚴謹之學術論文寫作而言，結構性實地觀察是唯一較可行的觀察研究方法。四種觀察研究類型圖示如**圖5-1**。

方法＼情境	自然情境	實驗情境
結構性	結構性 實地觀察	結構性 實驗觀察
非結構性	非結構性 實地觀察	非結構性 實驗觀察

圖5-1　觀察研究之類型

觀察研究的步驟

　　科學研究取向對系統性、客觀性以及實徵性的要求，強化了結構性實地觀察的正當性。略述其具體研究步驟如下[12]：

◆確認研究目的

　　系統性的研究，需要具有明確的問題意識，清楚界定所要研究的問題與目的，再依據研究目的與問題選擇研究對象及編製觀察表。

◆選擇研究場域及研究對象

　　研究目的確定之後，進一步要考慮研究場域及研究對象的問題。應用觀察分析主要考慮可行性的問題，以便能有效的蒐集到符合研究需求之資料或訊息。

◆發展觀察研究工具

　　配合研究目的發展觀察研究應用之工具，包含了觀察表的設計，以及進行觀察時需要之硬體設備或其他資源。因爲屬於嚴謹度高之結構性觀察，觀察表之發展仍須依第六章理論及指標體系之原則發展設計。觀察表初稿設計完成後，亦須進行專家諮詢、預試及

修正之程序，以強化研究工具之信效度。

◆依計畫進行觀察研究

　　結構性實地觀察的進行須依計畫而進行，並逐日記錄。原則上，當日觀察研究僅記錄觀察現況，至於觀察內容之背景說明，以及觀察行為之詮釋，則可待當日觀察結束後再進行增修。

◆完成觀察研究紀錄

　　結構性實地觀察現場的紀錄可能是片斷的、摘要式的，可能缺乏流暢性，不易理解。結束現場觀察後必須進行整理，除了觀察現況紀錄之外，也須進行觀察內容之背景說明，以及觀察行為之詮釋，完成完整之逐字稿後，才能成為研究論文之可用材料。

◆分析觀察紀錄及撰寫研究報告

　　完成觀察研究紀錄之逐字稿後，進一步需針對紀錄進行分析，應用的技巧不外乎歸納、比較、分析及演繹等方法。

　　結構性實地觀察的成敗，除了上述步驟要領之外，尚需其他條件的配合，包括觀察情境的配合、觀察員的學習訓練，以及觀察紀錄工具的妥適性等，其中尤以觀察紀錄表至關重要，稱得上是研究品質良窳的核心關鍵。**表5-2**是一份結構性實地觀察紀錄[13]，從中可以看出觀察紀錄需要具備的欄目要項，以及撰述之相關技巧。

表5-2　結構性實地觀察紀錄範例

日期：90/10/08		時間：07：50～08：20　教師晨會時間	
觀察者：A007研究員		紀錄編號：A007/001/901008/002	
觀察目的	領導策略：目的模糊、塑造聲望		
觀察場域	觀察紀錄	說明	行為判斷
大辦公室	（教師晨會上，各處室宣布注意事項完畢，校長起來做總結） 校長：「首先感謝教師會上週五為全校老師精心舉辦教師節慶祝的烤肉活動，我很喜歡參加，只不過最多我只能參加四次……這是很可惜的地方。 （神情有點落寞不平） 第二件事情我要宣布的是，有一份公文，要求本校在十月三十一日前完成拆除校內宿舍違建。也就是目前退休A老師所居住的那間鐵皮屋，雖然我忍不下心，畢竟朋友同事一場。但是礙於法令規定，不得不進行處理。我已經通知退休教師必須拆除鐵皮屋，也請他們有心理準備儘速遷離。 此事向各位先行報告，避免一些不明究理、喜好刻意挑撥的人，說我對老同事不念舊情，無情無義…… 各位要知道現在校長的職權不如以往，我能做到的只是依法行事。」 此時，在座老師面面相覷，無人回應。但大家心裡明白校長這些話有用意，故意講給政敵聽。氣氛一度凝結，而結束晨會。	（教師晨會時間）這陣子校長與C職員正在打一場毀謗誣告的官司，勝負未明。因此，校長潛意識中就會透露出消極的想法和話語，比如說「教師會的活動，我只能參加四次……」，暗指她在本校的任期可能只有四年，畢竟官司結果不知誰勝誰負，校長因為這場官司，也許無法繼續待在本校服務。 由於C職員與住在校內鐵皮屋違建中的老師關係很好，算是好朋友及老同事。 所以聽到這次要拆除違建的動作讓C職員感到忿忿不平，替退休教師抱屈。 據說當事者本身並沒有劇烈抵抗，還算理性。只有C職員自己一頭熱，一直介入挑撥。 校長為了事先「消毒」，於是在公開場合先把話給說清楚，免得遭人口舌。	校長在晨會上，公開感謝教師會的辛勞，表現出禮貌、謙遜及體恤的態度。 會議中一併將拆除鐵皮屋這件事情，內心的掙扎與無奈表露無遺，意義是向教職員顯現自己仁慈、重情的一面。 凡此種種，目的無不在於塑造自己的聲望，讓部屬對她的印象加分。 但是，這場會議中，校長又再度展現出指桑罵槐的功力，造成目的模糊的假象。表面上看似在描述一件事情，但實際上是在警告C職員別輕舉妄動。 當然，在場的當事人聽得出校長的意思，與會的教職員工亦然。這樣的開會形式成了家常便飯，大家都能意會校長的真意。

實驗研究法

社會科學研究方法中，最為接近精確科學，可以和自然科學研究方法媲美的是實驗研究法。簡單而言，應用科學原則，系統地控制實驗情境與變項，正確觀察紀錄反應變項，從而分析探討變項間的因果關係，藉以驗證假設的一切研究方法[14]，皆可稱之為實驗研究法。

實驗研究法的成敗來自於三項關鍵：實驗設計、操縱研究變項，以及控制無關變項。

就實驗設計看，較常應用的實驗類型有三種：單組實驗設計（unitary groups design）、等組實驗設計（equivalent groups design），以及多因子實驗設計（factorial design）。其中單組實驗設計原則上只選用單一的實驗組做實驗，測量實驗處理後的效果。單組實驗設計不符客觀性的原則，也受許多因素的影響，內在效度低，研究結果的論證薄弱，並不適合學者或研究生撰述論文使用。

至於多因子實驗設計的發展，主要目的是為了探求兩個或兩個以上的實驗變項對依變項的影響。此種實驗設計的目的，乃因應社會科學情境的系統性特徵而來，因為任何人及其行為影響都不會是孤立現象，無法切割做成單一研究去解讀詮釋。不過，從實務研究經驗看，多因子實驗設計的結果，會發出許多複雜的訊息，即使應用高階的統計方法加以解釋，距離社會科學現場實務仍有相當距離，最後成了統計有意義，結論無意義的研究，理論或實務應用之價值皆有待商榷。

等組實驗設計是實驗研究法的重心，較適用於學者及研究生之學術論文寫作，較常應用的有三種設計：等組前後測設計、等組

後測設計，以及四個等組設計。

　　等組前後測實驗設計之模式如**圖5-2**。

組別 ＼ 測量	前測	實驗處理	後測
實驗組	T1 ⟹	X ⟹	T2
控制組	T1 ⟹		T2

圖5-2　等組前後測實驗設計

　　圖5-2輕易的呈現等組前後測實驗設計之步驟如下：

1.研究對象分為兩組，分別是實驗組及控制組。
2.實驗組及控制組皆接受相同的前測，取得測量成績。
3.圖中箭頭顯示，實驗組接受實驗處理（X），但控制組則無。
4.實驗組及控制組皆接受相同的後測，取得測量成績。

　　實驗研究要驗證的假設是實驗處理效果的有無，最後仰賴統計方法的計算以取得兩組分數的差異顯著性，作為進一步討論及分析之依據。

　　等組後測設計也是常用的實驗研究法，亦常見於學者及研究生之學術論文寫作。等組後測設計並無前測的設計，主要是為了排除受測者可能因接受前測而生的「測驗心理障礙」，其模式如**圖5-3**。

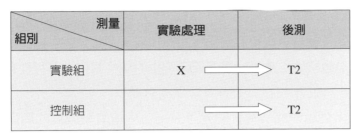

組別＼測量	實驗處理	後測
實驗組	X ⟹	T2
控制組	⟹	T2

圖5-3　等組後測實驗設計

圖5-3呈現的等組後測實驗設計之步驟如下：

1.研究對象分為兩組，分別是實驗組及控制組。
2.實驗組及控制組皆不接受前測。
3.箭頭顯示，實驗組接受實驗處理（X），但控制組則無。
4.實驗組及控制組皆接受相同的後測，取得測量成績。

　　等組後測實驗設計除了具有等組前後測實驗設計之優點外，尚可避免接受前測而生的「測驗心理障礙」，是一種簡單而又理想的實驗設計。唯一的缺點是取得之資料訊息較少，無法提供進一步的分析。

　　四個等組設計是前述兩種實驗設計的綜合，模式如**圖5-4**。

組別＼測量	前測	實驗處理	後測
實驗組	T1 ⟹	X ⟹	T2
控制組	T1 ⟹		T2
實驗組	⟹	X ⟹	T2
控制組	⟹		T2

圖5-4　四個等組實驗設計

　　圖5-4呈現的實驗設計是一種嚴謹控制而又理想性十足的實驗研究設計。就社會科學領域學門的應用看，成本大而實用性低，發出的訊息也複雜，應用於學者或研究生的論文寫作之可行性有待商榷。

　　應用實驗研究法進行研究時，另需考慮實驗效度的問題，包括內在效度（internal validity）及外在效度（external validity）。內在效度是指研究結果品質的「可靠性」，亦即研究結果的真實性；外在效度指的是研究結果品質的「普遍性」，亦即研究結果的代表性。

　　從上述意義即可了解，要提升研究結果品質的可靠性，要提升內在效度，要從控制及排除影響研究結果的因素著手，這些影響實驗研究結果的因素很多。至於影響外在效度的主要因素有二：樣本是否隨機選擇，以及實驗設計的良窳。

5-2　影響實驗研究效度之因素

一、內在效度之影響因素

(一)實驗設計問題

1.研究設計方向不明

2.實驗研究操作不當

3.研究期間特殊事件干擾

(二)工具問題

1.研究工具誤差

2.統計迴歸（連續施測漸趨平均數）

(三)樣本問題

1.取樣的差異

2.樣本成熟（時間造成生心理之改變）

3.樣本流失

4.前測的經驗障礙

5.取樣與其他因素的交互作用

(四)其他非預期干擾因素

二、外在效度之影響因素

(一)樣本隨機選擇之代表性

(二)實驗設計與研究目的適合性

(三)其他影響因素

個案研究法

個案研究法是經由對個案的深入分析以解決有關問題的一種方法[15]。個案所指可以是個人、群體或是組織。個案研究法雖然也具有系統及實徵的特徵，但是因外在推理之客觀性弱，原本並非講究科學研究派典的主流。不過，隨著科技業影響力的崛起，組織機密及個人權益的重視，造成諸多科學研究方法應用的困境，反而讓個案研究成了研究業界問題的主要方法。

個案研究以探索、描述及解釋研究個案的問題為目標，並不以外在推論為目的。所以研究步驟簡單，並不需要太過高深的研究背景與專業知識。

個案研究之步驟

個案研究之實施流程可精簡地歸納為以下四個步驟：確定研究問題、選取研究對象、蒐集研究資料、分析研究資料及撰寫報告：

◆確定研究問題

任何研究不論採取何種方法，問題意識仍是最基礎的關鍵。個案研究的起始，需要確定研究問題，以便作為選取研究對象及蒐集研究資料之基礎。

◆選取研究對象

研究對象可以是個人、社群、群體或整個組織。選取對象時應做明確之規範及定義，並注意可行性及經濟性的問題，以利研究

目的之達成。

◆蒐集研究資料

個案研究在蒐集研究資料的方式並無限制，舉凡訪談、調查、測驗、觀察或是文件蒐集等方法都可以，如果要應用上述方法，即必須要學習各種方法之要點及技巧。

◆分析研究資料及撰寫報告

個案研究在研究資料蒐集足夠之後，即可以進行研究資料之分析，並同時進行研究報告之撰寫。

個案研究之資料來源

個案研究之資料來源很多元，最主要的來源有三種：文件及檔案紀錄、訪談及觀察。

◆文件及檔案紀錄

文件及檔案泛指原始手稿及一般檔案紀錄等資料，這些資料可以為其他的資料來源提供佐證。

◆訪談

訪談一般是個案研究應用最廣的蒐集資料方法，訪談可以突破文件及檔案紀錄的限制，達到理解及詮釋的目的，相關技巧請參考訪問調查節次之內容。

◆觀察

觀察的技巧與觀察法之要點相同，惟個案研究的觀察要採取系統性的觀察及記錄研究對象的活動難度較高，可以因應實際情況做適當調整。

團隊研究模式

團隊（team）是現代組織運作之重要形式，藉由團隊組織的協力運作，不僅大幅度的提升了組織的功能，也有效的提升了組織成員的個人績效表現。放眼全世界，單打獨鬥早已是遠古時代的歷史，許多空前絕後的傑出研究成果，皆是拜研究團隊成員通力合作所賜。

社會科學領域，因為學門專業先天的限制，以及學術社群觀念的遲滯，團隊研究的風氣和形式較不普及。有鑑於此，行政院國科會早從九〇年代初即開始徵求整合型之研究計畫，整合型計畫之條件至少應有數個子計畫，除了團隊組織的組建外，更要求研究成果應達團隊綜效之發揮。風行草偃，團隊研究的群體組合開始在社會科學領域中初露形式，蔚為風氣將是未來可期待之目標。

根據以上，學術社群中人理應敞開心胸，攜手共同創作研究，更有組織、更有方向的創造團隊研究之績效。

同樣的道理也適用於指導研究生的歷程，社會科學領域學門的教授，通常會同時指導數名研究生撰寫論文，如果教授期望要達到較有系統性的知識創發成果，並能兼顧整合人力資源及成本之效能，則組織研究生論文研究團隊將是一個理想的選擇。

論文研究團隊的開始來自於同一個研究主題（母主題），指導教授從整合型研究的思維，將研究主題向下發展成數個子研究計畫（子主題），選擇以研究範圍、研究對象或是研究方法等作為區隔，然後根據研究生的興趣及能力，分別選定各個主題進行單篇論文之研究。

研究生論文研究團隊的成敗關鍵，尚須幾項條件配合。首

先，指導教授需研訂一份研究生「團隊學習規範及論文研討要點」
（個案研討5），公告周知。其次，頒布「研究生團隊論文寫作控
流表」（**表5-3**），後續則是研討模式的安排與運作。原則上，如
果指導教授與研究生有共識，論文研究團隊能夠依研討模式進行，
配合績效管理的技巧，將能有效的提升團隊的研究效能，最終達成
團隊研究的績效目標。

MSS專欄

5-3　研究生團隊論文寫作控流表

　　教授指導研究生寫作論文過程中，如何應用有效的技巧，兼顧人力時間成本，最後有卓越績效表現，是教授與研究生必須共同思考的重要課題。

　　表5-3是K教授設計的研究生團隊論文寫作控流表。希望應用團隊研究的模式，歷經十次師生團隊研討過程，研究生成員皆能完成學位論文及發表。

表5-3　K教授研究生團隊論文寫作控流表

項目	一	二	三	四	五	六	七	八	九	十
Date	7/8~7/15（週二）	7/16~7/22（週二）	7/23~8/12（週二）	8/13~8/19（週二）	8/20~9/2（週二）	9/3~9/16（週二）	9/17~9/30（週二）	團體約定	個別另定	團體約定
進度內容	主題討論思考	文獻初步蒐集、主題確定	文獻蒐集、章節定位	研究方法、工具設計	第一章緒論撰寫	第二章文獻撰寫	第三章方法撰寫	計畫口試	研究實施	論文口試
時間	2週	1週	3週	1週	2週	2週	2週			
論文發表							計畫改寫、研討會發表	口試本改寫、研討會發表	論文改寫、期刊發表	
A生	◎	◎	◎							
B生	◎	◎	請假							
C生	◎	◎	◎							
D生	◎	◎	◎							

規範：
一、地點：H大學1313研究室。
二、發表：研究生獨自撰稿自己具名；指導教授修改則共同具名。
三、分享：應將心得及問題，透過線上學習模式分享，激勵學習及思考創新。

5-4　實效讀書方法

現代人一生總會讀幾本書，研究生則幾乎每天都要讀書。但是，多數人不了解正確的讀書方法，輕者讀書事倍功半，重者一生討厭讀書。實效的讀書方法很簡單，只要把握正確技巧，養成習慣，就能達到有效的讀書效果：[16]

一、略讀

略讀的目的是要引起讀書動機，以符合心理學家說的「準備律原則」。讀書開始前，先花十分鐘瀏覽概要。瀏覽的過程會形成準備讀書的心向。瀏覽的內容是：序文導讀、章節目錄、作者介紹、重點摘要，以及章節後面的問題等等。

二、精讀

精讀講究的是心無旁鶩，全神貫注。獵人教導徒弟射箭，當徒弟心無旁鶩全神專注瞄準，最後眼睛只看到唯一的小鳥時，一發就能中的。精讀的情境與上述故事若合符節，但要講究下述四個技巧：

1. 提問自答：進入閱讀之初，立即以章節的標題為基礎，自行提出數個疑問句，並嘗試著自我回答，啟動思考。
2. 驗證閱讀：提問自答後，開始進入專心閱讀。因為提問自答之故，所以實際上是進行驗證閱讀。驗證閱讀的過程中，會產生三種回饋情境：(1)書中內容或見解與提問自答相近——讀者會有英雄所見略同的昇華感；(2)書中內容或見解超越提問自答——讀者會有收穫豐碩的踏實感；(3)書中內容或見解不過爾爾——遺憾之餘亦有自我肯定的滿足感。

3.摘要劃線：配合提問自答及驗證閱讀，應能摘要最具代表性的關鍵文句，劃線在精不在多，但要用手劃線，以讓視覺重複閱讀。

4.疑點備查：閱讀過程有疑問，立即標記備忘，另尋書末指引、教授同儕或圖書館等管道解答疑惑。

三、複習

複習的目的有二：一是再次固化知識內容，二是化所讀為系統知識，成為己身知識系統。為了達成上述目的，讀完一個段落之後，擱書暫停稍作思考，應用己身語言摘要重述內容重點。複習過後，嘗試對通篇內容概要重述，能夠對內容觀點進行多點評論、批評或建議，則表示讀書是有效的。

【自我測驗5】尚待完成的一份調查問卷

一、L所長為了理解研究生對授課教授教學的滿意度，決定設計一份教學滿意度調查表。四個檢核指標分別是：教學準備充分、教學方法適切、教學過程生動、教學成效優良。不過，L所長公務繁忙只完成了一半……。

二、請您協助L所長完成調查問卷，填上完整的語句，完成的語句必須呼應上層檢核指標之內涵。

題　　目	極為符合	大致符合	普通符合	不太符合	極不符合
一、教學準備充分					
1.教授能發給研究生……	□	□	□	□	□
2.教授對本課程的專業知識……	□	□	□	□	□
3.教授能掌握本課程的……	□	□	□	□	□
4.教授對教材內容……	□	□	□	□	□
二、教學方法適切					
5.本課程各主題間有良好……	□	□	□	□	□
6.本課程內容之分配比例……	□	□	□	□	□
7.本課程之作業能配合……	□	□	□	□	□
8.教授會採用多元化……	□	□	□	□	□
三、教學過程生動					
9.教授的口語表達……	□	□	□	□	□
10.教授上課時能與研究生維持……	□	□	□	□	□
11.教授能重視研究生的……	□	□	□	□	□
12.教授的教學技巧能激發……	□	□	□	□	□
四、教學成效優良					
13.本課程內容能應用在……	□	□	□	□	□
14.本課程評量方式與標準……	□	□	□	□	□
15.我能按時完成教授指定……	□	□	□	□	□
16.我準備及參與上課……	□	□	□	□	□

個案研討5

研究生團隊學習規範

　　W教授任教於北台灣C大學的社會科學領域研究所，校方對教學與研究的雙重要求，因教育部推動頂尖大學計畫而愈趨嚴格。C教授一方面忙於教學準備，一方面指導研究生，同時要參加學術研討會，以及發表個人的期刊論文。捉襟見肘、案牘勞形是其教授生涯的寫照，辛苦之餘，W教授百般思考，決定調整修正教學及研究策略，並從指導研究生的活動開始。

　　經過一番構思，W教授完成了一份「團隊學習規範及論文研討要點」如下：

〔團隊學習規範〕

　　一、研究生需參與及協助每一位團隊成員之論文計畫及正式論文之口試工作，以學習相關經驗及適應口試氣氛。

　　二、研究生每月參加團隊學習討論課程若干次（一次2小時），並完成指定進程之作業，以利學位論文之完成。

　　三、為提升學術研究水準，研究生得視個人需要參加國內外學術研討會及期刊論文發表活動：

　　　　(一)學術研討會——論文計畫口試前後，以計畫為藍本進行一次以上之學術研討會投稿。

　　　　(二)期刊發表——學位論文為藍本改寫為中英文論文，並進行期刊投稿。符合學術倫理規範，並在師生討論取得共識前提下，研究生可依個人意願選擇與指導教授協力合作，共同發表期刊論文。

　　四、依本所畢業門檻之規定，研究生至少需完成第三項第一款之學術研討會論文發表，始正式取得畢業資格。

〔論文研討要點〕

一、準備

(一)書面大綱（A4乙張）

1.重點摘要（依個人完成重點製大綱條目）

2.疑惑與困難（如果有的話）

3.問題提出（如果有的話）

4.自我檢討與改進期待

(二)理解與思考

1.熟悉個人論文之內容

2.思考個人論文之問題與可行解決之道

二、研討流程

(一)主題闡述10分鐘（指導教授）

(二)報告與討論

1.研究生報告7分鐘

2.質疑、批判、建議8分鐘（非報告人每人2分鐘）

3.研究生回應5分鐘

4.澄清、分享與建議5分鐘（指導教授）

(三)歸納與結論5分鐘（指導教授）

三、研究討論禮節

(一)出退席準時，聆聽他人報告專注。

(二)質疑、批判、建議深入而具體。

(三)討論互動保持民主風範。

問題討論 ....

1. 您認爲W教授的團隊學習規範可行性高嗎？能夠改善目前捉
   襟見肘、案牘勞形的教授生活現況嗎？爲什麼？

2. 如果您是研究生，看了W教授的團隊學習規範及論文研討要
   點後，您願意成爲W教授的研究生嗎？爲什麼？

3. W教授的團隊學習規範及論文研討要點如果能夠具體落實，
   您覺得對研究生完成學位論文有幫助嗎？請具體說明理由。

4. W教授主張，爲提升學術研究水準，研究生得視個人需要參
   加國內外學術研討會及期刊論文發表活動。您覺得這樣的期
   待合理嗎？爲什麼？

5. 如果所有教授都採取和W教授相類近的方法指導研究生，您
   認爲會產生哪些影響？對研究所的教學與研究表現會有幫助
   嗎？請討論後說明。

論文實例 5

資料來源	國立新竹教育大學 / 93 / 碩士
論文題目	國民小學實習教師智慧資本之研究[17]
研究生	黃淑貞
研究背景	進入二十一世紀以來，知識將是繼勞力、資本之後成為企業經營的生產要素，更重要的是，前者影響力更甚後者。不過，智慧資本的研究一直聚焦在企業組織中，教育領域的研究仍有進一步探索之價值。其中，實習教師近年來成為流浪教師的可能性高，唯有提升自身知識價值，方可扭轉劣勢，其智慧資本之主題探索乃益形重要。

▼解析：教育領域中智慧資本的研究仍處探索研究之階段，對研究生而言是一大考驗。不過，探索性的研究容許研究者有較大的活動值，也因為探索性的研究性質，即使研究目的也帶有嘗試及探索的特徵，而不在於驗證性的目的。

研究目的	1.探討智慧資本之理論與相關研究。 2.分析國民小學實習教師智慧資本的具體內涵。 3.探討國民小學實習教師重要的智慧資本項目。 4.了解背景變項對實習教師智慧資本內涵認知之影響。

▼解析：智慧資本的內涵原就存在，但是理論則不同觀點各領風騷，至今各申其義，猶在建構，因此研究目的仍有理論評析的必要性。重要的是，研究對象焦點在於實習教師，因此將實習教師智慧資本內涵、專業發展現況，以及相關研究列為文獻評論之重點。

文獻架構	一、智慧資本的定義與發展。 二、智慧資本的內涵與衡量。 三、實習教師的智慧資本內涵。 四、實習教師專業發展現況。 五、實習教師智慧資本之相關研究。

▼解析：文獻評析的基礎上，本研究兼採問卷調查與訪談之方法，兼籌並顧的探討研究問題，相關程度的深度分析研究問題與所得研究結果。不過，本研究的難度是研究設計與方法上的問題。

研究設計	1.即使學校場域中的智慧資本研究仍屬探索階段，但這並不會成為研究的障礙，真正的障礙來自於研究對象的量測時機問題。首先，教育大學學生踏出校門的那一刻開始，才符合實習教師的研究身分，也才能成為本研究之研究對象；弔詭的是，實習結束的那一天，身分也隨即結束，不再成為本研究之研究對象。易言之，整個研究必須要在實習期間完成；更為弔詭的是，實習教師智慧資本的量測只有實習結束返校的時機，以代表實習期間智慧資本的發展成效，那麼，研究工具的預試時機在哪？

研究設計	2.從研究工具的角度看，傳統上需有預試及正式施測之程序，但是面對實習教師智慧資本量測唯一時機的困境，研究者請教統計學者及量化研究學者之意見後，採取了一次施測、抽取資料樣本預試分析，保留樣本進行結果分析的方式，終究完成了頗值肯定之研究成果。
論文評析	1.本論文為探索性研究的典型，對一位碩士生而言，這是難度較高的挑戰，證明了研究者勇氣可嘉且相當難得。 2.探索性研究的性質本就是嘗試，因此本論文也保留了較多的彈性空間，相關疑惑皆可留待後續研究者持續探究。例如，初始設計向度與因素分析之後的結果有較大之差距，最後因為實證的理由以量化統計結果為依歸，也說明了探索性研究之難度。 3.本研究的施測程序及樣本預試最具突破性，並一舉推翻傳統上需先預試再正式施測之程序，值得未來相關研究者參考。 基本上，研究方法乃因應研究目的及研究問題而生，面對實習教師智慧資本量測唯一時機的困境，研究者採取了只施測一次，從中抽取樣本當作預試樣本，刪題後再進行研究結果分析的方式，最終得到專業統計學者及量化研究學者之認同，開創了社會科學相關研究領域之先河。

第六章
問卷及測驗編製

✎ 問卷vs.測驗

✎ 理論體系與指標建構

✎ 研究問卷

✎ 測驗編製

經濟生活中，實踐和理論的距離相當遙遠。

──安德烈‧科斯托蘭尼（德國‧投資大師）

「工欲善其事，必先利其器」，一語道破學術研究工作者對研究工具的重視。

實際上，社會科學研究方法中，不論是問卷調查、訪問調查、實驗研究，或者是個案研究等，都會應用到研究工具，這些研究工具包含了調查問卷以及測驗量表。於是，調查問卷和測驗量表品質的好壞，乃成了研究結果有效與否的重要因素。與此同時，研究者是否具備調查問卷與測驗之編製能力，則成了研究能力良窳的關鍵檢核指標。可惜的是，學術界普遍有相同的共識，但在具體實踐上則相距仍遠。

問卷vs.測驗

進入本節，首先要釐清的是問卷與測驗的不同。

問卷（questionnaire）其意指研究者用來蒐集資料的工具[1]。問卷的目的並不在於測量填答者的能力，而是為了探求填答者對問題的意見或態度。問卷中的題目可以是事實、喜惡或立場，但並無標準答案，亦即沒有對錯之分。因此，問卷填答的結果雖然可以轉化為分數表示，但其意義僅代表態度之個人傾向，並無成績好壞或高低的價值判斷意義。

至於測驗（test）與量表（scale）兩者通用，實際相同[2]，其意指評量個體行為或能力的科學工具。行為和能力包含了智力、人格、學習以及學業表現等。測驗的編製較為嚴謹，需經標準化的程

序，並建立團體常模、信度與效度。測驗卷中的題目有標準答案，也有對錯之分，而且可以轉化為分數表示，其意義代表的就是成績表現的高低，具有鮮明的價值判斷意義，故常具有選才的應用目的。

綜合以上，問卷與測驗本質上相異，應用之目的不同，連帶考驗的方法也不盡相同。問卷所測量的意見或態度較為短暫，但測驗所測量的能力較為恆久。例如，民意如流水講的是民眾對政治事務的評價態度，會因時間而改變，但是語文能力通常會穩定維持在一定的水平。

實際上，人們平常的互動語言中已清楚地說明問卷與測驗的不同。例如，學校的國語和英文等課程之學習評量，用的是「成就測驗」。測驗品質和功能的確保，除了信效度分析之外，尚可進行「難度分析」或「鑑別度分析」；至於媒體機關進行的民意調查，用的是「滿意度問卷」，問卷品質除了進行信效度分析之外，原則上並不適合進行「難度分析」或「鑑別度分析」。

理論體系與指標建構

問卷編製設計的基礎，來自於應用理論體系當基礎架構，再應用指標分析技巧，建立一套層級分明的指標體系。

人類知識的創發及理論體系的建立，主要來自於研究過程中演繹法及歸納法的應用。演繹法是既有知識體系的推衍、擴充與應用，從理論發散導向於實務應用；至於歸納法，則是既有實務現場的分析、歸納與提煉，從實務中點滴凝聚成為理論建構。因為理論與實務在此歷程中不斷相互驗證穿梭，來回修正更新成長，乃有今日人類科學文明一日千里的長足進步。

指標概念

指標（indicator）的意涵是，應用一個精練的名詞或概念，代表另一個複雜概念的內涵狀態或變化，前者即稱為後者的指標。指標具有化繁為簡，而且能夠清楚表述的功能，因此能夠對所欲表述的概念有更清晰而精確的了解，並提供作為價值判斷的參考與依據，因而廣被應用在各式各樣的選擇或判斷中。

例如，我們用「德智體群美」來代表一位小學生全方位優秀表現的程度，前者就是後者的指標，我們也用「認可」或「通過」等詞彙代表大學中學術系所的各項綜合表現，前者也是後者的指標。

問卷的編製亦然，以第五章「自我測驗5」之教學滿意度調查問卷為例，「教學滿意度」就是「教學準備」、「教學方法」、「教學過程」以及「教學成效」四個層面的代表指標。至於「教學準備」則又是「教授能發給研究生完整之教學計畫」等數道題目的指標。這些不同層次指標，所聯結組合而成的概念架構就是指標體系。

指標體系的建構

問卷編製的開始，就是建構指標體系。指標體系需符合邏輯性、合理性以及周延性的要求。學者或研究生的學術論文，以知識的創發生產為目標，原則上應以理論或思維概念體系為基礎，推衍量測用的指標體系，循此邏輯而建立的會是一套層級分明的指標體系。

MSS專欄

6-1　指標的建立與檢核

指標體系需符合邏輯性、合理性以及周延性的要求。符合指標體系建立的原則，則是建構良好指標體系的前提[3]：

1. 比較性：同一層級的指標必須可以相互比較，具備有類似的基礎和條件，有相同的層次和量化標準。圖6-1為例，課程1至課程3為同一層級指標，彼此可以相互比較。反之，課程1和師資B為不同層級之指標，彼此無法相互比較。
2. 客觀性：指標應具客觀性，並以可具體測量的指標為原則，儘量減少主觀的判斷與評定，指標評價不會因人而異。
3. 系統性：系統代表整體與有機的概念，不能遺漏重要內容，並保持彈性及持續改善修正之空間。
4. 可測性：指標內容可以透過實際的觀察而加以直接測量，而且可以獲得明確的結論以供判斷。
5. 相互獨立性：系統內各指標雖然相關，但彼此相互獨立，同一層次之各指標不相互重疊。

層級指標體系是由許多概念指標組合而成，如同**圖6-1**所示，層級指標體系如金字塔型架構，脈絡明晰，而且向度清楚。同一個層級的指標都具有既相關又獨立的變項特徵，每一層級相關又獨立的指標變項的組合，就構成了系統評價的指標體系。

建構指標體系是編製問卷的基礎能力，指標體系建構之步驟及技巧說明如下[4]：

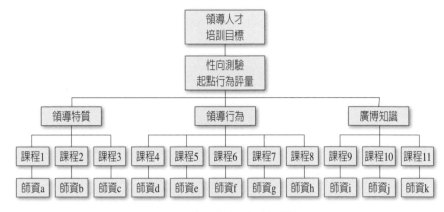

圖6-1　層級指標體系架構圖

◆從上而下分解指標

　　首先在選用的指標模式架構下，從最上層指標出發，由上而下分解成數個二級指標。進一步，再以二級指標為基礎，向下分解成數個三級指標，最後以三級指標為基礎，設計測量指標或題目。這個階段可以依此類推，依研究之需要，逐一向下發展指標之層次。通常，指標分析過程中應用了四個重要技巧：

1.「詳述化」

　　詳述化意指詳細的描述。詳述是以分解的指標為標的，應用更為詳細的解析加以描述。因為詳細的描述，就能把原來的指標分解為多個較低的次級指標，依此類推。

　　如以分解研究生「研究所學習滿意度」指標為例，學習滿意度加以詳細描述會包括：「空間硬體、設備資源、行政服務、課程設計、師資水準、同儕互動」等等多個二級指標（**圖6-2**）。進一步，再以二級指標「空間硬體」進行詳細描述，於是會得到包括：「教室空間、研究室空間、燈光設備、網路設施」等等多個三級指標（**圖6-3**）。其餘指標依此類推設計，即完成層級結構指標體系的初步建構。

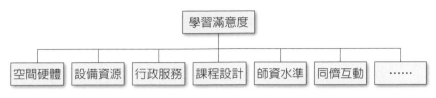

圖6-2　「學習滿意度」指標詳述分解圖

2.「手段—目的」

指標體系初稿完成後，接著進行指標檢核，應用的技巧是「手段—目的」。

「手段—目的」的意義是，上級指標是下級指標的目的，反之，下級指標則是上級指標的手段。以**圖6-3**爲例，「教室空間、研究室空間、燈光設備、網路設施」等三級指標當成手段，這些指標評價滿意時是否也能夠讓上級指標「空間硬體」之評價滿意？如果答案是肯定的，表示三級指標作爲手段，能夠有效的達成二級指標的需要，手段可以呼應目的。

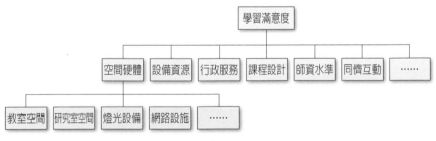

圖6-3　「空間硬體」指標詳述分解圖

應用此種技術原則針對指標加以檢核，往上延伸可以更詳細、更具體地描述問題的總體指標，往下則可以建構層級明確且邏輯關係嚴密的結構指標體系。

3.「重要性試驗」

「手段—目的」技巧應用之後，進一步應用重要性試驗進行單一指標之檢核。

重要性試驗是針對每一個指標判斷其對上一級指標的重要性，並將重要性不顯著的指標加以淘汰，再重新整理建構修正後之層級結構指標體系。原則上以10分為級距，重要性得分在5分以下的加以淘汰。仍以**圖6-3**為例，「研究室空間」判斷為「非常重要」得到8分，則此指標保留；「燈光設備」判斷為「不太重要」得到3分，則此指標刪除，其餘指標依此類推。最後會得到再修正後的層級結構指標體系。

4.「指標具體化」

單一指標修正檢核完成後，最後是將評量指標具體化，轉化成為問卷的題目。研究者如果判斷指標層級已分解到足夠反映指標體系的需要，最後則是應用相同的指標設計原則，完成各指標項下題目的設計。仍以**圖6-3**為例，「研究室空間」項下，分別設計「每生擁有獨立的研究空間」等數道具體的題目。

◆指標及題目內涵之修正

經過指標分解的步驟後，即可完成層級結構分明的指標體系。接著，研究者還需分析並修正指標內涵，目的在於改善指標體系的品質。一般而言，會應用下述數項技巧：

1.針對單一指標內涵進行分析，判斷不適宜的指標加以刪除。
2.針對代表性及語義進行判斷，刪除表達不明確的指標。
3.同一層級指標進行比較，內涵相同的指標加以合併。
4.再次應用指標分解技巧，視需要增加內涵不同及遺漏之指標。

研究問卷

　　學術研究的天職，一則針對未知世界進行探索，一則推動知識前進[5]。社會科學研究者追求上述目標，研究問卷的編製能力不可或缺。對學者或研究生而言，設計發展研究工具，或者是自行編製研究問卷，更是研究能力優劣與研究品質良窳的重要檢核指標。研究問卷的編製主要有兩種來源：理論或是實務問題。兩者之編製歷程，原則上都是應用理論體系與指標建構的方法，逐一發展出體系完整的測量題目，最後完成研究問卷。

研究問卷編製步驟

　　承襲理論體系及指標建構之概念與技巧，將之融入研究問卷編製實務，其步驟如下：

◆確認研究目的與問題
　　研究問卷的編製，首在確認研究主題，進而釐清研究目的與問題。研究目的與研究問題的陳述宜具體而明確，有助於後續步驟的進行。

◆文獻閱讀評析
　　針對研究主題或關鍵名詞之概念、理論文獻，以及相關研究進行閱讀評析，熟悉研究主題之概念及研究成果，有助於層級指標之設計與發展。

◆發展層級指標體系

應用理論體系及指標建構之技巧，發展研究主題之各層級指標，最後完成金字塔型之指標體系。

◆撰擬問卷題目

依編製完成指標體系之實際需求，於各指標層面下分別設計五至七道題目，並力求符合心理與教育測驗之原則。

◆設計問卷版型

設計問卷版型在於確認整份問卷之完整型式，原則上以表格化之模組套用較適宜。完整問卷的內容尚需包括指導語、填答說明、基本資料以及反應值等。

研究問卷藍本

專家諮詢問卷之型式如**表6-1**（摘要版），專家諮詢後修正之正式問卷如**表6-2**（摘要版）。對照兩個藍本可以看出問卷的基本內容及編製要求，表格模組的套用有助於文字定位及排版，但成為正式問卷時，可視需要將部分表格線條去除。

表6-1　國民小學幼稚園教師專業發展與家長滿意度調查問卷（專家諮詢卷）

敬愛的專家學者：您好！

　　感謝您撥冗提供專業卓見。本研究之目的，在於了解國民小學附設幼稚園教師專業發展與家長滿意之情況，敬請審閱後提供建議，作為後續修正之參考。

　　再一次感謝您的協助！謹此，敬祝

道安

國立台北教育大學　教育政策與管理研究所

指導教授：鄭崇趁 博士　研究生：游琇雲敬上

通訊：02-23037833/22；0911-243118

Yu11182939@mail.dyes.edu.tw

【以下為填答者基本資料】（未來將請受測者在適當的□內打"✓"）				
一、年　　　齡	□30歲以下	□31～35歲	□36～40歲	□41歲以上
二、服務年資	□1～5年	□6～10年	□11～15年	□16年以上
三、學校規模	□6班以下	□7～12班	□13～24班	□25班以上
四、最高學歷	□師專	□大學	□研究所	□其他

修正：

【第一部分　專業發展】（自陳量表之方式，未來將請受測者在四點量表□內打"✓"）

向度一：專業知能

題　目	適當	修正	刪除
1.我能掌握課程的教學目標。	□	□	□
修正：			
2.我能設計良好的教學活動計畫。	□	□	□
修正：			
3.我能掌握幼生的起點行為與學習需求。	□	□	□
修正：			
4.我能選用適當之教學評量工具。	□	□	□
修正：			

表6-2　國民小學幼稚園教師專業發展與家長滿意度調查問卷

敬愛的專家學者：您好！

　　感謝您撥冗提供專業卓見。本研究之目的，在於了解國民小學附設幼稚園教師，專業發展與家長滿意度之情況，敢請審閱後提供建議，作為後續修正之參考。

　　再一次感謝您的協助！謹此，敬祝

道安

　　　　　　　　國立台北教育大學　教育政策與管理研究所
　　　　　　　　指導教授：鄭崇趁 博士　　研究生：游琇雲敬上
　　　　　　　　通訊：02-23037833/22；0911-243118
　　　　　　　　Yu11182939@mail.dyes.edu.tw

【第一部分】（請依您實際情形在適當的□內打"✓"）				
一、年　　齡	□30歲以下	□31～35歲	□36～40歲	□41歲以上
二、服務年資	□1～5年	□6～10年	□11～15年	□16年以上
三、學校規模	□6班以下	□7～12班	□13～24班	□25班以上
四、最高學歷	□師專	□大學	□研究所	□其他

【第二部分】（請閱讀左側題項後，在右邊適當□內打"✓"）				
題　目	4 極為符合	3 大致符合	2 不大符合	1 極不符合
1.我能掌握課程的教學目標。	□	□	□	□
2.我能設計良好的教學活動計畫。	□	□	□	□
3.我能掌握幼生的起點行為。	□	□	□	□
4.我能選用適當的教學評量工具。	□	□	□	□
5.我能編製優良的學習評量工具。	□	□	□	□
6.我能改進教學技巧。	□	□	□	□
7.我能主動利用時間學習教育新知。	□	□	□	□
8.我經常參與學校各項教育社群活動。	□	□	□	□
9.我能了解教育理論與思潮的發展。	□	□	□	□
10.我能自我強化教育工作興趣與熱忱。	□	□	□	□

6-2　優良問卷的特徵

問卷編製優良，不僅有助於資料之蒐集，同時亦能提升研究品質。理論上，優良問卷具有許多特徵，但是，理論上的優良不見得符合實務應用上的要求，二者需要適度調整，以拉近彼此之間的距離。

奠基在理論的基礎上，整合實務研究的經驗，一般而言，優良問卷具有如下之特徵：

一、設計印刷

1.項目內容完整，重點無一遺漏。

2.全部頁數3頁以內，全部題目50題以內。

3.同一頁版面，文字字型不可超過兩種。

4.排版美觀清朗，淺色紙張印刷，字跡清晰。

5.表格化設計，列印時再適當虛化部分線條。

二、指導語

1.語句簡單精練，用辭懇切，並彰顯主題重要，引發填答意願。

2.必要時增列名詞淺釋，詮釋關鍵用詞，以利理解填答。

三、題目編擬

1.題目充分反應研究目的之需要，符合理論體系指標之要求。

2.問題用語力求簡明扼要，反應題項清楚明確。

3.每道題目只呈現一個概念，避免出現兩個以上之概念。

4.用字遣辭中性客觀，避免引導或期望反應之暗示。

5.題目排列符合心理順序，避免困窘或無法回答之問題。

測驗編製

「採用一套標準的刺激，對個人的特質做客觀測量的有系統程序」謂之測驗[6]。上述的意義說明了測驗遠較問卷複雜而功能強大。測驗能夠了解個體的能力、性向、成就、動機、興趣以及人格等等，因而其應用相當廣泛，也因為測驗能夠發揮評估、預測及診斷的功能，而廣被各個領域學門所應用。

根據測驗標準化的程度區分，有標準化測驗及非標準化測驗。標準化測驗是依照測驗編製程序編製而成，試題經過嚴密分析和選擇，具有良好的信度和效度，更建立有常模及標準化測驗程序，編製成本相當高昂，並不適合單一學者及研究生。至於非標準化測驗則多是研究者因為研究的特殊需要，而自行編製的測驗，嚴謹度不如標準化測驗。

社會科學主要的研究焦點在於人及其行為影響，如果有標準化測驗可供應用最好不過，但是如果沒有適當的標準化測驗可供應用，研究者就必須依測驗編製的程序自行編製。從應用的角度看，社會科學研究者較有可能自行編製的測驗是成就測驗，其編製過程主要有四個步驟[7]：

設計測驗藍圖

設計測驗藍圖主要是建立雙向細目分析表，上列為學習目標，左欄為教材之單元內容。其應用模組如**表6-3**所示。依照Bloom的分類，教學目標的層次依次從知識到評鑑，共計有六個構面。因此，每一單元的每一構面原則上應充分反應在成就測驗的編製上。以**表6-3**

爲例，單元一的題數有10題，分別配屬在不同的教學目標構面中，依此類推。最後總測驗有50題，每題配分2分，合計100分。

表6-3　成就測驗雙向細目分析表

目標 單元	1.知識	2.理解	3.應用	4.分析	5.綜合	6.評鑑	題數
單元一	2	2	2	2	1	1	10
單元二	2	2	2	1	2	1	10
單元三	2	2	2	2	1	1	10
單元四	2	2	2	1	2	1	10
單元五	2	2	2	2	1	1	10
題　數	10	10	10	8	7	5	50

編擬試題

完成了雙向細目分析表之後，表示有了命題的準則和方向。研究者開始應用命題技術，按照單元逐一編製題目，除了題目數的配合之外，必須符合學習目標的分類性質。單一試題以測量一個學習目標爲原則，但有時也會兼涉兩種或兩種以上的教學目標。

預試與評鑑

試題編擬完成後，需要選取樣本進行預試，以便進行試題分析及修訂測驗。預試的結果通常進行兩種試題性能的分析：難度分析和鑑別力分析，這是成就測驗特有也最需要的評鑑技術。

難度分析的目的，是在確定試題的難易程度，太難或太容易都表示試題編製不佳，會造成評量無意義。至於鑑別力分析的目的，是在確定試題能否區分能力高下的程度，以便選才的應用。

實務上都是先選鑑別力高（0.25以上）的試題，再選難度指數適中（0.5）的題目。

　　教師編製學生的學習測驗，到上述步驟即已足夠。但是，如果是社會科學的研究者編擬測驗，則尚需進行信效度分析，此一部分將在後面章節中介紹。

編輯正式測驗

　　經過試題分析後保留下來的題目，就會成為正式測驗的內容。此時要進行的是試題編排、指導語說明，以及設計答案卷，最後完成正式測驗的編製。

MSS專欄

6-3 良好測驗的特徵

　　良好的標準化測驗具有以下四個主要特徵[8]：效度、信度、常模以及實用性。以下是標準化測驗品質良窳之評鑑表[9]：

評鑑標準	適切性			評語
	適當	普通	不適當	
1.測驗所要測量之構念				
2.信度（類型及信度係數）				
3.效度（類型及效度係數）				
4.標準化的樣本				
5.閱讀理解程度				
6.指導語明確詳細				
7.實施簡便				
8.計分容易				
9.解釋分數的常模資料				
10.實施時間				
11.測驗編製手冊				
12.題目的特性				
13.備有複本測驗				
14.評論者的評語				
15.測驗目的與測驗符合度				

觀念擂台

正面論點：研究生應自己編製調查問卷

調查問卷堪稱是當前社會科學研究領域中，應用最廣的研究工具之一。

研究生為什麼應自己編製調查問卷，主要有以下理由：

第一，研究生的本職就是學習做研究，而編製調查問卷正是社會科學領域研究生學習能力檢核的重要指標。研究生撰寫論文的過程中才有編製調查問卷的練習機會，此時不付諸行動，更待何時？

第二，研究生畢業之後終究要進入職場服務。研究生要能應用所學解決實務問題，問卷編製能力乃為基本，才能有效的分析問題，進行系統性、客觀性以及實徵性的研究，進而尋求解決問題之方案。

第三，不論是問卷或是測驗的編製，其實方法或技巧都不困難，只要依本章所述要點，依樣畫葫蘆即可輕易完成任務。

從另一個角度看，如果研究生不用自己學習編製調查問卷，請問問卷要從哪裡來？

目前社會變遷快速，已從十年一變加速成為五年一變，社會現況與問題和過去有相當大之落差。如果應用前人編製的問卷進行研究，恐怕會和現實問題脫實，研究結論的可信度低。

綜合以上，所有研究所的指導教授都應要求研究生，自行編製研究問卷或成就測驗，這不僅僅是研究所學習的基本能力要求，也是身為研究生的天職。

觀念擂台

反面論點：學位論文應用現成問卷即可

知識創發的有無作為研究生論文品質的指標，這樣的觀點一向是有爭議的。

對碩士班研究生而言，論文寫作是第一次的研究寫作經驗。任何人的第一次都是生疏的，能夠如法泡製，順利達陣已足可萬家燈火、薄海歡騰了。

更重要的問題是，不論是問卷或是測驗的編製成本都太高，實際上根本不是單一教授或窮酸的研究生所能勝任的。否則，為何許多大學的研究生社群常常要到大學校門口舉行抗議活動，怒吼研究助學金被刪減呢！

社會科學領域的研究所，課程都非常繁重，論文又動輒要200頁、300頁才能過關，如果要再要求自行編製問卷或測驗，對研究生而言，負擔太重而苦不堪言。

問卷或測驗的編製，其實並不如想像中簡單。雖然教科書中有專章介紹，但如果不是各言爾志，就是從國外學者的著作中斷章取義，讓研究生一讀再讀也難窺全貌，在此種先天不足的學習基礎上，要求研究生論文要自編問卷或測驗，顯然並不切實際。

再進一步，目前研究生多如過江之鯽，研究論文如雨後春筍般的產生，許多研究變項主題類近或相同，如果現成的問卷之信度和效度考驗良好，實在沒有重新編製的理由。

總結以上，研究生的論文本就是研究方法的一種訓練。研究生從論文寫作中，將會習得資料蒐集、邏輯推理、問題剖析、問卷調查以及統計分析等能力和經驗，並不會因為沒有自編問卷或測驗而減損學習內涵一分一毫。

【自我測驗6】家長式領導行為調查問卷之評價

一、2004年12月，K教授正進行國科會專題研究計畫，研究主題是：「家長式領導風格內涵解析與情境因應模型之建立」。K教授從Westwood的東方文化觀點領導理論中進行意涵詮釋，並擷取領導風格的構面如下：

名詞淺釋【家長式領導風格】（paternalistic style of leadership）

　　「家長式領導」是奠基於東方文化社會下的一種領導風格。領導者表現出類似「父親」一樣的特質：明顯而強力的權威、關注和體諒，以及精神領導。

　　這種講求「慈心關懷」與「權威訓誡」的領導模式就如同一位「家長」在管理家族。領導者要表現出類似「父親」的角色，表現出關心、愛護與保護部屬的特質。如此，則他的地位與權力將受到部屬的認同，並完全合法的得到延續。

　　家長式領導風格與單純的獨裁領導並不相同，家長式的領導風格講究「和諧」與「服從」，強調集體主義與人際關係導向的精神，也講求人與人之間的相對義務與責任。

領導風格構面闡述

一、員工依賴——領導者擁有家長般的權力以決定組織的一切。
二、人格主義——領導者領導能力的強度決定在其所建立的情義網絡的品質上。
三、精神領導——領導者透過卓越的道德態度與行為而扮演團體中的模範角色。
四、塑造和諧——領導者主要的領導任務乃是塑造與維持組織和諧。
五、淡化衝突——領導者應確保衝突不會爆發，並消弭任何潛在的衝突情境。
六、疏遠與社會距離——領導者傾向於和部屬保持社會距離與幾分疏遠。
七、教誨式領導——領導者以一些方法扮演類似部屬老師或模範的角色。
八、對話的理念——領導者必須尊重部屬的尊嚴與面子。

二、K教授循理論體系與指標建構之原理，建立指標體系後，逐一設計各構面之題目如次頁所示，每個構面5題，共計40題。

三、請您擔任K教授的諮詢專家，在問卷初稿右側的評鑑欄中適當欄位勾選，每道題目配分為「適當」給3分，「修正」得2分，「刪除」得0分。

四、評量總分100分以上，K教授願意與您在知名飯店共進午餐；90～99分，K教授送您知名飯店下午茶餐券一張；80～89分，K教授招待您周星馳電影一場；如果在80分以下，K教授＃/>÷※?……。

家長式領導行為調查問卷初稿（專家諮詢）

題　目	適當	修正	刪除
1.當我自己有內在意圖時，我不會在公開場合表露	☐	☐	☐
2.通常，我不會讓部屬了解我真正的私人意圖與行動方針	☐	☐	☐
3.我會適度保留暗示或彈性的空間，以維護彼此的尊嚴和面子	☐	☐	☐
4.為了維護個人的決定空間，知識與資訊視需要而決定分享程度	☐	☐	☐
5.我避免太正式、明確的方法以免失去做事彈性	☐	☐	☐
6.我和不同部屬間，維持不同但適當的距離	☐	☐	☐
7.我和非親信部屬維持疏遠的關係，以建立個人的領導權威	☐	☐	☐
8.我對個人的私密空間適度保留，保持神秘	☐	☐	☐
9.我與部屬私人接觸時，會拿捏分寸，謹言慎行	☐	☐	☐
10.我在部屬面前寡言少諾，不輕易表現個人的喜怒哀樂	☐	☐	☐
11.我與大多數的部屬維持友善但是疏遠的距離	☐	☐	☐
12.公開場合我不輕易發言，需要時只講場面話	☐	☐	☐
13.我有限度的信賴部屬，不清楚表露自己的最後底線	☐	☐	☐
14.公開或正式場合，我不會談論個人的內在情感	☐	☐	☐
15.我避免參加非親近幹部之私下聯誼活動	☐	☐	☐
16.我努力塑造組織中的表面和諧氣氛，避免衝突上檯面	☐	☐	☐
17.為了強化人際關係，我會進行私人接觸探訪	☐	☐	☐
18.在公開場合取得共識前，我會先進行私下的溝通協調	☐	☐	☐
19.必要時，我會允許章則中的例外以取得妥協	☐	☐	☐
20.事務處理，我會考慮並顧全彼此的尊嚴和面子	☐	☐	☐
21.我堅定相信自己對部屬的評價	☐	☐	☐
22.我無法容忍部屬公開挑戰我的領導權威	☐	☐	☐
23.我會制止其他部屬於會議場合挑釁幹部的決策	☐	☐	☐
24.為了貫徹理念，我會優先任用服從性高的部屬	☐	☐	☐
25.為了組織和諧，我會優先任用性格恭順之部屬	☐	☐	☐
26.我會晉用提拔與自己關係較親近之幹部	☐	☐	☐
27.獎勵時，我會想辦法不著痕跡的照顧親信幹部	☐	☐	☐
28.我很清楚親信幹部的不同需求，資源收放拿捏自如	☐	☐	☐
29.我常與親信幹部聯誼餐敘，以增進情感	☐	☐	☐
30.我與部屬宴客，會因親疏而略有差異	☐	☐	☐
31.我會動員親信幹部，有效運作支持力量	☐	☐	☐
32.我會私下運用策略，以化解反對力量	☐	☐	☐
33.我會透過私下管道，蒐集部屬對自己或他人的評價	☐	☐	☐
34.我維持與不同次團體之間和諧的人際關係	☐	☐	☐
35.組織中的利益分配，我會考慮周密才做決定	☐	☐	☐
36.我不能接受部屬公開挑戰我的領導權威	☐	☐	☐
37.我的行為舉止，皆強調高超的道德態度	☐	☐	☐
38.公開場合，我會表現謙遜、體恤、仁慈及禮節的行為	☐	☐	☐
39.組織中，我通常扮演調停者的角色	☐	☐	☐
40.不論公私事務，我盡可能避免為難自己與他人	☐	☐	☐

個案研討6

六星級調查問卷——A教授的研究計畫

2008年的春天，台灣許多企業公司都收到一份A教授的調查問卷。這份調查問卷稱得上是前無古人、後無來者，暫且命名為——六星級調查問卷。

六星級調查問卷除了卷頭語之外，設計有三大部分。三大部分之下合計有十多個二級層面，二級層面下又包含了二十多個三級向度，三級向度之下再下轄4～16道不等的問卷題目。

從問卷題目之設計內容看，每道題目皆是中英對照。如果以頁數計算，全份問卷共有15頁，如果以題目計算，則全本問卷共有題目183題，如果以字數計算，整份調查問卷共有10,684個字，光是卷頭語就有371個字。

六星級調查問卷的摘要版呈現如下：

敬啟者：

親愛的朋友，我們非常感謝您參與並支持我們的研究。

本研究之目的是要探討，公司在國際化的過程中，母公司對子公司進行知識移轉時，可能遭遇之問題及其影響因素，並進一步調查如何有效促進知識移轉。本研究希望能借重您的經驗，來回答本研究所要探討的議題。

感謝您能撥冗參與此次問卷調查，將您在業界的實務經驗及貴公司技術移轉之做法，提供給我們作為學術研究之依據，本次調查採不記名方式，您所回答之個別資料絕對不會對外公開，請安心作答。

你的意見對本研究成敗影響很大，懇請您撥空填答，完成本份問卷之後，請直接投遞寄回。如果您有興趣本研究之結論及摘要，請於兩個月之後透過email與我們聯繫。如果您有任何的問題，我們也歡迎您透過email與我們討論。佔用您寶貴時間，十分感謝！

敬祝

萬事如意

健康快樂

計畫主持人　國立大學CC學系 CCC 教授

研究助理　BBC、CBB 敬上

連絡方式：asakhdslkhflskhd

aksdhaskjhdaks@mail.nccc.edu.tw

請依照各題敘述，在右側數字圈選適當的答案	非常不同意	不同意	普通	同意	非常同意
1. We feel that headquarter discusses issues with us honestly 母公司會以坦誠的態度和我們討論經營上問題	1	2	3	4	5
2. We feel that parent company will keep its word 母公司會信守承諾，說到做到	1	2	3	4	5
3. We feel that headquarter does not mislead us 母公司並不會隱匿相關資訊或意圖	1	2	3	4	5
4. We feel that headquarter discusses joint expectations fairly 我們可以平等地與母公司討論對彼此之期望	1	2	3	4	5
5. We could share information openly with parent company because they do not take advantage of this by acting against our interests 我們可以放心地和母公司分享資訊，因為母公司不會做出有違我們利益的事	1	2	3	4	5
6. We transmit information or knowledge to our parent company frequently 我們公司經常傳送資訊或知識給母公司	1	2	3	4	5
7. We receive information or knowledge from our parent company frequently 我們公司經常收到母公司的資訊或知識	1	2	3	4	5
8. We contact our peer firms frequently 我們公司經常與其他子公司聯繫	1	2	3	4	5
9. We play as an active role in parent company's global network 我們公司在母公司的全球網路中很活躍	1	2	3	4	5
10. We have high influences on our peer firms 我們公司對於其他子公司具有高度影響力	1	2	3	4	5

（第11題至第183題略……）

問題討論 ....

1. 請您計算一下，A教授的六星級調查問卷共有15頁，10,684個字，依您正常閱讀速度，您大概要花多少時間才能閱讀完畢？

2. 如果您是接到調查問卷的研究對象，依您正常的速度和習慣，您大概要花多少時間可以完成問卷之填答？

3. 六星級調查問卷共有15頁，請問寄一份（含回郵信封）要花費多少經費，發放2,000份的成本是多少？請討論後說明。

4. A教授的六星級調查問卷將發放科技公司高階經理人，依您的了解和判斷，請您預估回收情形會如何？如果發放2,000份，您認為能夠回收多少份？理由何在？

5. 請問六星級的調查問卷有何優缺點？請討論後提出具體建議，提供A教授參考。

論文實例 6

資料來源	國立新竹教育大學／100／碩士
論文題目	科技公司員工變革意願及其相關因素之研究[10]
研究生	楊寓婷
研究背景	世界文明浪潮一日千里，組織無法避免衝擊，如何因應變革乃是高科技公司持續生存發展的最重要問題。組織變革的成敗，關鍵之一來自於員工的變革意願。探討高科技公司員工的變革意願現況，以及分析影響因素，研究結論對於理論的修正，以及實務策略之建言有無可取代的意義與價值。

▼解析：研究背景之描述下，推導主要的兩大研究目的，其一是現況，其二是影響因素。

研究目的	1.了解科技公司員工變革意願之現況。 2.探討組織變革意願之影響因素。

▼解析：根據兩大研究目的主軸，應用指標分析技巧發展三大項主要待答問題。

待答問題	1.1科技公司員工變革意願之現況為何？ 2.1個人背景變項是否影響變革意願？ 　　2.1.1經歷組織變革與否對變革意願之影響為何？ 　　2.1.2性別對變革意願之影響為何？ 　　2.1.3年齡對變革意願之影響為何？ 　　2.1.4婚姻對變革意願之影響為何？ 　　2.1.5教育程度對變革意願之影響為何？ 　　2.1.6目前公司工作年資對變革意願之影響為何？ 　　2.1.7職場總工作年資對變革意願之影響為何？ 　　2.1.8職級對變革意願之影響為何？ 2.2組織背景變項是否影響變革意願？ 　　2.2.1服務產業對變革意願之影響為何？ 　　2.2.2公司規模對變革意願之影響為何？ 2.3背景變項是否對組織變革意願具預測力？ 　　2.3.1個人背景變項是否對組織變革意願具預測力？ 　　2.3.2組織背景變項是否對組織變革意願具預測力？

▼解析：待答問題的明確度攸關研究設計的實施，也有助於後續研究結果及研究結論之鋪陳。

文獻架構	一、組織變革之概念與意涵 二、組織變革之理論基礎 三、組織變革意願之概念與意涵 四、組織變革意願之相關研究

▼解析：文獻架構包含了概念意涵、理論基礎及相關研究，可以周延的成為研究問卷設計之引導。	
研究問卷	1.本論文研究問卷的編製先依文獻探討所得逐步發展設計，初擬7個構面37道題目。 2.研究者為提升問卷之內容效度，商請五位學者及實務界專家提供諮詢，再進行問卷修訂，最後完成正式問卷7個構面36道題目。 3.因應高科技公司的特殊性質，本研究同時應用紙本及線上問卷之調查方式，最後回收有效問卷231份。 4.研究者從有效問卷資料中隨機選取119份問卷資料進行探索性因素分析，經過三次因素分析後，保留28題，分屬7個構面，累積解釋變異量為76.57%，符合一般水準以上。 5.研究問卷各構面經信度分析後，α值介於.848～.942之間，信度良好。
論文評析	1.企業場域中以科技公司的研究障礙最大。實務上看，高科技公司研究中的母群、抽樣以及方法等，實務和理論要求的落差很難避免，高科技公司最高機密的準則，不會同意讓外部研究者進行任何可能窺伺公司動態的研究，何況是組織變革的敏感議題。 2.本研究問卷編製過程嚴謹，信效度的分析皆稱完善，足以支持內容豐富的研究結論與建議。 3.本研究適度調整技巧，紙本問卷和線上問卷雙管齊下，雖然最終仍然只有回收231份，惟尚足以進行相關統計分析，並得到有意義之結果，堪稱差強人意。

第七章
信度

- 信度的意義
- 信度的類型
- 信度分析實務

不能夠因為仿冒皮包賣得非常好，所以就要我們修改真的皮包！
──陳師孟（台灣‧前民進黨秘書長）

　　任何聲稱是科學的研究，都會有三個連續性的操作[1]：「觀察與實驗、假設與推理、證明」。上述的操作說明了實徵研究的重要性，以及研究結論具有說服力之原因。

　　社會科學領域中的論文，因為研究標的與內涵的不同，無法如自然科學般的講究絕對客觀的實驗與證明。但是，嚴謹的社會科學研究，不管應用量化或質化的研究方法，多數也避免不了實徵的研究特徵。實徵研究的過程中，多數都需要仰賴「可靠」而且「有效」的研究工具，前者即是「信度」（reliability），而後者就是「效度」（validity）。

信度的意義

　　不論是問卷或測驗，首要考慮的重要前提是信度。信度稱得上是良好研究問卷或測驗的基本條件。因此，凡是應用研究問卷或測驗進行研究的學術論文，都必須要在研究工具章節中，具體、誠實而且周詳的交代信度的問題，如否，則不能稱之為是嚴謹的研究論文。

　　信度指的是研究問卷或測驗所得分數的穩定性（stability）。所謂穩定性，指的是應用研究問卷或測驗工具實施測量時，在不同情境及條件下，所得到的測量分數的一致性。如果在不同情境及條件下，多次測量的結果分數很接近，則表示受到誤差的影響小，測量分數的準確性較高，可以相信。反之，如果在不同情境及條件

7-1　最嚴苛信度的符碼──α係數

　　α係數可以說是論文寫作中最常被引為信度的依據。原因無他，因為α係數號稱是「最嚴苛信度」。最嚴苛信度的意義是，許多種估計信度的數值中，以α係數的分數最低。所以，論文寫作中，研究工具的α信度係數考驗如果符合理想，等於取得了研究的公信力，研究結果的宣示就會變得擲地鏗然有聲。

　　α係數是Cronbach所發表，因此也常被稱為Cronbach's α係數。α係數是從庫李20號公式發展而來，了解庫李公式的特徵，約略也可以了解α係數的特徵。唯一的不同是，Cronbach's α係數更適用於多點計分的態度量表，如五點量表或七點量表。因為如此，Cronbach's α係數成了多數調查問卷考驗信度的最愛。

　　庫李公式的計算很簡單，但這並不是本專欄要說明的重點，因為實務經驗顯示，研究者親自計算信度係數的機會等於0。

　　庫李信度是Kuder和Richardson發表的估計信度的方法。庫李信度只要施測一次即可，相當方便。庫李信度的原理是，依據受測者對所有題目的反應，分析題目間的一致性，以確定所有題目是否測量相同的特質。

　　庫李信度的基本假定有三：(1)題目是同質性，都是測量一個共同的因素；(2)題目不會受速度明顯的影響；(3)題目的記分屬於非對即錯，只有此點和α係數不同。

　　許多社會科學領域的調查研究，希望施測一次節省成本，應用的是多重記分（例如五點量表），因此最適合應用Cronbach's α係數。

下，多次測量的結果分數落差大，則表示受到誤差的影響大，測量
分數的準確性不高，相較而言無法讓人相信。前者稱之為信度高，
後者稱之為信度低。

　　通常，我們會從「測量結果的一致性」以及「測量誤差的程
度」兩個角度來分析或說明研究工具的信度。其中，前者指的是：
多次測驗結果的一致性，較為具體而容易理解；後者指的是：測量
的分數沒有誤差的程度，比較抽象而不易理解。因此，我們僅就前
者進一步舉例闡述說明。

　　所謂測量結果的一致性，指的是多次測驗結果的一致性。不
論兩次或多次，測量的分數相當一致，表示分數結果相當可靠，可
以相信。反之，如果信度不高，則我們無法知道此一分數是否真
實，無法相信或拿來加以應用。

　　信度值介於0和1之間。基本上，測驗的信度應該越高越好。
但是，社會科學領域的研究特徵，都是間接測量而得，因此信度沒
有全有或全無的問題，會因研究情境或條件的改變而變動。

信度的類型

　　估計信度的方法有很多種，社會科學領域研究中最常用的有
四種[2]：(1)重測法；(2)複本法；(3)內部一致性法；(4)評分者方法。
此四種信度之類型、定義、優缺點及適用時機分別表列如**表7-1**。

　　研究者只要研究目的明確，即可從**表7-1**信度類型中，輕易的
判斷出適合研究論文的信度估計方法。適合重測的研究情境可以選
擇重測信度；一般標準化測驗有複本的，可以選擇複本信度；如果
需要不同評分者的研究情境，則較適合選用評分者信度的方法；
如果是測量題目的內部一致性，則可因應研究之需要選擇折半信

表7-1　信度類型定義及優缺點比較表

類型		定義	優點	缺點	適用時機
重測法		採用同一測驗在不同時間，重複測量同一群受試者兩次，根據兩次分數求其相關。	1.可測量時間變異的影響。 2.可藉之預測受試者將來行為。	1.受兩次測量時間間隔長短之影響。 2.信度有高估傾向。	適用動作及人格等測驗。
複本法		兩個複本測驗分別實施於同一群受試者，根據測驗得分求其相關。	1.反映測驗內容及誤差。 2.反映受試者狀況之誤差。	1.易受練習影響。 2.編製不易。	適用標準化測驗或成就測驗。
內部一致法	折半信度	根據一次測驗結果，求兩半分數的相關。	一次測驗即可。	1.無法提供時間取樣之誤差。 2.信度高估。	適用成就測驗。
	庫李信度	分析受試者對所有題目反應的一致性。	一次測驗即可。	1.不適合速度測驗。 2.僅適用二分法測驗。	適合二點態度量表等。
	α信度	分析受試者對所有題目反應的一致性。	1.一次測驗即可。 2.最嚴苛信度。	不適合速度測驗。	適用多重記分態度量表。
評分者方法		從不同評分者間的評分差異求其相關。	適用於存在評分者主觀判斷誤差的測量。	成本過高。	創造力測驗、投射測驗等。

度、庫李信度或Cronbach's α信度。

　　社會科學領域的研究，應用相當普遍的是態度量表，如果是二點態度量表則適用庫李信度，如果是多點量表（四、五或更多）則應選擇Cronbach's α信度，因為Cronbach's α係數號稱是最嚴苛信度。

觀念擂台

正面論點：調查研究問卷的信度要在0.7以上

任何號稱符合科學特徵的學術研究論文，凡是應用到研究問卷或測驗，就一定要交代研究工具測量的信度問題。否則，口試或審查時，要通過審查委員的攔路索，恐怕不容易。

Cuieford主張，0.7是信度水準的一般要求，為社會科學研究領域的問卷或測驗的信度水準，立下了一個重要的里程碑，也訂下了一個研究秩序的標準。

信度因為不是全有或全無的問題，因此多數的問卷或測驗，其信度的分數多數會位在0.1～0.9之間，0.5則算是中等水平。因此，當我們宣示我們的研究發現可以相信的時候，問卷或測驗的信度係數總要在0.5以上，才符合民主社會的法則，能夠得到大家的認同。

但是，0.5只是中等水平，說服力仍然不足，而且與自然科學領域落差太大，恐怕有失社會科學研究者的自尊心。因此，0.7的係數要求算是相當理想的數字。

任何科學研究論文的信效度，一定要有標準，才能取得學術社群的共識，而且每一個人都應該奉為圭臬。

一個重要的事實是，0.7的信度標準幾乎已成了所有社會科學研究學者的共識，也是許多教科書一再強調的內容，更是許多論文審查委員的認知，這些現象在在體現了民主共識的氛圍，應為大家所認同及遵守。

從反面的角度看，如果0.7的信度係數標準不被接受或認同，會產生以下的負面效應：(1)天下大亂。學術論文失去了共識的信度檢核標準，會產生難以判斷良窳或論文審查的問題；(2)學者及研究生無所適從，研究工具章節的測量信度不知如何描述；(3)研究結果的推論會失去立論根據，導致心虛薄弱。

綜合以上，可以得到一個結論，調查研究問卷的信度應有規範，0.7以上則是相當理想的標準數字。

觀念擂台

反面論點：信度宜依研究類型不同而適度調整

　　社會科學的研究，要談信度或是測量的穩定性其實是相當困難的。

　　社會科學研究的對象是人及其行為之影響。可想而知，人如此複雜的動物，人格、能力或態度隨時可能因外在環境的不同而改變，測量分數怎可能有良好的穩定性呢？

　　自從Cuieford提出高信度水準是0.7以後，0.7就成了許多社會科學領域調查研究學者的神主牌了。如果我們深入追究，就可以發現0.7的數字並無充分的學理根據，學術研究工作者不應對這種說法深信不疑。

　　基本上，社會科學應用的問卷或測驗，信度都不如自然科學。原因很簡單，社會科學的特徵都是間接測量而來，而且心理特徵或態度，常會因氣候或時地的不同而產生變化。可見，鐵板一塊的0.7信度係數並不符合信度的基本特徵。

　　信度只是一種統計的概念，沒有全有或全無的問題。同樣的道理，信度的要求水準也應依研究問題類型的不同而適度調整[3]。

　　應用最廣的調查研究法亦然。如果屬於探索性的研究，我們就應將0.7的信度標準降低。原因是，探索性研究是探索知識的最前緣，研究工具初擬創發，必然有較大的不完善性，應該擁有較大的容忍閾，才有助推動知識創發向前邁進。反之，如果是成熟型的研究，研究工具經過無數次的改良修正，已經有很多研究成果的論文，相對信度的要求就要提高許多，0.7的信度值恐怕就太低了。

　　上述的標準很容易檢驗，只要在相同領域的論文資料庫中，輸入重要關鍵詞，高達上百篇以上論文，都應屬於成熟型的研究；反之，如果屈指可數，則應判定為探索性研究，0.6或0.5甚至於更低的標準亦無不可，口試或審查委員反而應更加鼓勵才是。

　　因此，理想的信度係數，應視使用目的或是研究主題類型的不同而適度調整。

信度分析實務

　　社會科學領域研究中調查問卷的應用相當廣泛，調查問卷測量最多的內容是受測者的態度。態度的內涵基本上包含了認知、情感及行動三部分[4]。因為對個體態度的觀察並不容易，因此應用最廣的測量態度方法是自陳量表法，自陳量表的意義是讓受測者依己見陳述其態度之意。

　　從研究實務看，自陳量表中，以李克特（Likert）總加量表的應用最為廣泛，也最受歡迎。以下擬以「國小附幼教師專業發展及家長滿意度調查問卷」[5]之信度分析為例，說明信度分析的實務過程，並針對相關問題進行討論。

　　「國小附幼教師專業發展與家長滿意度調查問卷」的信度分析，首先確認本問卷屬態度問卷，採用李克特（Likert）總加量表設計，反應題項為四點量表，分別計1～4分（**表7-2**）。研究者接著確認本問卷各構面都是測量相同的特質，因此選擇測量題目的「內部一致性」，Cronbach's α 信度係數乃雀屏中選。

　　問卷完整的信度分析過程主要有三個步驟：一是問卷初擬時即請專家提供專業意見，並進行題目修訂；二是應用統計軟體進行

表7-2　國小附幼教師專業發展與家長滿意度問卷題目摘要[6]

題目	極為符合	大致符合	不大符合	極不符合
1.我能掌握課程的教學目標。	□	□	□	□
2.我能設計良好的教學活動計畫。	□	□	□	□
（4個層面，每個層面6題，以下略……）	□	□	□	□

描述分析，以了解受測者塡答得分情形，並淘汰同一構面沒有一致傾向之資料；三是進行項目分析，應用SPSS統計套裝軟體，先創造分量表及總量表變項，再應用reliability程式，針對分量表及總量表進行分析，以得到Cronbach's α係數。

　　表7-3爲總量表與各向度分量表之Cronbach's α係數分析結果。從表中可以發現，調查問卷各層面之Cronbach's α係數多數在0.8以上，顯見本研究所測得之分數有相當高之穩定度。

表7-3　國小附幼教師專業發展與家長滿意度量表 α 係數分析表[7]　　N=128

量表	層面	各層面之 Cronbach's α 係數	量表整體 Cronbach's α 係數
教師專業發展	專業知能	.7976	.9136
	專業態度	.8096	
	進修發展	.8284	
	幼生輔導	.9001	
家長滿意度	可靠層面	.8838	.9666
	回應層面	.8606	
	有效層面	.9457	
	關懷層面	.9342	

　　從上述案例的分析，提出數項實務信度分析之心得如下：

1.問卷各構面都是測量相同的特質，因此信度分析是測量題目的「內部一致性」，選擇進行Cronbach's α信度分析頗爲適當。反之，如果使用成就測驗適用的難度分析就不恰當。

2.研究問卷的信度（α值）要達到要求水準並不困難。原則上，α值高低的關鍵在於同一層面題目數的多寡，如果同一層面的題目數在5題以上，α值係數一般都會符合要求水準。

3.樣本數太少（少於100），會降低α值，但超過200以上，樣本數對α值就不會有影響。本案例進行分析之樣本數爲

128，原則上不會有降低 α 值的風險。

4.研究者如果增加題目與總分量表的積差相關分析，仍可作為內部一致性的證據，嚴格來說仍屬信度分析，並不宜當作效度考驗的證據。

5.本案例信度的檢測採用的是內部一致性方法，最具代表性而且有公信力的方法是 α 係數。基本上，較為嚴謹的研究生論文最少應有Cronbach's α 係數作為信度係數之依據。

MSS專欄

7-2 提升調查問卷信度的技巧

調查問卷是調查研究法應用最為普及的研究工具。實務研究經驗顯示，就態度量表而言，提升調查問卷信度有以下技巧：

一、適度增加題目數量

調查問卷初稿編擬時，一個構面的題目數以5～7題為適當，可維持Cronbach's α 係數值，並保留2～4題的刪題空間；一個構面之題目數如果超過7題，會增加填答誤差及回收困難的風險。

二、檢核構面題目的關鍵詞

Cronbach's α 係數代表的是題目的一致性。態度量表構面中的題目，理論上均是測量相同的特質或態度。檢核同一構面題目中的關鍵詞，如果詞彙、特徵或內涵一致，代表可以測量相同的特質或態度。反之，則應修正題目的關鍵詞。

三、模擬預試檢測

　　理論上，態度量表同一構面中的題目，均是測量相同的特質或態度。因此，填答者在同一構面中的回答應有一致性的傾向。先商請同儕友朋二、三位進行模擬預試，如果同一構面沒有一致的傾向，表示題目編擬不佳，應即修正改進。

四、淘汰不良問卷資料

　　調查問卷回收後，逐一檢核問卷資料。同一構面數題填答結果未有偏正、偏左或偏中的一致傾向，應予淘汰。以本章「個案研討7」，K教授編擬的五點量表「人際關係和諧」構面為例，同一樣本同一構面的5題填答結果，如果得分是1、1、2、4、5，分處五點量表的兩個極端，可能性有二：研究者題目設計不良，或是填答者精神錯亂。

【自我測驗7】信度基本測驗

1.對的打（○），錯的打（×）。
2.每道題目配分4分，滿分100分。總分80以上為優，70～79分為可，低於70分以下則需要檢討改善。

題　目
（　）1.信度是指多次測量所得分數的穩定性。
（　）2.從測量誤差看，信度越高指的是測量誤差越小。
（　）3.心理與教育測驗的信度比自然科學為低。
（　）4.自然科學所測量的特徵比社會科學的特徵穩定。
（　）5.信度並不是一種普遍的特質，不可能在任何情境下都會一致。
（　）6.信度是一種統計的概念，邏輯分析無法提供信度有效的證據。
（　）7.所謂誤差分數，指的是個人實得分數與真實分數的差。
（　）8.測量誤差分為非系統誤差和系統誤差兩類。
（　）9.非系統誤差指的是受測者身心狀況、測驗情境及測驗試題。
（　）10.非系統誤差是隨機、不規則、無法預測也無法掌控的。
（　）11.系統誤差是一種固定的、一致性的影響因素。
（　）12.學習、訓練、遺忘與生長等因素，屬於系統誤差。
（　）13.系統誤差和非系統誤差並非絕對互斥，兩者偶爾交集存在。
（　）14.「重測信度」的特徵是工具相同而時間不同，又稱「再測信度」。
（　）15.「重測信度」一般所得信度會比「複本信度」高。
（　）16.「重測信度」的高低與施測時間的間隔成反比。
（　）17.採用複本方法所估計的信度，稱為「複本信度」。
（　）18.複本測驗的編製不易，費時而且成本高。
（　）19.Cronbach's α 係數測量的是「內部一致性」。
（　）20.施測一次，各半分別計分再計算兩半間的相關，此是折半信度。
（　）21.「內部一致性」指的是，所有的題目都是測量相同的特質。
（　）22.根據一次測量結果就估計信度的方法，屬於「內部一致性方法」。
（　）23.態度五點量表屬於多重記分方式，適用Cronbach's α 係數。
（　）24.Cronbach's α 係數號稱為最嚴苛信度係數。
（　）25.理想的信度係數標準，應視研究問卷的類型而定。

答案：請見參考文獻中測驗與統計書籍

個案研討7

K教授的研究計畫——問卷信度分析

H大學有一位資質平庸的K教授，勤能補拙是他的座右銘。2003年，K教授獲得國家科學委員會之研究計畫獎勵，計畫主題是：「家長式領導風格內涵解析與情境因應模型之建立（Ｉ）[8]」，研究目的之一，是要發展並檢證家長式領導行為問卷，以作為後續量化研究之基礎。

K教授的研究工具是自行編擬之「家長式領導行為調查問卷」，調查問卷初擬9個向度，48道題目，並於2004年12月以國民小學校長為對象進行調查施測，經過剔除廢卷後，得到可用問卷270份。隨後，K教授應用SPSS統計套裝軟體進行分析，首先以factor程式進行探索性因素分析，最後保留32道題目，解釋變異量為66.9，再應用reliability程式進行項目分析，得到**表7-4**的研究結果：

表7-4　「家長式領導行為調查問卷」項目分析摘要表　　　　N＝270

層面向度	貫徹中心領導	個人意圖隱藏	個人互動距離	人際關係和諧	維護領導權威	獎賞親信幹部	政治運作積極	塑造個人聲望	總量表
題目數	2	4	5	5	3	5	3	5	32
Cronbach's α係數	.7157	.7160	.7445	.7449	.7751	.7688	.8349	.8733	.9158

問題討論

1. K教授編擬的「家長式領導行為調查問卷」，經過reliability
程式分析後，各層面向度的Cronbach's α係數分別介於
0.7157～0.9158之間。請問，這樣的信度水準是否可以被接
受？如果答案如是肯定的，請幫資質平庸的K教授擬出數點
具體的支持理由。

2. 承上題，如果答案是否定的，信度水準難以被同行接受。請
問，K教授要如何解決這個問題，有何其他解決此一問題的
方法或技巧？

3. 從表7-4中發現，經過因素分析之後，「貫徹中心領導」層面
只剩下2道題目，Cronbach's α係數為0.7157。依照心理測
驗學者的看法，態度問卷單一層面（向度）的題目數，最好
能夠在3題以上，以求態度之穩定性[9]。據此，「貫徹中心領
導」層面是否應該保留？理由是什麼？

4. K教授的研究計畫完成後，完成了期刊論文一篇，並投稿S
大的「教育○○集刊」。可惜的是，三天內就被編輯退稿
了，連進入外部審查的機會都沒有。編輯退稿的理由是：
「研究主題沒有價值！」請問，這樣的理由可以相信嗎？請
進行交叉辯證後，提出正反面五點理由說明。

5. 勤能補拙是K教授的座右銘，他一點都不會感到氣餒，再接
再厲投稿至國外的*Asian Social Science*期刊，經過三審定讞
後獲得刊登[10]。請問，相同的一份研究論文，為什麼兩者的
評價與結局大不相同？請討論背後可能的原因？研究者未來
應該如何因應這些干擾因素？

論文實例 7

資料來源	國立新竹教育大學 / 97 / 碩士
論文題目	國民小學教師角色職能與顧客滿意度認知之研究[11]
研究生	許育禎
研究背景	工作者角色職能的分析，攸關組織整體之健全發展，一直是企業組織及人力資源發展學門重要的議題；顧客滿意度則一向都是企業組織經營者關切的主要焦點。回到教育場域，教師角色職能與顧客（家長）滿意度二者密切相關，但是相關研究卻十分單薄，凸顯了本研究主題的重要性。

▼解析：從研究背景出發，探求研究主題兩個關鍵變項之內涵及現況，進而探求背景變項對關鍵變項之影響。

研究目的	1.探討教師角色職能與顧客滿意度之內涵。 2.了解教師角色職能與顧客滿意度之現況。 3.分析教師背景變項對角色職能與顧客滿意度之影響。

▼解析：應用指標體系建構之技巧，將研究目的對應分解成為具體而明確的待答問題，以利於研究設計的實施及研究結論的歸納。

待答問題	1.1教師角色職能與顧客滿意度之內涵為何？ 2.1教師角色職能與顧客滿意度之現況為何？ 3.1背景變項對教師角色職能之影響為何？ 　　3.1.1性別對教師角色職能之影響為何？ 　　3.1.2年齡對教師角色職能之影響為何？ 　　3.1.3年資對教師角色職能之影響為何？ 　　3.1.4任教年級對教師角色職能之影響為何？ 　　3.1.5學歷對教師角色職能之影響為何？ 　　3.1.6學校規模對教師角色職能之影響為何？ 　　3.1.7學校縣市別對教師角色職能之影響為何？ 3.2背景變項對教師認知顧客滿意度影響為何？ 　　3.2.1性別對教師認知顧客滿意度之影響為何？ 　　3.2.2年齡對教師認知顧客滿意度之影響為何？ 　　3.2.3年資對教師認知顧客滿意度之影響為何？ 　　3.2.4任教年級對教師認知顧客滿意度之影響為何？ 　　3.2.5學歷對教師認知顧客滿意度之影響為何？ 　　3.2.6學校規模對教師認知顧客滿意度之影響為何？ 　　3.2.7學校縣市別對教師認知顧客滿意度之影響為何？

▼解析：教師角色職能與顧客滿意度在教育學門中的論述及相關研究較為單薄，研究者僅能分就關鍵變項單獨進行探討，並以兩者之相關研究作為總結，總計羅列了以下五個節次。

文獻架構	一、職能之意義與內涵 二、顧客滿意度之意義與內涵 三、職能相關理論 四、顧客滿意度相關理論 五、角色職能及顧客滿意度之相關研究
▼解析：就教育領域而言，職能與顧客滿意度的理論及相關研究皆顯薄弱，本研究踏出探索的一步，意義重大。其中研究工具的發展乃從理論而來，故適用構念效度。	
研究工具	1.本研究之目的在探討國小教師角色職能與顧客滿意度之認知情形。研究工具之來源乃以文獻分析之理論為基礎，自行編製而成。 2.問卷初稿將角色職能分成四個層面，每個層面先預編6～8道題目，共計27題；至於顧客滿意度則分成五個層面，每個層面先預編6～10道題目，共計40題。 3.問卷初稿先經七位學者專家審查，修正後進行「一次性施測」，發出715份問卷，回收有效問卷為462份。 4.研究者從462份問卷資料中抽取35%，計160筆資料進行探索性因素分析。角色職能部分最後保留21道題目，累積解釋變異量為72.38%，顧客滿意部分最後保留37道題目，累積解釋變異量為78.56%。另外，各因素保留題目與初始設計指標架構一致，構念效度良好。至於信度考驗，則全部層面之 α 值皆達0.9以上。
論文評析	1.本論文整體章節架構完整，研究過程及分析敘寫詳實。 2.本論文雖屬教育領域之探索性研究，直接相關之主題研究不多，但研究者在文獻探討篇章之呈現多達70頁之多，顯見投注心力及用心之勤。 3.研究工具的設計，從理論與指標體系的建構開始，發展完整的問卷題目，歷程完整嚴密，幾可確保信效度考驗之可觀成果。角色職能累積解釋變異量72.38%，顧客滿意累積解釋變異量78.56%。所有信度考驗之 α 值皆達0.9以上，皆屬難得。 4.探討背景變項對依變項之影響時，皆能將背景變項轉換為虛擬變項，方法應用適當，符合統計理論假設之要求。

第八章
效度

✎ 效度的意義

✎ 效度的特徵

✎ 效度的種類及內涵

✎ 效度分析實務

所有的科學都只是「近似」而已！

——理查‧費曼（1965年諾貝爾物理學獎得主）

　　任何一篇實徵性研究論文，如果沒有對效度進行適當交代，會得到一個問號；任何一位學術社群成員，如果對效度沒有充分的認識和了解，會成為學術生涯的障礙。效度無可避免的成為學術研究社群最重要也最需要審慎面對的問題。

效度的意義

　　效度（validity）一般指的是事物的有效程度[1]。社會科學研究上的效度，指的則是研究的有效性。更具體一點的講，效度指的是研究應用的工具（問卷、測驗或其他）能夠測量到所要測量的概念或特質的程度。一份領導行為能力問卷，它要測量的是領導者的專業知能。如果測量的結果顯示，不同專業知能的領導者，其在領導行為能力問卷上的得分有顯著不同。專業知能愈高的領導者得分愈高，而專業知能愈低的領導者得分也愈低，這個結果表示此一問卷具有效度。

　　通常，一個研究最受關心的其實是研究結果是否可以相信，而不是研究工具。但是，判斷研究的有效性並不容易，較具體的判斷來自於研究工具。這個道理很簡單，如果我們拿標準尺測量長度，測量的結果會正確；反之，如果我們拿不標準的尺測量長度，測量結果就會不正確。因此，研究實務上，研究者通常以檢驗研究工具作為研究效度的證明。以實徵研究最常應用的研究問卷或測驗來說，如果能夠證明問卷或測驗有效，間接可以推理研究結果有

效，具有說服力。反之，如果研究工具效度不佳，研究結果的有效性就會充滿可疑，建立在可疑的研究發現上，導出的結論與建議就會失去意義。

效度的特徵

效度是編製測驗或問卷量表成敗的重要關鍵，有以下數項特徵[2]：

效度屬間接論證

當我們宣稱具有滿意的研究效度時，實際上都是間接的分析或論證。因為效度本身無法直接測量，都是應用間接的方法加以測量再進行推論。至於證據的判斷雖有原則，但最後皆需迴歸研究者的專業判斷。

效度具彈性特徵

效度的數字呈現從0至1，但不會有0或1的效度。因為效度僅是程度高低，不是全有或全無的問題。效度係數也會因研究情境或對象等因素不同而改變，具有彈性變動之特徵。因此，研究者未經檢證，即宣稱研究工具以前之效度係數如何理想等等並不適宜。

效度是推估結果

效度真實的意涵是研究結果的有效性，雖然分析效度時通常

鎖定以研究工具為標的，但實際上效度最終指涉的焦點是對研究結果的推估，而不是研究問卷或測驗本身。因此，研究論文敘寫效度的方式以「研究結果推估為有效」較為適宜。

效度具特殊性質

效度的特殊性顯現在對不同研究目的之應用上。同一份研究問卷或測驗，對不同研究目的之應用而言，效度是不同的。所以，效度無法宣稱對任一目的情境皆為有效，因為效度本身具有的是特殊性，而不是普遍性。

效度的種類及內涵

效度的基本類型有三種：內容效度（content validity）、效標關聯效度（criterion-related validity）以及構念效度（construct validity）。三種類型的效度之下又有不同的性質區分，但仍然都可歸納為三種基本類型的詮釋。

內容效度

內容效度或稱內在效度。內容效度指的是，問卷或測驗題目內容的代表性或題目內容取樣的適當性。以「組織氣氛描述問卷」（Organizational Climate Description Questionnaire, OCDQ）的研究為例，研究者發展了層面之後，歸納了「冷漠疏離、障礙衝突、團隊合作、親和友善」四類型的組織氣氛，再根據不同類型編製題目。如果氣氛類型下的題目，經判斷符合並足以描述該氣氛類型，

而全部之氣氛類型及題目，經判斷符合並足以描述組織氣氛。至此，我們就可以宣稱，問卷題目內容的代表性，以及題目內容的取樣性都是適當的，本問卷具有內容效度。

　　從理論上看，判斷內容效度的適合方法之一是建立雙向細目分析表[3]。當我們邀請專家學者針對研究問卷或測驗提供諮詢意見，或協助進行題目良窳判斷時，希望建立的就是內容效度。

　　實務研究為了可行性原因，多數研究者並不應用雙向細目分析表，而是編製簡單的專家諮詢問卷請專家協助判斷，專家判斷的方法不易獲得效度證據，較適用於特別設計的研究情境。

效標關聯效度

　　效標關聯效度指的是，問卷或測驗所得分數與外在效標（external criteria）的關聯程度。外在效標的意涵是指，問卷或測驗所要預測的行為或量數。再以「組織氣氛描述問卷」為例，如果將「人際關係」分數作為效標，如果組織氣氛的分數和人際關係的分數相關愈高，則表示效標效度愈高，反之，則不然。

　　從研究實務看，效標關聯效度應用較廣的是性向測驗、成就測驗等。至於社會科學研究中的多數態度問卷或量表，不容易找到適合的外在效標，應用效標關聯效度進行研究詮釋之障礙較高。

構念效度

　　構念效度或稱建構效度，也稱邏輯效度（logical validity）。構念效度指的是，問卷或測驗能夠測量到理論上的構念或特質的程度。構念其意是指學理上的構想或特質，這些構想或特質，理論上假設存在，以便能解釋個體及其行為。根據以上，構念效度在研究

上的意義指的是，問卷或測驗能夠依據某種理論構念加以解釋的程度。再更具體的講，構念效度指的是，問卷或測驗題目的編製來自於理論上的構想，具有學理的根據[4]。

就社會科學領域的研究而言，取得構念效度證據較普遍的方法有：團體差異分析、內部一致性分析，以及因素分析（factor analysis）。

團體差異分析的方法在實務上有相當程度的難度，使用者不多；內部一致性分析可以分析單一題目和總分的相關，或是計算分量表與總量表的相關，但是內部一致性分析所取得的效度貢獻仍然有限；實務應用上較有說服力的方法應屬因素分析，但因素分析的難度較高。

效度分析實務

如前章所述，社會科學領域研究中應用較廣泛的是調查問卷，應用最廣的測量態度方法則是自陳量表法。其中，並以李克特總加量表的應用最常見。以下，再以「國小附幼教師專業發展及家長滿意度調查問卷」[5]之效度分析為例，說明效度分析的實務過程，並針對相關問題進行討論。

「國小附幼教師專業發展與家長滿意度調查問卷」的效度分析，首先確認研究問卷因係從理論推衍編製而來，因此是採用構念效度之概念。第一步先請專家學者提供專業意見，協助檢證題目設計之構念是否符合理論內涵；第二步則是以預試資料進行探索性之因素分析，並進一步作為選題及向度定位的依據。因素分析的程序如下：先檢驗每一道題目之共同性（communalities），共同性分數低的題目表示不適合，先加以淘汰，隨後再進行因素分析，直到因

8-1　專家效度存在嗎？

　　許多社會科學領域的研究論文，在問卷或測驗的編製過程中，常會邀請領域內的學者或專家提供諮詢意見，或是協助進行題目良窳的判斷與修正。此一過程完成後，即以「專家效度」名之。弔詭的是，學術上並無專家效度一詞。

　　基本上，問卷或測驗的編製程序是，研究者發展理論層面之後，再根據理論層面編製題目。理論層面和題目設計良窳與否需先經過分析判斷，方才足以確認此一問卷或測驗是否理想。為了客觀起見，通常會邀請領域內的專家學者協助。專家判斷的主要立論基礎有二：其一，題目內容是否具有代表性，能否充分彰顯問卷或測驗之意旨；其二，題目取樣是否適當，能否周延的描述問卷或測驗之內容。

　　從上述的論證可以發現，當我們邀請領域學者專家提供諮詢意見，或是協助進行題目修正時，我們其實進行的是邏輯的分析，以及合理與否的判斷。這個判斷方法要確定的是內容效度。

　　心理學辭典稱得上是社會科學研究者的必備工具書，翻閱內容，遍尋不著所謂的「專家效度」，但卻可以從中找到內容效度、效標關聯效度，或者是構念效度。學術應有共同的知識交流語言當前提，事實已經清楚，不論是誤導、誤會或誤用，皆有澄清與修正之必要，建議正名為「內容效度」。

素分析結果符合預擬理論構念，並具有最大之解釋變異量為止。

　　本研究首先從回收445份有效問卷中，隨機抽取25%之128份樣本。並分別針對教師專業發展及家長滿意度之題目進行因素分析，因素分析時採用主成分分析法（principal component analysis），再以最大變異法（varimax）進行直交轉軸。兩個分量表之因素分析結果摘要如**表8-1**及**表8-2**。

　　檢視因素分析結果發現，教師專業發展問卷分析得到四個因素，與研究初始設計之指標架構一致，累積解釋變異量達69.23%；家長滿意度問卷分析得到四個因素，亦與研究初始設計之指標架構一致，累積解釋變異量達77.94%，顯見初始建構之層面向度得到支持。

表8-1 「教師專業發展問卷」因素分析結果摘要表

項目	KMO值	保留題數	主成分	解釋變異量	刪題標準	刪除題目	刪除題數
內容	.882	17	4個	69.23%	共同性<0.5	A4、A5 B11、B12 C13、C16、C18	7題
層面及保留題號	專業知能：A1、A2、A3、A6 專業態度：B7、B8、B9、B10 進修發展：C14、C15、C17 幼生輔導：D19、D20、D21、D22、D23、D24						

表8-2 「家長滿意度問卷」因素分析結果摘要表

項目	KMO值	保留題數	主成分	解釋變異量	刪題標準	刪除題目	刪除題數
內容	.945	19	4個	77.94%	共同性<0.5	E1、E2 F7、F9 G18	5題
層面及保留題號	可靠層面：E3、E4、E5、E6 回應層面：F8、F10、F11、F12 有效層面：G13、G14、G15、G16、G17 關懷層面：H19、H20、H21、H22、H23、H24						

從上述案例的分析，提出數項實務效度分析之原則如下：

1. 應用因素分析方法以取得構念效度的假設是：經由因素分析的過程，發現共同因素，藉以確認原先理論層面的設計結構。

2. 因素分析實務應用上有條件上的限制。如果理論設計之層面向度超過四個，則因素分析結果符合原先理論分析架構的難度就會升高，因為因素分析的結果多半會集中在前面幾個因素，造成各層面向度題目數不平均。

3. 如果問卷或測驗中各層面向度的特質差異性較大，例如：「工作滿意量表」包括薪資、福利、環境、福利等等，則因素分析結果較易符合預擬之理論架構。反之，如果各層面向度的特質差異性較小，例如：「家長式領導」各層面向度之特徵都屬領導行為，則因素分析結果符合預擬之理論架構之難度會升高。

4. 因素分析的後設理論在於化繁為簡，焦點聚斂。因此，應用因素分析檢驗構念效度時，在維持解釋總變異量（total variation）的前提下，可適時的將多餘的層面向度或不適當的題目加以刪除。此舉等於是修正預擬之理論架構，並非是推翻建構理論，加上淘汰不適用之題目，就整體研究而言皆有積極作用，更進一步，更可讓理論推衍之層面向度與實務調查數據相呼應。

5. 實務進行因素分析時，較有效的技巧是先以共同性為依據刪題，將共同性較低的題目加以淘汰，再逐次循環進行因素分析，以獲致較佳的分析結果。

觀念擂台

正面論點：因素分析是檢驗構念效度的適當方法

構念效度是指問卷或測驗能夠測量到理論上的構念或特質的程度。社會科學所建構的構念或特質，都僅是一種假設，以便於詮釋個體及其行為之影響。但也因為只是假設，要獲得構念效度的證據相當困難。

心理與教育測驗的學者告訴我們，獲得構念效度證據的方法有六種[6]：相關研究、團體差異分析、實驗研究、內部一致性分析、因素分析、多項特質—多項方法分析。

其中，相關研究受研究者個人認知差異之影響，擇定相關問卷或測驗的變數影響大，支持論證的客觀性不足；至於團體差異分析，需建立在理論的預測上，並有可以適當的團體研究對象，但是許多社會科學的態度問卷，難以建立如此的研究條件；實驗研究獲得構念效度證據的方法，是比較實驗處理前後的分數差異，可惜的是，社會科學領域研究，即使進行準實驗研究都有相當困難，何況是真正的實驗研究；內部一致性分析方法之技巧有兩種：高低分組的對照、題目及量表的相關分析。不過，內部一致性僅表示同質性的特徵，論證測驗效度相當有限；多項特質—多項方法分析的前提，需要找兩種以上適當問卷或測驗，難度也高，應用性不高。

上述獲得構念效度證據的方法皆有困境，最後僅剩量化數據為基礎的因素分析方法。

因素分析分為試探性因素分析（Exploratory Factor Analysis, EFA）及驗證性因素分析（Confirmatory Factor Analysis, CFA）[7]，兩種的適用情境稍有差異。前者重在探索，後者重在驗證。

實務研究經驗顯示，針對研究問卷或測驗的建構效度分析而言，兩者的適用性及說服力並不相等；後者CFA固然可產出統計分析結果，但是要滿足預設理論中高達二十多項的模式評鑑指標，事實上相當困難，研究者能夠取據論證的可能性低。

反之，前者EFA因為「探索」的基本假設，不論是共同因素的選取、因素個數的決定，或者是因素的命名，都擁有較佳的彈性及取捨空間，也因此而擁有較佳的說服力。實際研究案例顯示[8]，如果理論建構及指標體系的推衍嚴謹，題目設計過程周詳，則層面向度皆可呼應預擬理論架構，至於淘汰題目的需要性則降低許多，並且能得到頗佳的解釋變異量。

因素分析擁有量化數據的論證優勢，在其他方法缺點難以克服的前提下，因素分析稱得上是檢驗構念效度的最佳方法。

觀念擂台

反面論點：專家諮詢是建立構念效度的另一選擇

　　自從調查研究「濫用」文化成形之後，數據就已難擁有說服力了。可以想像的是，問卷滿天飛，人人避之惟恐不及，學者或研究生都應該很清楚，能夠讓人相信的數字相當有限。

　　從分析構念效度證據的六種方法看，多數都是從統計數據中去尋找效度有無的證據。然而，問卷回收不易，數字錯誤百出以及數據公信力弱的情況下，根據數據解釋力而來的構念證據顯然並非是良好的選擇。

　　許多人或許升起一個疑問，那麼，研究者要如何解決構念效度證據的問題呢？我們的答案是：萬物之靈。

　　哲學家說的好：「人是萬物的尺度。」舉凡宇宙萬物，知識、價值、善惡、美醜等等，標準或判斷都是人們所訂定，人說了才算真理。

　　因此，構念效度證據的充分與否，問卷或測驗能夠依據某種理論構念加以解釋的程度，當然也需經人的判斷才有公信力，專家學者諮詢的程序於是成了獲取構念效度證據的良好選擇。

　　至於如何選擇專家學者的問題，實務研究經驗顯示，除了少數特殊具備高度熱誠者外，宜選擇研究表現良好，學界地位中上、學術領域輩分適中、知名度中等之學者為諮詢專家。

8-2 AMOS之應用

為了驗證性因素分析的需要，SPSS公司發展了AMOS軟體。驗證性因素分析主要用在模式的驗證。其適用情境是，如果研究者的研究問卷或測驗編製，已有明確的理論依據，或是已確立研究立場，則可應用AMOS針對蒐集之資料進行分析，以驗證與預擬理論模式之契合度。

驗證性因素分析的應用步驟，簡介如下[9]：

1. 發展理論模式：依據研究問卷或測驗編製時，建構之理論指標體系，繪出理論模式。
2. 評估模式之辨認：應用不同方法辨認參數是否有唯一解，通常皆直接以軟體處理。
3. 進行參數估計：如果資料符合各項假設，則使用最大概述法較為適宜。
4. 評鑑模式之適配度：根據各項指標，評鑑模式之適配度。
5. 進行模式修正：如果模式不符預期，則進行模式修正。

AMOS的應用及操作方便，但因屬於驗證性分析，一翻兩瞪眼，風險不小。換句話說，研究者必須先確立理論模式，指標體系之構面向度及題目歸屬明確，形成如第六章圖6-1層級指標體系之架構。AMOS分析時，乃是驗證研究者建構之層級指標體系模式，與實際量化蒐集資料之符合程度。

然而，理論模式的驗證要符合評鑑指標之難度不小。參數估計後，模式評鑑指標有三：基本適配指標、模式內在品質、模式外在品質，三者之評鑑指標合計高達二十多項[10]。實務研究經驗顯示，量化資料能夠通過全部指標檢核標準之可能性不高，研究者如何適當詮釋指標檢驗結果，具備有公信力的價值判斷，以符合科學研究的要求，無疑是應用AMOS進行驗證性因素分析的最大障礙。

【自我測驗8】效度基本測驗

1.對的打（○），錯的打（×）。
2.每道題目配分4分，滿分100分。總分80以上為優；70～79分為可；低於70分
　以下，需要面見指導教授增列讀書輔導計畫。

題　目
（　）1.研究問卷或測驗，如果缺乏效度，就沒有應用的價值。
（　）2.效度是指測量分數的正確性，亦即正確測量所要測量特質的程度。
（　）3.效度越高，表示測量所得分數越正確。
（　）4.效度無法直接測量，但可從其他資料推論。
（　）5.效度是屬於測驗的結果，而不是測驗工具本身。
（　）6.效度僅是程度上的差別，並非是全有或全無的問題。
（　）7.效度並非是普遍性的特質，會因測驗目的之不同而改變。
（　）8.美國心理學會將效度分成三種：內容效度、效標關聯效度、構念效度。
（　）9.內容效度是指問卷或測驗內容的代表性或取樣的適切性。
（　）10.判斷問卷或測驗的內容效度，可應用雙向細目分析表。
（　）11.內容效度最適合應用在「成就測驗」的效度考驗。
（　）12.內容效度不適合應用在「性向測驗」與「人格測驗」。
（　）13.內容效度與「表面效度」並不相同，後者缺乏系統性的邏輯分析。
（　）14.效標關聯效度最適合應用在「性向測驗」與「人格測驗」。
（　）15.效標關聯效度又稱為「經驗效度」或「統計效度」。
（　）16.效標關聯效度旨在預測或估計某些行為表現。
（　）17.構念（construct）意指心理學上的一種理論構想或特質。
（　）18.智力、性向、動機、批判思考、社會性等，均屬心理學上的理論構念。
（　）19.構念效度指問卷或測驗能夠測量到理論上的構念或特質的程度。
（　）20.有關內容效度的資料，亦可用來作為分析構念效度的證據。
（　）21.內部一致性分析亦可用來檢驗構念效度的高低。
（　）22.因素分析是研究構念效度的適當方法之一。
（　）23.團體樣本異質性越大時，效度係數會越高，反之則越低。
（　）24.信度是效度的必要條件而非充分條件。
（　）25.其他條件相等情況下，信度係數總是大於或等於效度係數。

答案：請見參考文獻中測驗與統計書籍

個案研討8

課程領導調查問卷之效度分析

小慈校長是T縣國民小學校長，領導學校卓然有成，績效廣為家長稱頌。小慈校長從事學校行政多年，深感領導者專業素養的重要性，於是到H大進修碩士學位之研究所。

小慈校長的研究從問題的分析開始，經過搜尋，發現了學校課程領導的問題。小慈校長因為職場工作多年，對課程領導有較深入的了解，有把握克服研究過程中可能的障礙；另一方面，預期研究論文最後的討論、結論與建議，也會較為深入具體，整篇研究論文之價值容易突顯。經過分析之後，小慈校長確認，此一研究可以通過可行性、經濟性、價值性以及發展性的指標評估。

研究初始，小慈校長發現，課程領導研究仍在起步階段，國內研究皆屬嘗試錯誤的探索階段，即使國外之研究文獻也十分有限。小慈校長經過文獻探析之後，發展了課程領導的指標架構，分別包括了7個層面，56道題目。經過預試施測之後，總計回收了155份有效問卷資料，進入了研究工具信效度的分析問題……。

問題討論

1. 您認為小慈校長的課程領導調查研究，應屬探索性研究或驗證性研究？為什麼？請討論後說明。

2. 小慈校長編製的課程領導調查問卷，應以何種類型之效度加以詮釋較為適合？為什麼？請說明具體理由。

3. 請您幫小慈校長擇定適用的效度類型，請問有多少效度分析的方法可以應用，以便獲取效度證據呢？請比較分析後，提出優劣點之討論。

4. 如果您是小慈校長，您會選擇相同的主題進行學位論文研究嗎？為什麼？

5. 您認為小慈校長最後能夠解決分析效度證據的問題嗎？可能遇到什麼困難？那些困難能夠有效解決嗎？

論文實例 8

資料來源	國立新竹教育大學 / 95 / 碩士
論文題目	國民小學智慧資本衡量指標之研究[11]
研究生	方佳梅
研究背景	十八世紀工業革命以來，世界變化之快目不暇給，至今尤甚。知識經濟時代的來臨，一反以往有形資產的價值思維，知識價值至上的觀點成為各行各業成長的動力來源。此一思潮實際上呼應了培育人才的學校教育氛圍，研究者本身擔任國民小學教師，深知教師的工作內涵乃以知識為基礎，必須持續不斷的學習進修。基於此，將智慧資本的概念，運用至學校單位，以促進學校知識資源的價值提升，帶動教育人員觀念的轉化，具體的彰顯了研究主題之核心價值。

▼解析：研究背景的提示清晰，但研究主題進入學校教育現場卻是首創。於是，探索性研究的初步，內涵、指標及其影響因素將成為主題焦點鎖定之研究目的。

研究目的	1.探討國民小學智慧資本之內涵。 2.建構國民小學之智慧資本衡量指標。 3.了解國民小學教師對於智慧資本重要性之知覺。 4.提供教育單位不同的學校評鑑觀點。

▼解析：探索性研究的第一步，主要目標是建構衡量指標，基於上述前提，待答問題指標化的推衍稍有難度，故彈性化調整指標具體之原則。

文獻架構	一、智慧資本之定義與內涵 二、智慧資本之衡量與管理 三、國民小學智慧資本與相關研究

▼解析：原著文獻探討計羅列7個節次74頁，對關鍵主題之評析廣闊周延而又深入，頗有可看性。

研究設計	1.本研究先經由文獻之評析，自編完成智慧資本指標重要性問卷，再諮請專家審查修正，接著應用調查研究之方法，建構智慧資本指標體系，同時也評估相關之影響因素。 2.研究假設之分析亦應用理論體系與指標建構之方法，敘寫了12個一級及53個次級研究假設，邏輯結構緊密。 3.為了兼重質量之要求，研究樣本計有調查及訪談兩部分，前者發出1,260份問卷，後者邀訪八位現職國小教師。 4.本研究之效度採建構效度，並應用因素分析之技巧檢驗構面之符合度及解釋變異量，最後三個構面皆達到71.3以上之水準，信度方面採最嚴苛之 α 係數，全部層面皆達到0.83以上之水準，信效度考驗結果良好，足以支持研究結論。

| 論文評析 | 1.本研究推導出國民小學人力資本、結構資本、關係資本三大構面，下轄9個向度、64項指標。對國民小學智慧資本的詮釋，首開研究之先河，推衍過程嚴謹，論證有據，具有研究領域之獨特性、創造性以及重要性。
2.研究過程周密詳實，兼採質量並重的方法，輔以流暢的文字鋪陳，通篇邏輯謹嚴，研究方法適如其分，顯見教育學習及研究訓練之成果。
3.本研究所得結果充實，並能具體回應研究目的及研究假設。至於研究建議則皆立基於研究結果所得，分析富有條理，論證言之有物，充分彰顯學術及實務應用之價值。 |

第九章
統計分析

大學所學的是人類已知的學問，研究所要探索的是未知的學問。

——李遠哲（台灣・諾貝爾化學獎得主）

　　社會科學研究講究系統性、客觀性以及實徵性的特徵。其中，客觀和實徵的有無需要統計分析的支持，以便取得有效的證據作為價值判斷的基礎。當我們說：「M總統的民意支持度很高」時，遠不如以下的描述：「M總統的民意支持度達71%，誤差正負3.3%」。其中的關鍵在於，後者有統計分析及數字證據的支持。反對黨領袖聽到前者，躍躍欲試想挑戰大位者多如過江之鯽；但如果一聽到後者，人人棄戰惟恐不及，別無他法。

　　統計分析無可取代，其功能和價值如上所述。不過，我們更著重於統計分析在學術研究上的應用性[1]，並著重在學位論文統計方法的實務應用。

統計套裝軟體

　　統計套裝軟體有數種，SPSS套裝軟體稱得上是統計分析軟體的領導品牌，廣為企業、學者及研究生們所應用，它能因應不同研究目的之需要，提供快速而且功能強大的統計分析支持。SPSS套裝軟體經過多次改版之後，目前皆採用人性化的介面設計，操作方法十分簡單，與使用Word或IE等軟體相較，難易等級相當。就學位論文的實務應用看，實際上常用的也僅有資料蒐集、資料分析以及報告匯出。

資料蒐集

應用SPSS套裝軟體，可以幫助研究者在問卷調查過程中，從專業問卷格式設計、問卷資料蒐集，到網際網路問卷調查，透過Data Entry系列產品的使用，可以蒐集研究對象之相關資訊。

資料分析

SPSS套裝軟體內建許多統計分析程式，提供無所不包的統計分析方法，幫助研究者進行資料分析。這些統計包括：描述分析、變異數分析、因素分析、迴歸分析、群集分析、對數線性分析、無母數分析、時間數列分析，以及AMOS結構方程分析等等，足夠學位論文分析資料使用。

報告匯出

SPSS套裝軟體除了能將統計分析結果匯出成為專業報告外，另有因應研究者需要的資料轉換、格式修改以及資料簡化等強大功能。

SPSS應用——預備分析

典型的問卷調查有五個具體步驟：編擬問卷、信效度檢驗、問卷修正、正式施測以及統計分析。當我們正式施測完成，回收問卷之後，即進入統計分析的第一階段：預備分析。

　　預備分析的目的是登錄、除錯、重新分組。這個步驟可以說明學者或研究生自己進行統計分析的必要性。**表9-1**是預備分析的具體程序及內容，並以較為簡便的技巧提供作為分析應用之參考。

表9-1　SPSS統計分析程序——預備分析

次序	步驟	工具	備註
	資料及工具準備	問卷	‧分析結果空白表 ‧空白問卷3份
1	登錄問卷—— 1.淘汰廢卷（題目缺失值多者） 2.問卷編碼（右上、英文及數字） 3.逐份登錄 4.以純文字檔存檔	Word	‧一份問卷輸入一列 ‧每一部分空白一欄檢視用 ‧問卷暫留一年
2	SPSS讀入（File－Read Txt DATA）	SPSS	將文字檔讀入
3	變項設定——Variable View（左下）		‧自由設定格式為佳 ‧a1、b1、c1……（簡單較佳）
4	資料除錯（Analyze-Frequencies）		輸出結果檔暫存
5	檢視輸出結果		將各變項錯誤值標出
6	各變項錯誤值修正Transform-Record （以缺失值9、99、999取代）		
7	背景變項重新分組Transform-Record		‧各組人數不超過五倍為原則 ‧進行大類分組，年齡、班級數等

SPSS應用——信效度考驗

　　預備分析完成後，表示資料已經過除錯及重整之過程，可以確保後續統計分析的正確性。通常，研究者會先針對研究問卷或測驗進行信效度分析。這個步驟的進行需因應研究目的，或研究問題的需要而進行適當的調整或修正。以下僅以較普遍的五點量表之態

度問卷分析為例做說明。

　　信效度考驗之分析從效度分析開始較為適當，原因是信度僅是效度的必要條件，而效度是信度的充分條件。信度高，效度不一定高；但是效度高則信度一定高。

　　表9-2是信效度考驗的具體步驟及內容，其中效度分析選擇因素分析之方法，同時進行選題分析；信度分析則選擇最嚴苛信度：Cronbach's α 係數，以及積差相關係數。

表9-2　SPSS統計分析程序──信效度考驗

次序	步驟	工具	備註
1	因素分析──Analyze-Data Reduction factor 預試── 　1.隨機選題Data Select Cases 　2.Analyze 　　-Data Reduction 　　-factor	問卷 SPSS 分析表	1.檔案暫存 2.檢視共同性 3.共同性低者刪題 4.存新檔 5.依次進行因素分析 6.因素分析結果登錄
2	創造變項── 各向度、分量表、總量表等 Transform-Compute		SA、SB、SC…… SS1、SS2、SS3…… SSS……
3	信度分析── Analyze-Scale Reliability		分向度、分量表、總量表 之 α 係數
4	積差相關分析── Analyze-Correlate		1.單題與分量表 2.單題與總量表

SPSS應用──正式分析

　　信效度分析的過程，同時達成了選題、確認信度、效度證據之目的。從研究的角度看，此一過程事實上比最後的正式分析結果更為重要。原因無他，如果預備分析的資料不正確，信效度的考驗

分析結果不如預期，這顯然是不祥的徵兆。反之，如果符合預期，就可以安心的往下進行正式分析。

　　正式分析可以因應研究目的之需要，選擇不同的統計方法。基本上，統計資料並不會因為選用高階的統計方法而變得更有價值。如同第二章**MSS專欄2-3**所言，統計方法應用過度反而會抹煞論文的價值[2]：統計僅是研究的工具，而非研究的主體。所謂「尺有所短，寸有所長」，研究者要辨明每個統計方法，並適當的應用。沒有因果關係的適當資料，卻盲目應用因果關係之統計方法（如SEM），反易讓研究者自陷險境。

　　以學位論文較普遍的五點量表之態度問卷分析為例，進行描述分析、平均數考驗（t-test、ANOVA），以及預測用的多元迴歸分析（Regression）已相當足夠。**表9-3**是正式分析的具體步驟及內容，提供讀者作為參考。

表9-3　SPSS統計分析程序──正式分析

次序	步驟	工具	備註
1	描述分析──背景變項Analyze-Frequencies	問卷	編名存檔
2	描述分析──主要變項Analyze-Descriptive		編名存檔
3	平均數考驗──t-test		2組平均數比較
4	平均數考驗──變異數分析（ANOVA）		3組以上平均數比較
5	預測──多元迴歸分析（Regression）		預測
6	其他		

MSS專欄

9-1　虛擬變項的迴歸分析

一、Regression應用的主要目的，在於測量自變項對依變項的預測
　　力。

二、自變項如果是次序變項或名義變項（性別或職務等），分析前
　　應先轉換成為虛擬變項。

三、問卷背景變項部分，如果採用開放性填答（年齡讓其直接
　　填寫年紀歲數），則取得的量化資料視為等距變項，則投入
　　Regression分析時不必再轉換成為虛擬變項。

四、從自變項創造虛擬變項時，需要創造的虛擬變項數目為該自變
　　項之選項數目減1。例如，以v1（性別：男□女□）自變項為
　　例，因選項有2，所以需要創造1個虛擬變項（2-1）。此一虛擬
　　變項最好命名為v102，較易理解辨認，並有利後續分析。

五、如果以v5（學校所在區域：北□中□南□花東□）自變項為
　　例，因選項有4，所以需要創造3個虛擬變項（4-1）。虛擬變項
　　最好命名為v502、v503、v504，較易理解。

六、SPSS創造虛擬變項的方法有兩種。第一種適用於自變項無缺失
　　值者，可直接在視窗上點選Transform→Count→Target→Define
　　即可依指示完成。

七、SPSS創造虛擬變項的第二種方法適用於自變項有缺失值者，必
　　須以Record語法撰寫程式，即可完成。如下例（竹大職教所94
　　級賴正尚論文）：

RECODE v1 (1=0) (2=1) INTO v102 .

RECODE v2 (1=0) (2=1) INTO v202 .

RECODE v3 (1=0) (2=1) (3=0) INTO v302 .

RECODE v3 (1=0) (2=0) (3=1) INTO v303 .

```
RECODE  v4  (1=0) (2=1) (3=0)  INTO  v402 .
RECODE  v4  (1=0) (2=0) (3=1)  INTO  v403 .
RECODE  v5  (1=0) (2=1) (3=0) (4=0)  INTO  v502 .
RECODE  v5  (1=0) (2=0) (3=1) (4=0)  INTO  v503 .
RECODE  v5  (1=0) (2=0) (3=0) (4=1)  INTO  v504 .
RECODE  v6  (1=0) (2=1) (3=0)  INTO  v602 .
RECODE  v6  (1=0) (2=0) (3=1)  INTO  v603 .
RECODE  v7  (2=0) (3=1) (4=0) (5=0)  INTO  v703 .
```
（問卷第1選項已合併）
```
RECODE  v7  (2=0) (3=0) (4=1) (5=0)  INTO  v704 .（同上）
RECODE  v7  (2=0) (3=0) (4=0) (5=1)  INTO  v705 .（同上）
EXECUTE .
```

八、創造虛擬變項完畢，即可將虛擬變項投入當作自變項，進行Regression分析。原則上，同類型的背景變項一起投入分析，以免產生解釋上的困擾。例如：個人變項（性別、年齡、學歷等）一起投入分析；學校變項（規模、人數、遠近等）另為一組投入分析。

九、虛擬變項Regression分析結果之解釋，F值為聯合預測效果，但各變項t值顯著性則解釋為——觀察組對參照組的依變項得分達到顯著水準與否（正為高；負為低）。

十、背景變項開放性填答（年齡讓其直接填寫歲數），取得的量化資料視為等距變項，進行ANOVA分析時，需進行適當分組轉換，方有利於分析解釋。針對同時進行Regression及ANOVA可能造成的困擾，理想建議是，保留原始等距變項之量化資料作Regression，分組轉換後資料，進行ANOVA分析。

MSS專欄

9-2 無母數統計分析的應用

一、母數統計（parametric statistics）

　　1.基本假設：樣本須來自常態分配的母群體，而且母群數量已知。

　　2.變項測量水準：等距尺度以上。

　　3.常用方法：F考驗、t考驗等。

二、無母數統計（nonparametric statistics）

　　1.基本假設：樣本不須來自常態分配的母群體，不知母群性質。

　　2.變項測量水準：不受常態分配限制，以正確概率為基礎。

三、無母數統計優點

　　1.適用小樣本研究。

　　2.假設限制少（如：母群體常態分配）。

　　3.適用名義變項及次序變項。

　　4.可處理來自數個母群體所組成樣本的資料。

　　5.比母數統計容易應用，結果解釋較為直接。

四、無母數統計方法之選擇

　　1.單一樣本差異性考驗——卡方適合度考驗。

　　2.二組樣本差異性考驗——費雪正確機率考驗、卡方百分比同
　　　質性考驗。

　　(1)總樣本數小於20，只能用費雪正確機率考驗。

　　(2)樣本數20～40之間，且細格期望次數出現小於5，用費雪
　　　正確機率考驗；如果未出現小於5，則改採卡方百分比同
　　　質性考驗。

　　(3)樣本數超過40，不論細格期望次數是否出現小於5，一律
　　　使用校正後的卡方值。

觀念擂台

正面論點：五點量表違反統計基本假設

統計方法依功能加以分類，最常被社會科學研究者應用的主要有兩種[3]：描述統計、推論統計。

描述統計是根據實際資料進行統計、整理、歸類、列表等方法[4]。描述統計常應用的是集中量數或變異量數，如中位數、平均數、平均差、標準差等。至於推論統計是根據樣本的資料，推論母群的性質，並陳述可能誤差的統計方法[5]。推論統計的主要範圍包括估計及假設考驗。

不論描述統計或推論統計，它們皆有基本的假設前提。研究者應用時不宜誤會、誤導或是誤用。

李克特量表（Likert Scale）是問卷調查研究法中最常使用的量表型式之一，五點量表則是李克特量表最常設計的受測者反應值。例如，研究者常會設計從「非常滿意」到「非常不滿意」的五等量表，並且應用t-test或ANOVA等統計方法加以分析。

但是，問題來了。非常滿意、滿意、普通、不滿意、非常不滿意，五者之間的距離是不相等的，它們是次序變項，而不是等距變項。易言之，非常滿意和滿意的距離，並不等於滿意和普通的距離。應用假設考驗為基礎，以等距變項為前提的t-test或ANOVA進行分析，可以說是誤將馮京當馬涼。

總而言之，五點量表違反統計基本假設，應用可以，但進行統計分析時不可不慎。

觀念擂台

反面論點：五點量表符合人類認知之實際

社會科學研究的對象是人及其行為之影響。人的複雜眾人皆知。法國哲學家沙特說得最好：人是難以名狀的一種動物。他有時快樂、忽而悲傷、偶爾喜悅，並不斷的被煩惱和憂鬱所困擾……。

因此，研究社會科學的人，必須要接受一個事實：我們不可能精確，不可能以數字量化的方式，去準確的描述人們的行為。我們唯一能夠做的，就是盡可能的趨近人們認知之實際，應用最好的統計方法去了解或測知人們的行為。

這個道理可以在李克特五點量表的應用上充分體現。人類的認知感受的確是有層次和高低的差別的。人們態度的喜好事實上就有非常滿意、滿意、普通、不滿意、非常不滿意等五個等級。

統計方法是人發明的，即使是變項的假設也不一定正確，沒人知道那些假設何時會被推翻。因此，統計應役於人，而不是人役於統計。我們要把統計的功能發揮到極限，讓它在研究的過程中發揮最佳的輔助功能，而不是自縛手腳，妨礙研究。

再從問卷的反應值設計來看，從「非常滿意」到「非常不滿意」的李克特五點量表，其反應值是符合人類認知之實際的。換句話說，即使五點量表之間的距離並不相等，但仍然改變不了「非常滿意高於滿意」，「滿意高於普通」，「普通高於不滿意」，「不滿意高於非常不滿意」的事實。

當我們將不見得相等的五點數字加以計算和分析時，不相等的誤差並不大，而且會因為受測者彼此誤差值的平均影響而趨近等距，最終的影響值很小。何況，研究者的問卷設計，李克特五點量表的反應區都會標上5、4、3、2、1的數值，清楚的向受測者宣示，未來將以等距的方式進行統計分析。受測者都會了解如何將自己的反應意見，最真實的呈現在適當的等距反應區上。

如果我們因為五點態度不等距的預設，放棄應用推論統計的方法，將會失去更多寶貴的研究發現。

【自我測驗9】統計能力測驗

1.對的打（○），錯的打（×）。
2.每道題目配分4分，滿分100分。總分80以上為優；70～79分為可；低於70分以下，需要補修一門統計課程。

題 目
（　）1.性別是屬於名義變項（nominal variable）。
（　）2.「同意」到「不同意」的五點量表是屬於次序變項（ordinal variable）。
（　）3.氣溫是屬於等距變項（interval variable）。
（　）4.身高是屬於比率變項（ratio variable）。
（　）5.描述團體各分數的集中情形的最佳代表值稱之為「集中量數」。
（　）6.平均數是屬於「集中量數」。
（　）7.描述團體各分數的分散情形的統計數稱之為「變異量數」。
（　）8.標準差是屬於「變異量數」。
（　）9.描述一個人在團體中所佔的地位的量數，稱之為「相對地位量數」。
（　）10.表示某一分數與平均數之差，是標準差的幾倍的分數是z分數。
（　）11.平均數為50，標準差為10的常態化標準分數稱之為「T分數」。
（　）12.高中成績越好大學成績也越好，表示這兩個變項之間有「正相關」。
（　）13.表示兩個變項之間共變情形的統計數稱之為「共變數」。
（　）14.根據一個預測變項來預測一個效標變項稱之為「簡單迴歸」。
（　）15.迴歸分析中被預測的變項稱之為「效標變項」。
（　）16.迴歸分析中r^2稱之為「決定係數」。
（　）17.迴歸分析時，相關係數愈大，估計標準誤愈小，則預測效果愈大。
（　）18.根據某些原則加以認定的全部觀察量數之總集合稱之為「母群」。
（　）19.從母群觀察量數抽樣而來的部分集合稱之為「樣本」。
（　）20.推論統計的工作是從已知推論未知，從特殊而了解普遍的科學步驟。
（　）21.母數是代表母群性質的量數，通常以希臘字母表示。
（　）22.統計數是描述樣本性質的量數，通常以英文字母表示。
（　）23.樣本人數愈大則其平均數愈趨近母群平均數，此之謂「大數原則」。
（　）24.推論統計中，假設考驗有時也稱之為「顯著性考驗」。
（　）25.男女生平均智商有無差異，屬於兩個母群的假設考驗問題。

答案：請見參考文獻中測驗與統計書籍

個案研討9

行動研究知識需求之研究

　　小齡主任服務於H市的一所公立高職，原本教學生活穩定。不過，隨著產業結構變遷、大學入學機會巨升，高中職招生容量過剩，讓小齡主任深感壓力。根據調查顯示，H市年度國中畢業生志願升學高職者僅約16.2%。可以預見的是，未來H市國中畢業生以高職為第一志願者將逐漸減少，挑戰即將到來。

　　外在環境壓力之下，小齡主任深感需要更高素質的專業知能，才能因應挑戰，決定繼續進修研究所，提升自我素質。

　　進入研究所就讀之後，正值政策推動九年一貫課程。小齡主任發現，了解高職教師行動研究之起點行為，規劃適當之專業成長課程，是高職成功轉型之重要關鍵。於是，小齡主任乃在教授指導之下，選擇以「高職教師行動研究知能」為主題進行學位論文研究。研究目的有二：(1)探討高職教師行動研究知能之現況與需求；(2)評估高職教師提升行動研究知能之有效策略。

　　小齡主任首先以指導教授編製之問卷為基礎，整合文獻及問題現況後，改編完成「高職教師行動研究知識需求調查問卷」。問卷全量表包含了8個向度，每個向度5道題目，計40題，採五點量表之型式。調查問卷編製完成後，小齡主任邀請五位專家進行專業諮詢，完成後進行調查，最後回收175份問卷。

問題討論 ....

1. 小齡主任改編之調查問卷，先經過五位學者專家之指導，以及提供意見修正。那麼，小齡主任的調查問卷具備了何種效度？爲什麼？

2. 小齡主任的調查問卷共有8個層面向度。依您看法，如果應用探索性因素分析進行構念效度的檢證，成功率高嗎？爲什麼？請說明理由。

3. 如果小齡主任進行探索性因素分析的結果不如預期，請問還有其他獲得構念效度證據的方法嗎？這些方法應如何進行及描述，請具體說明。

4. 如果小齡主任應用統計分析方法，獲取構念效度證據的企圖失敗，那麼後續信度分析應如何進行才適當？爲什麼？

5. 小齡主任的研究目的有二。依您看法，希冀達成研究目的，小齡主任的論文正式分析，有哪些統計方法可以應用？如何進行？請說明。

論文實例 9

資料來源	國立新竹教育大學／100／碩士
論文題目	組織氣氛對離職傾向影響之相關研究——以新竹科學園區為例[6]
研究生	白泗予
研究背景	員工離職是企業組織的要事，對科技公司而言，過高的離職率將成為組織效能的致命傷。因此，掌控離職動態及探析影響因素成為科技公司人資部門最重要的職責之一。本研究主題來自於高科技公司現場實務問題，符合研究問題意識，研究結果不僅能夠提供組織理論修正之依據，同時也能提供實務問題解決之應用。

▼解析：基於上述研究背景，研究目的主要探析組織氣氛對離職傾向之影響，兼而探討背景變項對組織氣氛及離職傾向之影響。

研究目的	1.探討組織氣氛對離職傾向之影響。 2.分析個人背景變項對組織氣氛之影響。 3.探討個人背景變項對離職傾向之影響。

▼解析：組織文化的影響，形塑之組織氣氛大異其趣，對重視社會互動的群體而言，離職與組織氣氛連結密切，至於個人變項所扮演之角色同受關切。據此，文獻探討將聚焦上述關係之連結。

文獻架構	一、組織氣氛意涵與相關理論 二、離職傾向之意義與內涵 三、組織氣氛與離職傾向之相關研究

▼解析：文獻探討聚焦關鍵變項之意涵、理論及相關研究，論述扼要精簡。

研究設計	1.研究架構包含個人背景變項、組織氣氛以及離職傾向三個層面，除了相關分析之外，也同時進行差異分析及多元迴歸分析。 2.高科技公司實施調查研究障礙不小，本研究除郵寄問卷方式外，並設計網路問卷，但採確認研究對象後，再以電子郵件方式進行問卷調查。最後成功發放問卷210份，可用126份。 3.本研究採用一次施測方式，再從中抽取樣本進行預試、分析及選題。選題確定後再進行正式之統計分析。初始組織氣氛設計9個構面41道題目，最後僅保留6個構面20題，因素分析累積解釋變異量為74.92題，構念效度之檢驗符合要求。至於各構面之α信度從0.733至0.912，符合預期要求水準。
論文評析	1.本研究探討組織氣氛及離職傾向之主題。從研究結論中發現，兩者呈現中度負相關，顯示員工組織氣氛感受佳則離職傾向低的相對關係。從研究結論出發所導出的研究建議，對研究者後來至高科技公司人資部門就業的服務思維，不僅饒富意義，且立即驗證實務應用之價值。

論文評析	2.高科技公司為對象的調查研究有相當難度，因此個案研究漸為此一領域之主流，但無法避免外在效度薄弱之困境。本論文排除萬難，經由統計分析之適當應用，得到良好信效度的回饋，誠不可多得之成就。 3.論文價值重在知識的創發，本論文雖然篇幅輕薄短小，惟研究方法嚴謹，論述深入而言之有物，對企業建議明確具體可行，未來研究建議亦稱平實中肯。

第十章
論文寫作格式

我認為，過多的規範反而可能腐蝕專業表現，進而降低專業的標準！

——昂諾娜·歐妮爾（英國劍橋大學紐罕學院院長）

APA是Publication Manual of American Psychological Association的簡稱縮寫。社會科學領域學者幾乎沒有一個人不知道APA。粗略統計，約有50%的學者翻過《APA出版手冊》；翻過《APA出版手冊》的學者中，只有一半曾經從頭到尾讀遍全書（25%）；讀遍全書之後沒有立刻忘掉大半的，只剩一半（12.5%）；沒有立刻忘記大半的學者中，經過一年之後還記得APA完整內容的，最終只剩約5%而已。

這個現象告訴我們一個事實，APA只是一本較特別的參考書而已，提供的是查閱的功能。同時，我們要嚴肅的再次強調，《APA出版手冊》僅能當作參考，尤其是在《APA出版手冊》不斷的修正原有格式，讓自身成為矛盾和爭議的舞台主角時，更是如此。

APA格式

《APA出版手冊》自1928年醞釀，1944年開始出第一版，1974年出第二版，1983年三版全球大賣，迅速受到學者、編者、研究生以及出版者的喜愛，影響力擴及廣大學術界，並持續不斷因應需要而修正改版，到了2009年，已經發行第六版。

《APA出版手冊》聲譽的崛起不是偶然，建立在過去嚴謹學術出版手冊欠缺的基礎上。手冊內容除說明基本政策之外，包括了論文的內容組織、寫作格式、編輯格式、投稿校對等等原則與規範，

原文厚達數百頁，稱得上是鉅細靡遺，內涵形式兼具。《APA出版手冊》發行以來，風行草偃，主導了學術研究社群的重要趨勢[1]：

嚴謹齊一的論文規範

知識創發，或者說推動知識向前，是學術研究工作的重大目標。因此，學術研究的本質在於信而有徵，論斷有據。研究社群的點滴經營，為人類文明的進步與開創新知提供有效的支持。因為如此，《APA出版手冊》宣示學術倫理、嚴謹引用、內容品質、理念表達等等，對論文規範嚴謹齊一的目標有重大之影響。

簡潔明晰的表達模式

清晰的溝通有助新知的分享與交流，更是知識文明推進的重要基礎。本於此種觀點的體認，《APA出版手冊》倡導簡潔明晰的表達模式，減少作者在繁瑣細節上浪費時間，增加對研究主題的深入研究。

地球村時代，《APA出版手冊》在國際趨勢潮流的帶動下，不僅引導了學術研究社群的方向，也成為廣大學術研究工作者參照的重要藍本。值得注意的是，《APA出版手冊》在非英語系國家，避免不了因語文與詮釋差異產生的扞格，其中尤以編輯格式之內容最為突顯。非英文論文如何轉換參照，格式規範共識等問題，在在需要社會科學社群成員積極研究商討確認，避免成為學術新知交流之障礙。

摘　要

　　研究論文的「摘要」相當重要，卻常常被忽略、被誤導，或者是被誤會。《APA出版手冊》對摘要的重要性有三點詮釋[2]：(1)讀者最先閱讀；(2)讀者決定閱讀全文的主要關鍵；(3)讀者取得論文的重要方法。

　　研究論文摘要，特徵就是縮短論文的內容。雖然是概要，但仍需包含全體文章的主要內容，以便讓讀者理解，進而判斷論文的好壞或進一步行動的取捨依據。一個簡單的譬喻，摘要的技巧就是：十句簡化爲五句，五句簡化爲四句，四句簡化爲三句，讀者僅僅閱讀三句，但其對論文內容的理解，和閱讀十句的效果是一致的。

　　事實非常清楚，一篇動輒5萬字以上的學位論文，文句字數過於單薄稀少的摘要，與良好摘要的要求標準落差太大。

　　學者或研究生只翻遍《APA出版手冊》前半段者，對摘要最易產生一個天大的誤會，誤認爲學位論文摘要只要150個字即可。其實，《APA出版手冊》的後半段旁徵博引地觸及了此一問題。原則上，如果是學位論文，摘要字數約需擴充爲期刊論文的摘要三倍左右，才能完備的進行全文摘要並有效詮釋研究本文的意旨。如果以中文的學位論文來看，在文字簡潔正確的前提下，摘要的內容至少應有一全頁的字數篇幅，才能達到完整詮釋研究本文的目的。

MSS專欄

10-1　良好摘要的要素[3]

一、精確（accurate）

摘要必須正確地反映研究論文的目的和內容。因為是摘自論文本文，因此，本文沒有出現的內容，不宜出現在摘要中，前後邏輯順序應一致。檢驗的方法很容易，將摘要標題和論文本文標題對照比較，求取兩者之間的一致。

二、簡潔明確（concise and specific）

用辭宜精準，力求表達出最大的訊息，尤其是首句。其次，摘要宜盡可能的簡短，符合執簡馭繁的摘要特徵。即使篇幅大而複雜的研究論文，仍然須受字數總量的限制。

三、非評價原則（non-evaluative）

摘要宜中性呈現，不出現個人評價觀點，不添加或評論某些意見。

四、流暢易讀（coherent and readable）

文法或詞類的使用力求正確，維持流暢易讀。只用一個句子說明研究問題或研究主題。重點內容包括：研究對象、研究方法、研究發現、結論、意涵或應用。

總而言之，摘要的撰寫力求：正確、簡潔、易於理解，而且具有知識性的特徵。知識性的意義是，對讀者而言，閱讀摘要之後就有擴增知識視野的效果，而非朗讀了一串與知識無關或天馬行空的文辭堆砌。

引　用

　　引用（citation）是《APA出版手冊》的核心重點，意義重大。首先，引用目的之一可幫助讀者進一步直接查閱有關文獻內容，目的之二在於尊重與保障他人的智慧財產權。引用的範圍包括文獻引用（reference citations）與參考文獻（reference list）兩部分。其中，論文後附之參考文獻，其格式雖然複雜，但皆為定式，研究者只要直接參考《APA出版手冊》範例即可。

　　至於本文中之文獻引用較為複雜，涉及到研究者個人文獻評析及文字駕馭能力，可參考第三章文獻探討內容。以下將介紹有關引用的三個重點：直接引用、間接引用以及圖表引用。基本上，三者皆須符合真實性、解釋性及可供鑑別出處的原則[4]。

直接引用

　　如果是文獻原文的直接引用，必須標明 作者、年代及頁數，明確的頁數位址是特徵。直接引用因為是直接引用其他作者完整之論點或研究成果，因此其對資料來源的要求相較而言較為嚴謹，必須詳盡交代作者、年代以及引用內容的頁數。

　　直接引用固然符合學術倫理之要求，但並不是良好的研究論文寫作方式，只能偶一為之。理由在於，不同作者的用字遣辭、表達習慣以及寫作風格不會完全相同。如果原文引用過多，會產生風格及思路中斷的現象，有礙全文體例的統整性及流暢性。直接引用例如下：

值得注意的是Robbins（2001）在領導與信任篇章後段所提出的跨文化領導課題。他認為所有的領導都可以得到一個共同的結論：有效的領導者不會只採用一種領導風格，他們會根據情境來調整自己的作風。而此所謂的重要情境因素包含了國家文化。Robbins甚至於指出：

> 「多數的領導理論都是由美國發展而來的，美國的價值與主張與其他國家或文化是大不相同的。例如，美國文化強調部屬的責任而非權利；採取快樂主義而非義務承諾或是利他主義；強調理性而不是靈性、宗教或者是迷信。」
>
> （Robbins, 2001: 335）

間接引用

間接引用僅須標註「作者及年代」即可。間接引用的彈性或變化較大，可以是作者閱讀全文之後一種統觀的見地；也可以是閱讀某章節或是某幾頁後的統觀看法。間接引用最主要的特徵就是，研究者將引用文獻加以反芻，再以自己的文字筆調風格重現，因此文辭會較為流利通暢，可讀性會提高。

引用的原理在於尊重與保障他人的智慧財產權，事實上也預設了一個前提：如果不是取得智慧財產權的知識結晶，並不需要引用。易言之，只有創發的知識，經過研究的發現，才有引用的必要。否則老生常談，或者是街頭常識，並不需要引用。間接引用例如下：

另一項重要的指標是學術研究的表現水準，不僅論文之發表質量有待提升，論文的「相對影響力」更是不如歐美國家水平甚

多，「缺少創意」則是其中最為主要的關鍵因素（曾孝明，2001；黃光國，2002；劉廣定，2001）。

圖表引用

引用其他論文或作者繪製之圖表，原則上皆屬直接引用，必須標明詳細的出處。即使經過研究者之加工編修，資料來源仍須交代詳細。

《APA出版手冊》對圖表引用的要求嚴格，除了APA轄屬的期刊之外，對其他來源圖表的引用皆須取得版權許可。這對作者而言是一個重大的難題。因此，除非有相當之必要，否則研究者應盡可能的避免引用其他著作的圖表，而以自己繪製圖表的方式加以取代。以下試舉表圖之引用例各一則如下：

表10-1 職務內容與工作任務

A Development & Performance Management

學校：　　　　　　　　　　　單位：
職稱：　　　　　　　　　　　姓名：

工作任務	工作內容	工作要領	要求標準
1.‥‥‥‥‥	1.1＿＿＿＿	1.1＿＿＿＿	1.1＿＿＿＿
2.‥‥‥‥‥	1.2＿＿＿＿	1.2＿＿＿＿	1.2＿＿＿＿
3.‥‥‥‥‥			
其他			

資料來源：改自鮑惠明等（1998）。《績效發展》，頁22。台北縣：科技圖書。

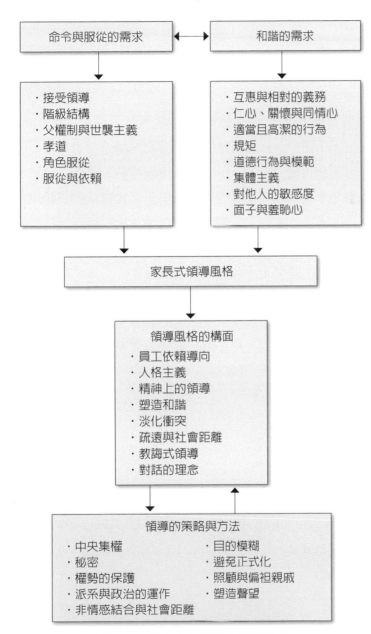

圖10-1　東方文化觀點的領導模式

資料來源：*Organizational Behavior-Southeast Asian Perspectives* (p. 125). R. I.
Westwood. (ed). (1992). Hong Kong: Longman.

參考文獻

　　參考文獻指的是本文最後的文獻索引。參考文獻的格式是《APA出版手冊》中極其複雜的一部分，即使是學者教授，能夠牢記不忘者屈指可數。基本上，《APA出版手冊》提示的引註出處原則，或者是學術倫理的強調會較為重要，至於提示的規範或示例都僅能當作參考。如本章段首所言，當《APA出版手冊》不斷的修正原有格式，讓自身成為矛盾和爭議的舞台主角時，學者或研究生宜保持理性清明，避免走火入魔，自陷險境。

　　原則上，參考文獻部分與本文中的文獻引用息息相關，本文中引用過的文獻必須出現在本文最後的參考文獻中；反之，參考文獻中列出的每一筆文獻，都必須在本文中被引用過。

　　參考文獻格式雖然複雜繁多，比較常用的約有七類。分別摘其重點及簡單示例如下[5]：

期刊、雜誌

作者（年）。文章名稱。**期刊名稱，期別，**碼別。

Author, A. A., Author, B. B., & Author, C. C. (Year). *Title of article*. Title of Periodical, xx(xx), xxx-xxx. doi: xx.xxxxxxxxxx

【實例】
陳奎憙（1998）。我國師資培育制度變革之分析。**教育資料集刊，23，**頁171-195。
張德銳、丁一顧（2005）。我國師資培育制度的回顧與前瞻。**研習資訊，22**（6），頁30-36。

Swanson, R. A. (1996a). In praise of the dependent variable. *Human Resource Development Quarterly, 7*(3), 203-207.

一般書籍、參考工具書、書的一章

作者（年代）。書名。出版地點：出版商。

譯者（譯）（譯本出版年代）。書名（原作者：書名）。譯本出版
　　地點：譯本出版商。（原著出版年：1996）

Author, A. A. (Year). *Book title*. Location: Publisher.

【實例】

張春興（1989）。張氏心理學辭典。台北市：東華。

秦夢群、吳勁甫（2009a）。國中校長轉型領導、學校組織健康與組織
　　效能關係之研究：中介效果模式之檢證。當代教育研究，**17**(3)，頁
　　83-124。

秦夢群、吳勁甫（2009b）。國民中學教師彰權益能、學校組織健康與
　　學校效能關係之研究。教育與心理研究，**32**(1)，頁1-28。

聶崇信、朱秀賢（譯）（1990）。民主概論（Carl Cohen著：*Democracy*）。
　　台北市：台灣商務印書館。

謝金青（2001）。基層教育領導人才的培育——理論與實務觀點的比較
　　分析。載於黃德祥主編：教育改革與教育發展（頁303-332）。台北
　　市：五南。

Calabrese, R. L. (2002). *The leadership assignment*. Boston: Allyn and Bacon.

London, M., & Wueste, R. A. (1992). *Human resource development in changing organizations*. London: Quorum Books.

Westwood, R. I., & Chan, A. (1992). *Headship and leadership*. In R. I. Westwood (Ed). *Organizational behavior- Southeast Asian perspectives* (pp.118-143). HK: Longman.

技術及研究報告

作者（年代）。報告名稱。行政院國家科學委員會專題研究成果報告（編號：xxx），未出版。

Institute. (year). Report title (Rep. No.). Location: Publisher.

【實例】

侯世昌、謝金青、趙靜菀（2001）。台北縣國民中學家長教育期望、校務參與及其相關因素之研究。台北縣：台北縣政府教育政策專案研究，未出版。

謝金青（2003）。家長式領導風格內涵解析與情境因應模型之建立(Ⅰ)。國科會補助專題研究計畫報告（計畫主持人）。計畫編號：NSC 92-2413-H-134-006，未出版。

會議專刊或專題研討會論文

作者（年月）。論文名稱。研討會主持人（主持人），研討會主題。研討會名稱，舉行地點。

Author, A. A. (Year, Month). Title of contribution. In B. B. Chairperson (Chair), *Title of Symposium*. Symposium conducted at the meeting of Organization Name, Location.

【實例】

謝金青（2009年11月）。教育人力資源績效發展評估系統（DPM）之建立。發表於南京大學：「理論與實務之穿梭與驗證」——二○○九海峽兩岸學術論文研討會。南京市：南京大學。

Brener, J. (1979, Otober). *Energy, information, and the control of heart rate*. Paper presented at the meeting of the Society for Psychophysiological Research, Cincinnati, OH.

學位論文

作者（年）。論文名稱（博／碩士論文）。取自資料庫名稱。（檢
索碼）

Author, A. A. (Year). *Title of doctoral dissertation or mater's thesis*.
(Doctoral dissertation or master's thesis). Available from Name of
database. (Accession or order No.)

【實例】

林新發（1990）。我國工業專科學校校長領導行為組織氣氛與組織績效關
係之研究。國立臺灣師範大學教育研究所博士論文，未出版，台北
市。

劉邦正（2011）。企業組織人才甄選、教育訓練及其相關因素之研究。國
立新竹教育大學人力資源發展研究所碩士論文，未出版，新竹市。

Devins, G. M. (1981). *Helplessness, depression and mood in endstage renal
desease*. Unpublished doctoral dissertation. McGill University, Monteal.

Ryerson, J. F. (1983). *Effective management training: Two models*.
Unpublished master's thesis, Clarkson College of Technology, Potsdam,
NY.

未出版或非正式出版的作品（非正式出版但可檢索到 的文獻，如ERIC）

作者（年）。作品名稱。取自http://xxx.xxx.xxx

Author, A., & Author, B. B. (Year). *Title of unpublished manuscript*.
Unpublished manuscript, Name of University, Location.

Author, A. A. (Year). *Title of work*. Retrieved from ERIC database.
(Call No.)

【實例】

朱源清（2009）。國民小學教師包班教學的困境及改善之道。2009年10
月18日，取自基隆市教師會網站：http://jweb.kl.edu.tw/Homepage.
php?teacher_id=352&inpage=board&board_id=2406。

Gottfredson, L. S. (1980). *How valid are occupational reinforce pattern
scores?* (Report No. CSOS-R-292). Baltimore, MD: Johns Hopkins
University. Center for Social Organization of Schools. (ERIC Document
Repreduction Service No. ED 182 465)

網路訊息

作者（年月日）。訊息名稱【新聞群組、線上論壇或討論群組】。
取自http://xxx.xxx.xxx

【實例】

Author, A. A. (Year, Month, Day). Title of post [Description of form].
Retrieved from http://xxx.xxx.xxx

吳清基（2009）。教育施政理念與政策（網頁版）。2009年11月20日，
取自教育部網站：http://www.edu.tw/files/site_content/EDU01/教育施
政理念與政策_.pdf。

MSS專欄

10-2 論文內容品質評估

　　學術論文的發表，必須遵守一定的學術寫作格式，才能與社群中人分享及交流研究成果，進而推動知識的進步。APA開宗明義指出，學術期刊是交流研究成果的媒介，反映了學術研究的邏輯思考。APA對於評估期刊論文的內容品質，有明確之方向與指標[7]：

一、十條貢獻評估

　　1.研究問題是否具有原創性？

　　2.研究問題是否具有重要性？

　　3.研究是否處於先驅階段？

　　4.研究論文的發表是否具有意義？

　　5.研究工具是否具有相當的信度？

　　6.研究工具是否具有相當的效度？

　　7.研究結果與研究變項是否有明確關聯？

　　8.研究設計是否符合研究假設之需要？

　　9.研究樣本是否具有代表性？

　　10.研究歷程是否符合學術倫理規範？

二、五條缺點提示

　　1.單一性質的論文研究成果，拆解部分多次出版，重疊性太高。

　　2.研究變項之間的相關，缺乏解釋和論證的支持數據。

　　3.研究的負面結果，缺乏強而有力的剖析。

　　4.研究中複雜但重要的觀點，無法建立必要的控制。

　　5.對於研究問題缺乏澈底而深入的研究。

　　論文寫作完成後，研究者會先針對內容品質進行初步評估。折衝理想與現實之間的平衡，對論文內容品質的評價以層級式為宜。因此，上述「十貢」和「五缺」不會是全有或全無的問題。易言之，不同期刊層次的要求水平，可以讓研究者為自己的嘔心瀝血之作找到適當的伸展舞台。

學位論文

　　《APA出版手冊》的主要目的並不是爲產製碩博士論文，而是提供期刊論文當指引。兩者最主要的不同點來自於期刊論文的生命遠比碩博士論文短暫，以及碩博士論文應滿足該研究所的特定要求。

　　《APA出版手冊》對產製碩博士論文也提供了兩個方向[6]：

內容要求（Content Requirements)

- ·序文頁：包括──名稱頁、核准頁、感謝頁、目錄、表及圖目錄，以及摘要。投稿到「國際博士論文摘要」的摘要長度是350個字。
- ·序論：研究背景與文獻的評析，要求之差異性大。
- ·方法、結果和討論：內容與段落的要求，與期刊論文相類似。
- ·摘要：如本章內容所示。
- ·參考書目：如本章內容所示。
- ·附錄：適合的附錄有──原始量表或問卷、原始資料等。

打字要求（Typing Requirements)

- ·典型研究所學位論文，皆會要求整體排版之格式、打字以及印刷的細部要求。原則上，研究生都應該符合相關的範式與要求。

MSS專欄

10-3 學術出版倫理

　　科學研究社群的成員，被要求對論文的「原創性」有共識。所謂的原創性，主要特徵來自於研究內容並未被出版，而且是首次的研究發現[8]。這兩個標準乍看之下，似乎遙不可及，但實務上並不困難。每一篇作者撰寫的實徵論文在未發表前，都是未出版的作品；每一篇針對問題的實徵研究成果，都一定會是首次的研究發現。

　　科學論文原創性的共識，配合學術著作基本倫理規範的要求，主要追求兩個目標：確保科學和學術知識的正確性，以及保護智慧財產權[9]：

- 研究結果應呈現真實資料，不能編造或偽造資料。
- 不能修改研究結果以支持假設，即使研究結果不佳亦然。
- 不能故意忽略不理想的觀察資料，只呈現說服力高的研究結果。
- 引用其他作者文章時應註明出處，尊重他人著作財產權。
- 研究過程實際參與，或有具體專業貢獻者才能掛名主要作者。
- 多位作者參與的論文，其貢獻度的多寡，應有適當的確認及聲明。
- 研究生的學位論文為基礎發表的「多位作者論文」，研究生通常列為主要作者，和身分地位及職銜無關。特殊的貢獻聲明情形例外。
- 已發表出版的研究資料，不宜重複出版發表，此之謂「限制流通」。
- 同一份研究論文，不可同時投稿兩個或兩個以上的出版者，應依序投稿。
- 同一篇研究論文，不宜拆成數篇研究論文投稿發表。特殊情

形例外。

・研究論文的原始資料，在發表出版後應保留至少五年，以供未來查證。

　　倫理守則是專業團體的象徵，遵守倫理守則是科學研究社群成員的天職。對學術社群成員而言，應嚴防誤踩倫理守則的紅線。否則，將是一場難以承受的災難。

觀念擂台

正面論點：論文格式標準化的必要性

文明的進步特徵，就是書同文，車同軌。大家可以想像一下，如果沒有統一標準化，社會生活秩序的景況，恐怕不是一個亂字可以形容。

文明社會知識的累增，最早是慢慢向前推進；後來則以等比級數的方式快速增加；晚近以來，則以幾何級數的方式飛躍成長。這些知識累積速度的改變，最主要的關鍵因素，來自於知識分享信念的改變，以及對智慧財產權的保護使然。

知識分享最主要的特徵就是讓研發的智慧成果公開分享流通，所有社群中人都能站在他人的智慧創發基礎上繼續努力，省卻不必要的嘗試錯誤與心力成本的浪費，因此而更易促發新知、聚沙成塔，小林終成大樹。

知識分享以及智慧財產權的保護，最有效的關鍵形式就是出版和發表，出版發表的成功關鍵則來自於：論文格式的統一標準化。因為如此，啟動了文明飛躍的鎖鑰。

國際地球村早已成形，論文格式標準化的期待，不僅不該僅限同一國家或地區，而應放眼國際，齊一學術關鍵用詞，統一發表語文，格式規範標準化。事實上，這也是社會科學各學門專業辭典編纂，以及《APA出版手冊》全球發行的主要理由，並因而帶動了心理學門的強大影響力。

另次，從學術社群成員的角度看，因為論文格式沒有標準化，造成許多時間成本的浪費。例如，投稿A期刊時要符合A版格式規範，投稿B期刊時要符合B版格式規範，投稿C期刊時要符合C版格式規範……。論文格式沒有標準化的後遺症，讓所有投身學術研究的熱血年輕學者，盡在一而再，再而三修改論文格式的時間虛耗中度過，這是對人類寶貴生命最大的褻瀆和傷害。

除此之外，各大學研究所論文格式及規範要求的不統一，也讓大學教授的教學和研究生的學習產生諸多障礙。唯一解決之道，就是朝論文格式標準化的目標大步邁進！

觀念擂台

反面論點：自由是民主社會的表徵

大學的核心價值無他——唯學術自由而已。

學術自由指的是，大學教授及研究生，從事學術研究工作時，不受任何制度或勢力的箝制干預，擁有自由發表、討論及批判的廣闊空間，而有免於恐懼的自由。

上述所指的自由，範疇包括了邏輯思考、研究方法、研究工具等等，當然也包括學術研究成果的表達形式。翻開古今史冊，歷史中的巨人，牛頓、達爾文、哥白尼、愛迪生以及愛因斯坦等等，無任何一人是用相同的方法發現新知，當然也無任何一人依循相同的格式發表研究論文。這些史實證明了一件事，學術研究的任何限制都與知識創發的本質無關。

所以，主張學術研究發表一定要符合APA格式者，顯然已背離學術研究的基本核心價值，距離學術自由的信念相對遙遠。

學術自由的信念，最能夠在民主自由的社會中體現。Carl Cohen詮釋民主的心理條件時說過，民主國家公民必須相信錯誤難免，必須容忍反對的度量，鼓勵任何不同意見的度量與胸襟[10]。因此，學術自由必在社群成員擁有民主心理條件下才能茁壯成長。

從現實面看，當前所有學術期刊或各大學研究所，論文格式及規範要求皆相異其趣，甚至於有相當大的不同，完全符合民主社會空氣新鮮，多元自由的氛圍。

《APA出版手冊》中更明白的指出，學位論文是提審給研究生所屬的研究所，它們必須滿足各研究所的特定要求，即便這些要求與APA相違背也要遵守[11]。APA領導階層顯然相當識相，不僅沒有想要一統江湖，也了解民主社會多元價值的真正意涵。

綜合以上，基於學術自由的核心價值，論文寫作格式並無標準化的必要性。

【自我測驗10】《APA出版手冊》內容測驗

1.對的打（○），錯的打（×）。
2.每道題目配分4分，滿分100分。總分90以上為優；80～89分為可；低於80分以下，需要去圖書館商借一本《APA出版手冊》。

題　目
（　）1.實徵性的研究指的是具有原創性的研究報告。
（　）2.學術論文不一定需要風格，但也不應缺乏格式或單調乏味。
（　）3.論文名稱應精確陳述主題，並指出實際變項或研究理論的關鍵與關係。
（　）4.論文名稱避免使用無法達成有效目的的辭彙，或是冗長累贅的片語。
（　）5.避免使用「……之研究」或「……一項實徵研究」等片語作為論文名稱。
（　）6.好的摘要應具備：精確、完備、簡潔、非評價性、連貫性及易讀性。
（　）7.文獻探討是必要的，但不包括無所不包的歷史評論。
（　）8.文獻探討引用時，應避免引用幾乎無關係或非專業性的參考書。
（　）9.不要引用與本文無關的權威人士來支持你的立場或辯護你的研究。
（　）10.「研究結果」的段落是摘要出蒐集的資料及統計處理的資料。
（　）11.「研究結果」段落中，討論「結果」的含意是不適當的。
（　）12.「討論」段落中，可以隨意檢驗、解釋及修飾結果，並下推論。
（　）13.「討論」的範圍，應侷限於「因研究本身而得到的重大發現所下的結論」。
（　）14.論文原稿底下劃線的字，表示排版時將用斜體字。
（　）15.本文引用如果一字不差稱為直接引用，應少於40字，並特別標出。
（　）16.本文中的直接引用，出處引證需包括：作者、年代、頁數。
（　）17.母群體的統計量，通常用希臘小寫字母表示，例：χ^2。
（　）18.樣本的統計量，大部分用斜體字的拉丁字母表示，例：*SD*。
（　）19.表的名稱應簡短、清楚而具有說明性，不需太詳盡的重複表中的資訊。
（　）20.為清楚明瞭起見，表格只使用水平格線，不使用垂直格線。
（　）21.本文中間接引用時，出處引證包括：作者、年代。
（　）22.學位論文需滿足各研究所的特定要求，即使和APA格式相左亦然。
（　）23.DAI博士論文的摘要長度要求，遠超過APA期刊的要求二倍以上。
（　）24.研究生應了解就讀研究所對論文的要求，優於APA手冊的要求。
（　）25.參加研討會時，不要「讀」報告，應省略學術程序中大部分的細節。

答案：請見《APA出版手冊》

個案研討10

小美副理的學位論文格式

小美副理服務於高科技公司，擁有豐富的人力資源實務經驗，含括了招募、薪資、考核，甚至於宿舍及鍋爐管理等等，幾乎無所不包。唯一美中不足的是，她只有四子登科，缺少了一頂帽子：人力資源碩士學位。

一次絕佳的機會，小美副理終於進入台灣中部一所近百年的公立大學，就讀HRD研究所。入學以後，小美副理開始選課修習。從第一堂開始，教授即開章明義的要求，任何報告皆需符合APA格式。她下課後到圖書館借了一本APA原文出版手冊：「天啊！將近500頁，學術界規矩真多！」小美副理叫苦連天，頗有適應不良之感。

好不容易，同班同學相互打氣加油之下，終於熬過了兩年七百多天，可以開始寫論文了。忽然，指導教授擲下一本HRD研究所的論文格式範本，叮嚀應符合HRD研究所的論文格式要求。小美副理一看：「哇啊！學術界毛病不少！」

不過，形勢比人強，為了五子登科的目標，也只能依樣畫葫蘆，千辛萬苦的完成了一本91頁的學位論文。以下就是小美副理的學位論文中，有關「參考文獻」中的摘要版，請閱讀後進入問題討論。

參考文獻

簡士評（2001）。招募管道成效評估。國立中央大學企業管理研究所碩士論文。未出版，桃園縣。

王精文譯（2007）。人力資源管理。台北市：麥格羅‧希爾。

何永福、楊國安（1998）。人力資源策略管理。台北市：三民。

房美玉（2002）。員工招募、甄選。載於李誠主編：人力資管理的第12堂課。台北市：天下文化。

黃英忠、張火燦（1998）。現代人力資源管理。台北市：華泰。

鄭芷榆（2008）。M型社會之人口結構與職場趨勢對企業招募策略之影響。世新大學企業管理學系碩士學位論文。未出版，台北市。

黃英忠（1998）。台灣中高齡人口的勞動供給分析。南華大學經濟研究所碩士論文。未出版，嘉義縣。

陳宜新（2006）。資訊服務業人才招募流程之知識庫系統模式探討。佛光人文社會學院資訊學系碩士在職專班碩士論文。未出版，宜蘭縣。

陳綺薇（2000）。企業聲望、人才招募管道與招募成效之關聯性研究。中原大學企業管理研究所碩士論文。未出版，桃園縣。

陳欽碧（2000）。國內企業運用網際網路招募成效探討。國立中央大學企業管理研究所碩士論文。未出版，桃園縣。

莊銘中（2007）。台北市國際觀光旅館基層人員招募策略之研究。淡江大學公共行政學系碩士論文。未出版，台北市。

新竹科學園區官方網站（2008）。教育部研發處法令規章與表單。資料檢索日期：2010年5月4日。取自：http://www.sipa.gov.tw。

梁慧穎（2008）。世新大學教學卓越電子報第25期。資料檢索日期：2009年11月28日。取自：http://cc.shu.edu.tw/~ctepaper/25-wave.htm。

國立中山大學網站（2010）。技職簡訊。資料檢索日期：2010年4月19日。取自：http://www.ora.nsysu.edu.tw/技職簡訊。

Breaugh, J. A. (1992). *Recruiting Science and Practice*. NY: PWS-KENT.

Barber, A. E. (1998). *Recruiting Employees*. NY: SAGE.

Jones, O. (1996). Human resources, scientists, and internal reputation: the role of climate and job satisfaction. *Human Relation*, 49(3), 269-294.

問題討論 ....

1. APA格式發源於美國，建立在英文而不是中文的基礎上。請問，這是一種文化霸權的侵略嗎？爲什麼？

2. APA格式繁瑣的程度，讓學者教授能夠記牢APA完整內容的，只有約5%而已，研究生要記得的恐怕更爲困難。面對此種困境，請問有何改善之道？

3. APA格式經常因應需要而修正改版，對於應用APA論文格式的廣大學者和研究生，造成相當大之困擾。您覺得，國家主管高等教育部門在這一方面，有著力的地方嗎？

4. 如果APA格式是必要的，針對目前各校中文APA格式各行其是的現象，請問有改善解決之道嗎？小組討論之後提出分享。

5. 請就小美副理學位論文中參考文獻部分，仔細搜尋不符合APA格式的地方，並協助其訂定改善。小美副理承諾送您一份神秘小禮物，送完爲止。

論文實例⑩

資料來源	國立新竹教育大學／100／碩士
論文題目	企業組織人才甄選、教育訓練及其相關因素之研究——以T科技公司為例[12]
研究生	劉邦正
研究背景	高科技公司人力資源部門兩大工作重點：「人才甄選」與「教育訓練」。前者是企業選才聘僱的完整歷程，後者是企業實施教育訓練活動以提升員工專業知能之歷程。研究者身為企業投資經營者，實務上深刻感受到相關問題的複雜性，經由研究所進修的機會，應用研究方法所學，適時針對個案公司之問題進行系統化之研究，配合條件前所未有，實為不可多得之研究機會。也因為如此，可以預期研究所得的真實性及價值性，對於研究者個人專業及解決問題能力的成長，助益更是顯著。
▼解析：從「人才甄選」與「教育訓練」兩大主軸出發，探討變項之意涵、理論及相關研究，另因採個案研究法，故而亦對個案之現況及問題先行介紹。	
研究目的	1.探討人才甄選與教育訓練之內涵與理論。 2.探討個案企業人才甄選與教育訓練之現況與問題。 3.分析相關變項對個案企業人才甄選與教育訓練之影響。
▼解析：研究目的明晰之後，文獻探討架構亦可順勢擬具。本論文因針對個案研究，因此除了研究關鍵變項之意義、理論及相關研究之外，另加個案公司之現況，以便成為研究設計的基礎。	
文獻架構	一、人才甄選與教育訓練之意義 二、人才甄選與教育訓練之理論 三、人才甄選及教育訓練之相關研究 四、個案公司人才甄選及教育訓練之現況
▼解析：上述文獻架構，基本上仍符合學位論文文獻評析意義、理論及相關研究之三大範疇。個案公司現況之節次乃為基本現況之描述，不同於進行研究解析後之深入內涵所得。	
研究設計	1.本論文主要解答以下問題：個案企業人才甄選與教育訓練之現況與問題；個案企業人才甄選與教育訓練之影響因素為何；個案企業宜如何改善人才甄選與教育訓練。 2.為解答上述問題，研究者主要採取文件蒐集、訪談、小組討論及觀察等方法。因個案公司橫跨兩岸，研究者也兩岸穿梭，多管齊下，蒐集第一手之研究資料。

研究設計	3.整個研究流程如下所述: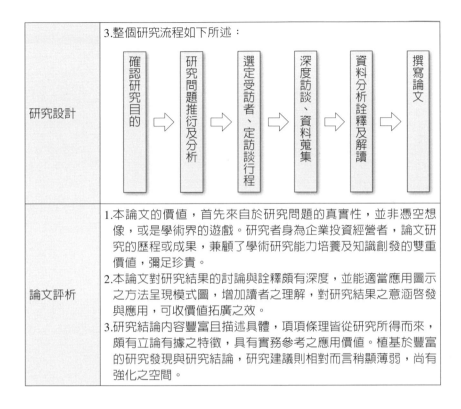
論文評析	1.本論文的價值，首先來自於研究問題的真實性，並非憑空想像，或是學術界的遊戲。研究者身為企業投資經營者，論文研究的歷程或成果，兼顧了學術研究能力培養及知識創發的雙重價值，彌足珍貴。 2.本論文對研究結果的討論與詮釋頗有深度，並能適當應用圖示之方法呈現模式圖，增加讀者之理解，對研究結果之意涵啟發與應用，可收價值拓廣之效。 3.研究結論內容豐富且描述具體，項項條理皆從研究所得而來，頗有立論有據之特徵，具有實務參考之應用價值。植基於豐富的研究發現與研究結論，研究建議則相對而言稍顯薄弱，尚有強化之空間。

第十一章
論文發展方格

✎ 論文發展方格

✎ 撰寫指引

✎ 評估標準

每件事情都有意義，端視你能否領會！

——卡羅（Lewis Carroll）（《愛麗絲夢遊仙境》作者）

　　論文發展方格是專爲發展學位論文而設計。從首章「研究的第一步」，探索科學研究的基本信念開始，以迄第10章APA寫作格式要求的討論，已將社會科學論文研究的完整歷程走過一遍。與你攜手同行的路上，我們一再的叮嚀，如何堅定科學信念，如何在學術跑道上提升駕馭技術，也暗示你如何避開湍急險灘……。然而，社會科學不等同於自然科學，因爲我們的研究對象，人的行爲及其影響太複雜，每一刻鐘都難以捉摸。所以，即使你已確認收獲滿行囊，但想要立刻輕裝上路恐怕仍有許多的障礙。

　　從文明知識創發的長遠歷史看，社會科學其實進步有限。所謂：「知識的累增，初始慢慢向前推進；後來等比級數增加；晚近幾何級數飛躍成長。」這一段話描繪的對象其實是自然科學，而不是社會科學。這個事實，讓我們必須嚴肅的面對研究社群新手一再提出的困惑：爲躋身社會科學社群有爲的貢獻行列，更有效能的研究模式與學習方法何在？

　　幸運的是，我們摸索到一個有利的方向：「能夠成爲研究社群新手有效的支持架構，必然符合以下的原則：『人性化的互動介面、明晰的行動指引』」。因此，即使本書提出的支持架構並不符合你的個別需求，也有促動讀者持續研發改善以符合個別差異的功用。

論文發展方格

　　論文發展方格[1]的基礎來自於本書第二章**MSS專欄2-1**。**表11-1**呈現出完整的學位論文章節架構。章節架構之下，嘗試發展兩個方向的支持架構：一是對應發展研究生撰寫章節內容之指引；二是對應發展論文章節內容的評估標準。支持架構因為是建立在表格化的基礎上，因此名之為「論文發展方格」。

　　論文發展方格中的指引和評估標準並非憑空想像而來，主要參照APA歷年出版手冊對相關問題的提示[2]、[3]、[4]，並融入教學及研究之經驗與心得。雖然如此，《APA出版手冊》仍然給了我們很好的暗示[5]：

> 「學位論文是提審給研究生所屬的研究所，它們必須滿足各研究所的特定要求，即便這些要求與APA相違背也要遵守。」

　　所以，我們同樣要宣稱，研究生的學位論文是要提審給各自的指導教授及研究所，它們必須滿足不同思維及價值的取捨判斷，即便這些思維和判斷，與我們所提出的論文發展方格之內容背道而馳亦然。

表11-1　學位論文章節完整架構

章別	節別	主題
第一章		Introduction緒論
	一	Research Background Information研究動機（研究背景）
	二	Research Purpose研究目的
	三	Research Questions待答問題
	四	Defining Concepts名詞釋義（定義概念）
	五	Limitations of the Study研究限制
第二章		Literature Review文獻探討
	一	Concepts概念
	二	Literature Review理論文獻評介（視需要增添節次）
	三	Research Review相關研究評析（視需要增添節次）
第三章		Method研究方法
	一	Research Design研究架構（或研究設計）
	二	Research Hypothesis研究假設（視研究需要）
	三	Subjects/Participants研究對象
	四	Materials/Instruments研究工具
	五	Data Collection Procedure資料蒐集程序
	六	Data Analysis資料分析
第四章		Research Results and Conclusions研究結果與討論
	一	Research Findings研究結果
	二	Review of Research Findings研究結果討論 　　2.1 Giving a Possible Explanation for the Results詮釋研究結果 　　2.2 Comparing with Those of Other Studies與其他研究比較 　　2.3 Suggesting Implications/Applications結果之意涵啟發／應用
第五章		Discussion結論與建議
	一	Conclusions研究結論
	二	Suggestions研究建議 　　2.1 for Applications實務上的建議 　　2.2 for Future Research未來研究建議

撰寫指引

　　表11-2左欄完整的呈現**表11-1**學位論文之章節架構。右欄則是對應發展而出的撰寫指引。撰寫指引中的內容，實際上是各章節段意旨及應備內容的提煉與統整，成為研究生撰寫論文的發動指針，引導正確的前進方向；其次則可供研究生在研究及撰述歷程中，隨時修正航向，避免雨霧迷程。

表11-2　章節架構主題之撰寫指引

章／節／架構			撰寫指引
論文題目			1.經可行性、經濟性、價值性、發展性之評估 2.文字簡練、意義明確，視需要採主副標題形式
摘要			1.正確、簡潔、易於理解，具知識性 2.內容：目的、對象、方法、發現、結論、意涵或應用
第一章	節	緒論	
	一	研究動機（研究背景）	1.研究理由：學術、實務及現況之闡述說明 2.突顯研究的意義、價值、重要性及必要性
	二	研究目的	1.解釋、控制、預測什麼 2.肯定句陳述 3.動態動詞開始：了解、調查、探討、比較、分析
	三	待答問題	1.從研究目的分解而來 2.具體化和條理化 3.問句形式
	四	名詞釋義（定義概念）	1.關鍵變項之定義 2.文義型定義、操作型定義
	五	研究限制	方法、工具、範圍、推論等之限制

（續下頁）

（續）表11-2 章節架構主題之撰寫指引

章／節／架構		撰寫指引
第二章	文獻探討	
	一 概念	關鍵名詞之定義或內涵
	二 理論文獻評介（視需要增添節次）	闡述主要變項的理論基礎及內容
	三 相關研究評析（視需要增添節次）	1.研究成果之介紹，進行適當的歸納、分析和批評 2.層次：描述摘要、歸納統整、分析評價、比較批判、獨特創見
第三章	研究方法	
	一 研究架構（或研究設計）	研究變項以圖示呈現相互之關係
	二 研究假設（視研究需要）	條件式陳述；差異式陳述
	三 研究對象	研究對象、標的母群、取樣方法、取樣程序、樣本人數
	四 研究工具	工具編製程序、內容介紹、信度、效度
	五 資料蒐集程序	研究進行之步驟，以及資料蒐集程序
	六 資料分析	蒐集資料的處理，以及分析步驟
第四章	研究結果與討論	
	一 研究結果	1.圖表方式摘要呈現，輔以文字說明 2.真實、客觀呈現 3.不做價值判斷及推論
	二 研究結果討論 2.1詮釋研究結果 2.2與其他研究比較 2.3結果之意涵啟發／應用	1.對研究結果檢驗、解釋、修飾，及推論 2.對照比較及分析 3.研究成果及價值之發散
第五章	結論與建議	
	一 研究結論	1.結果摘要 2.價值判斷歸納之特徵 3.肯定句
	二 研究建議 2.1實務上的建議 2.2未來研究建議	1.研究結果為根據 2.具體明確 3.可行

　　如果撰寫指引再增右欄，或者是將論文內容取代撰寫指引。研究生即可在撰寫指引的引導下，逐一將論文章節之綱目或精要內容填入，完成表格式的學位論文計畫，如**表11-3**。

表11-3　循「論文發展方格」發展之學位論文計畫

章／節／架構			論文內容
論文題目			臺北市公立國民小學附設幼稚園教師專業發展與家長滿意度之研究[6]
摘要			暫略
第一章	節	緒論	
	一	研究動機	1.新生兒人口下降對學校之衝擊 2.學校對提升家長滿意度之期望 3.強化師資專業素質以提升幼稚園競爭力 4.探究教師專業發展與家長滿意度之關係
	二	研究目的	1.了解國民小學附設幼稚園教師專業發展情形 2.探討國民小學附設幼稚園家長之滿意度情形 3.分析背景變項對附設幼稚園教師專業發展與家長滿意度之影響 4.探討國民小學附設幼稚園教師專業發展與家長滿意度之關係 5.提出國民小學附設幼稚園教師增進專業發展與家長滿意度之建議
	三	待答問題	1.國民小學附幼教師專業發展情形如何？ 　1.1國民小學附幼教師之專業發展得分如何？ 　1.2國民小學附幼教師之專業發展是否達到滿意以上之水準？ 2.國民小學附幼教師覺知之家長滿意度情形如何？ 　2.1國民小學附幼教師覺知之家長滿意度得分如何？ 　2.2國民小學附幼教師覺知之家長滿意度是否達到滿意以上之水準？ 3.教師背景變項對專業發展與家長滿意度有何影響？ 　3.1國民小學附幼教師背景變項對其專業發展有何影響？ 　3.2國民小學附幼教師背景變項對家長滿意度有何影響？ 4.國民小學附幼教師專業發展與覺知之家長滿意度之間有何關係？ 　4.1國民小學附幼教師專業發展與覺知之家長滿意度之得分是否為正相關？ 　4.2國民小學附幼教師專業發展與覺知之家長滿意度之相關分析是否達顯著水準？

（續下頁）

（續）表11-3　循「論文發展方格」發展之學位論文計畫

章／節／架構		論文內容
		4.3國民小學附幼教師專業發展對覺知家長滿意度得分之預測分析是否達顯著水準？ 5.提升國民小學附設幼稚園教師增進專業發展與家長滿意度之建議為何？ 5.1提升國民小學附設幼稚園教師專業發展之具體建議為何？ 5.2提升國民小學附設幼稚園家長滿意度之具體建議為何？
四	名詞釋義	1.專業發展：指對專業知識的維持與增進 2.家長滿意度：家長接受服務後所感到的滿意度
五	研究限制	1.研究對象 2.研究內涵 3.研究方法
第二章	文獻探討	
一	概念	第一節　教師專業發展之意涵與理論
二	理論文獻評介	第二節　家長滿意度之概念與理論
三	相關研究評析	第三節　教師專業發展之相關研究 第四節　家長滿意度之相關研究
第三章	研究方法	
一	研究架構	**背景變項** 1.年齡 2.學歷 3.服務年資 4.學校規模 5.幼稚園班級數　→　**教師專業發展** 1.專業知能 2.專業態度 3.進修發展 4.幼生輔導　↕　**家長滿意度** 1.可靠層面 2.回應層面 3.有效層面 4.關懷層面
二	研究假設	1.國小附幼教師專業發展達到滿意以上水準 2.國小附幼教師家長滿意度達到滿意以上水準 3.專業發展與家長滿意度受教師背景變項之影響 4.國小附幼教師專業發展與家長滿意度有關係

（續下頁）

（續）表11-3　循「論文發展方格」發展之學位論文計畫

章／節／架構			論文內容
	三	研究對象	臺北市轄區之公立國民小學附設幼稚園教師為主要研究對象
	四	研究工具	自編：國民小學附設幼稚園教師專業發展及家長滿意度調查問卷
	五	資料蒐集程序	問卷寄發、問卷回收、資料登錄、資料分析
	六	資料分析	SPSS統計套裝軟體、descriptive、t-test、ANOVA、Regression等
第四章		研究結果與討論	
	一	研究結果	1.教師專業發展與家長滿意度之情形 2.教師專業發展與家長滿意度之相關 3.教師背景變項之影響 4.專業發展對家長滿意度之預測分析 5.訪談結果
	二	研究結果討論	1.附幼教師專業發展情形
		2.1詮釋研究結果 2.2與其他研究比較 2.3結果之意涵啟發／應用	2.附幼教師覺知之家長滿意度情形 3.教師專業發展與覺知之家長滿意度間之關係 4.教師背景變項對專業發展與家長滿意度之影響 5.教師專業發展與家長滿意度提升之道
第五章		結論與建議	
	一	研究結論	1.教師專業發展與家長滿意度之情形 2.教師專業發展與家長滿意度之相關 3.教師背景變項之影響 4.專業發展與家長滿意度之關係
	二	研究建議	1.教育行政機關
		2.1實務上的建議 2.2未來研究建議	2.國民小學 3.幼稚園教師 4.後續研究者
參考文獻			暫略
附錄			暫略

經由論文發展方格，發展成**表11-3**表格式之學位論文計畫之後，研究生初步已有了鳥瞰式的學位論文施工藍圖。這份施工藍圖意義重大：

論文發展基礎

首先，**表11-3**論文計畫方格完成後，研究生可以依各章節撰述指引，開始向前推進，並且視需要及相應條件，選擇最適當的施工路段。以長途鐵路工程爲例，計畫藍圖完成後，各段可以視天候或其他條件的配合，選擇逐次或同時施工。在計畫方格的指引下，研究生不會有見樹不見林、入林後煙隱迷蹤的困惑。換句話說，最低程度，研究生隨時都清楚論文研究的方向與目標，避免許多心力與成本資源的浪費。

研討媒介

研究生撰寫學位論文的開始，第一步要提審給指導教授，或與同學砌磋交流；再次則提審給各自的研究所。這些歷程的開始都需要適當的研討媒介，經由論文發展方格，師生之間有明確的溝通地圖，指導教授不會再視指導研究生爲畏途，研究生則不會視參與師生研討是惡夢一場。鳥瞰式的學位論文施工藍圖指引下，研究生甚至於可以達到自我學習、自我成長以及自我改善的功能。

MSS專欄

11-1　研究論文的類型

　　表11-1呈現的是屬實徵性的研究論文架構。實徵、系統和客觀性的科學論文特徵一向是科學研究者的主張。不過，不必然所有知識的創發皆經相同的模式或方法。因此，社會科學研究社群成員，要學習尊重並欣賞不同類型的論文類型[7]：

一、實徵性論文

　　屬具有原創性研究的報告，社會科學領域中，多數實徵性學位論文皆屬之。它有典型的清楚段落和階段，原則上並依時間順序呈現研究結果：

1.緒論：研究問題的發展，以及研究目的之陳述。

2.方法：描述所使用的研究方法及其細節。

3.研究結果：報導經研究所發現的結果。

4.討論：研究結果涵義的解釋和討論。

二、評論性論文

　　評論性論文是對已發表之論文，進行批判式的評斷。評論性論文的主要目的是澄清問題。重點在於：界定和澄清問題；摘要先前研究成果；分析研究成果之關係、矛盾、缺失及歧異；提出解決問題之建議。

三、理論性論文

　　理論性論文與評論性論文，在結構上相類似。理論性論文主要目的在探究理論的發展歷程，以便擴充和改進理論的結構。文章結構是依內容的關係排列。

四、方法論論文

方法論論文主要鎖定在研究方法的焦點上。通常是將最新的研究方法策略、現有研究方法的改善，或者是定量的資料分析方式，應用在所要研究的領域。

五、個案研究

研究者藉由與個人或組織的接觸，以獲得個案的資料。進一步對問題加以剖析闡述，並提出解決方法，並引發研究或理論建構的需求。

上述五種論文類型中，以實徵性論文及個案研究的進行程序較為具體，論文結構較為完整。相較而言，較能預期新知的發現與產出，比較符合研究新手的需要。

評估標準

　　經由論文發展方格，研究生依各章節撰述指引，開始向前推進後，可行、經濟而又有效的完成學位論文計畫，原本就是預期的合理收穫。此時，研究生除了可以借助撰寫指引的對照進行修正外，也可以從成效指標評估的角度，一一檢視論文撰寫成果之良窳，並持續進行調整修正。**表11-4**提供了論文發展方格中，各章節段落水準的評估標準。

表11-4　「論文發展方格」應用於學位論文之評估

章／節／架構			評估標準
論文題目			意義明確、文字簡練、長短適中、呼應研究主題
摘要			正確、簡潔、清晰、易於理解，摘要內容完整
第一章	節	緒論	
	一	研究動機	1.學術方面言主題研究不足、缺乏定論或創發之意義價值 2.實務方面言問題探討必要性，以及研究結果的應用及貢獻 3.先標題羅列架構，再文字引證詳述，逐步發展，最後重整潤飾
	二	研究目的	1.簡潔明確，列舉陳述 2.動態動詞（了解、探討、調查、比較、分析）開始 3.使用肯定句，避免疑問句或疑問語氣
	三	待答問題	依研究目的，分類分項逐一列舉
	四	名詞釋義	1.先有：「概念性（文義性）定義」 2.次有：研究專屬之「操作性定義」 3.操作性定義應有：具體範圍、內容、對象、工具以及測量方法
	五	研究限制	敘寫適當，過猶不及皆非所宜

（續下頁）

（續）表11-4　「論文發展方格」應用於學位論文之評估

章／節／架構		評估標準
第二章	文獻探討	
一　概念		1.文獻來源：學術專業辭典、專業性學術專書 2.引用後，宜歸納統整或適當評析
二　理論文獻評介		1.文獻來源：專業性學術專書 2.第一手文獻、來源清楚，內容結構化，視需要分節 3.歸納、比較、分析、判斷與批判，顯示研究者獨到見解 4.研究者思路當主軸，文獻當論證依據，顯示旁徵博引之架構 5.文獻引用原則： 　(1)知識引用，常識不引用 　(2)重大之新發現優先引用，舊知識不引用 　(3)代表人物論點引用，否則不引用 　(4)量化數據優先引用，質化觀點次引用
三　相關研究評析		1.文獻來源：期刊論文、學位論文 2.評析架構： 　(1)文獻內容；(2)研究方法；(3)研究工具； 　(4)研究對象；(5)原創性；(6)學術或應用價值
第三章	研究方法	
一　研究架構		1.架構清晰，輔以文字說明 2.變項間的關係稱為架構，如加入資料蒐集方法與程序，則稱研究程序或步驟
二　研究假設		1.假設力求與文獻探討中已歸納之知識一致 2.假設應以簡約而清晰之形式表達 3.符合條件式陳述、差異性陳述
三　研究對象		1.敘寫詳盡 2.表格方式呈現
四　研究工具		1.研究工具自行發展及編製 2.詳述研究工具內容 3.詳述研究工具編製程序 4.詳述研究工具之信度、效度以及考驗方法
五　資料蒐集程序		1.列點呈現，清晰具體 2.完整實施程序
六　資料分析		1.說明資料整理與轉化程序 2.說明統計分析方法及應用程式

（續下頁）

（續）表11-4　「論文發展方格」應用於學位論文之評估

章／節／架構			評估標準
第四章		研究結果與討論	
	一	研究結果	1.回應研究目的 2.明確解答研究問題
	二	研究結果討論	1.討論主題明確
		2.1詮釋研究結果 2.2與其他研究比較 2.3結果之意涵啓發／應用	2.與理論穿梭驗證 3.與實務現況交叉比對 4.對未來研究之啓發 5.對未來實務之應用與發展
第五章		結論與建議	
	一	研究結論	1.條理清晰 2.歸納合理 3.總結判斷
	二	研究建議	1.以研究結果為根據
		2.1實務上的建議 2.2未來研究建議	2.建議具體明確 3.建議可行性高
參考文獻			APA格式檢核：常用七大類格式 1.期刊、雜誌 2.專書 3.研究報告 4.會議或研討會論文 5.學位論文 6.未出版作品 7.網路訊息
附錄			1.完整呈現 2.依序表列

MSS專欄

11-2 本文參考書目的引用

為了保護智慧財產權的理由，研究論文必須要藉由「作者和年代」來引用所引用的文獻資料。引用的最主要目的，是要讓讀者簡短的確認資料來源；另一方面，如果讀者也想要親自查閱資料來源的話，能夠在論文最後章節的參考文獻中，無誤的找到資料來源。

《APA出版手冊》中提示了本文參考書目的引用方式，摘常用數種如下[8]：

一、一位作者

將作者的姓（中文為全名），以及出版物的年代插在本文中的適當處：

Walker (2000) compared reaction times...

In a recent study of reaction times (Walker, 2000)...

二、兩位或兩位以上作者

Wassersstein, Zappulla, Rosen, Gerstman, and Rock (1994) found...

三、團體組織作者

如果作者是團體組織，如政府機關、研究團體、社團法人、協會等，在本文中的第一次引用，通常要將名稱完整寫出。第二次以後，則可以因為名稱冗長及累贅的理由使用縮寫。

參考書目：National Institute of Mental Health. (1999).

本文第一次引用：(National Institute of Mental Health [NIMH], 1999)

本文第二次以後引用：(NIMH, 1999)...

四、兩篇以上著作引用

Past research (Edellne & Weinberger, 1991, 1993)

Past research (Glgel, 1984, 1990, in press)

　　中文的研究論文之引用，其主要精神與英文論文相同，仍是藉由
「作者和年代」來引用所引用的文獻資料。引用目的亦然，都是宣示
所言有所本。不過，學位論文的中文格式規範一直以來並不統一。

觀念擂台

正面論點：多此一舉的引註

自從學術發表的倫理受到重視以後，論文的引註適當與否就成了研究者是否違犯學術倫理的重要關鍵。

2005年，行政院國家科學委員會公布了五年來違反學術倫理案件的一份文件，也讓學術生態倫理規則的扭曲更加嚴重。原因無他，「倫理」一詞的本質就是含糊、彈性、自圓其說，以及各說各話。僅憑臨編一個倫理委員會的判定，無限上綱倫理鐵條，當然會造成學術界的錯案、冤案、奇案和怪案。

例如：「教育爲立國之本」，請問要引註誰呢？這是常識還是知識？人類歷史以來，早就意識到教育的地位和功能，如果要強加引註，要引註數千年前的周公或孔子嗎？甚或是更早？

論文中的英文引註，也是相當奇妙的現象。從論文的起始，每一個中文用辭後面都要掛上英文名稱，已泛濫到了無處不引註的地步。

另外一個多此一舉的案例就是：「本研究整理」。許多研究生的論文會在表或圖底下加上一句引註：

「資料來源：本研究整理。」

這個引註的邏輯令人感到相當困惑。學術倫理引註的前提是尊重他人的著作財產權，所以論文中引用他人的著作或發現時，需加引註來源，以表示有所本。除此之外，其他就是作者自己的觀點、意見或發現，何來「本研究整理」之必要呢？

再舉一個令人感到費解的引註案例是：「中文文獻和英文文獻」。許多研究生突發奇想，在參考文獻欄目中，列出「中文文獻」和「英文文獻」的標題，意思是告知讀者以下羅列的是中文文獻，接下來羅列的是英文文獻。

然而，文字本身是自明的，即便國小學童一看也知道這些文字是中文或者是英文，這些引註已到走火入魔的地步，並不符合學術發表或出版倫理的真諦。

觀念擂台

反面論點：不可替代的引註

學術圈其實不如一般社會大眾所想像的安全，一不小心可能就會誤蹈法網──學術發表倫理。

學術法網最受爭議的問題，就是論文內容的引註。行政院國家科學委員會公布違反學術倫理案有其積極作用，不但不會扭曲學術生態倫理規則，反而讓學術工作者自我警惕，避免許多新手誤蹈法網，當然也警告了那些存心不軌者。後來學術倫理案件減少很多，稱得上是效用宏大。

「倫理」一詞雖然是有些含糊、彈性、自圓其說，甚至於各說各話。但是，社會科學的特徵不就是如此嗎？過半決定就是真理，總統選舉就是一個例子。況且，目前學術界有關學術發表倫理的錯案、冤案、奇案和怪案，正在大幅減少當中，因為人們都是在嘗試錯誤中成長的，不應有太多的苛求。

至於「教育為立國之本」的引註問題，這個問題一點都不困難。只要作者從哪裡看到，就引註哪裡。從四書看到就引註四書，從憲法看到就引註憲法，從K教授的書中讀到，就引用K教授，完全沒有違反學術倫理的問題。OK？

論文中加英文引註，這是正常而且需要的。因為我們不知道讀者是誰，我們需要對無法預測的潛在讀者提供足堪閱讀理解的便利空間。

研究論文中加註「本研究整理」，是嚴謹學術論文不可或缺的。當我們引註一大堆其他學者的發表時，好不容易終於有了個人表現的空間，也符合文獻探討宜向上提升層次到獨特創造的原則。

另一方面，學術倫理引註的前提是尊重他人的著作財產權，所以論文中引用他人的著作或發現時，需加引註來源，以表示有所本。因此，除了引註他人著作或發現外，作者自己的歸納、創見或所得，自有其不可替代的引註必要。

至於「中文文獻和英文文獻」的問題。文字本身雖然自明，但在我們加以詮釋之前，其實什麼都不是。基於學術嚴謹的理由，其引註仍有其必要性。

【自我測驗11】論文發展方格測驗——指引及要求

1.對的打（○），錯的打（×）。
2.每道題目配分4分，滿分100分。總分90以上為優；80～89分為可；低於80分以下，需要再修習「研究方法」課程一次。

題　目
（　）1.論文題目宜提示研究對象、研究變項、變項間關聯形式，必要時呈現研究方法。
（　）2.論文題目宜經可行性、經濟性、價值性、發展性之評估。
（　）3.學位論文摘要宜具正確、簡潔、易於理解、知識性之特徵。
（　）4.學位論文摘要之內容，宜包括：研究目的、對象、方法、發現、結論、意涵或應用。
（　）5.研究動機宜有學術、實務及現況之闡述說明。
（　）6.研究目的宜從動態動詞開始，應用「了解、調查、探討、比較、分析」等動詞。
（　）7.研究問題宜從研究目的之分解而來，並力求具體化、條理化，以問句形式表達。
（　）8.關鍵名詞釋義宜包括：文義型定義、操作型定義。
（　）9.研究變項以圖示呈現相互間之關係，此之謂「研究架構」。
（　）10.研究對象一節，宜說明：標的母群、取樣方法、取樣程序、樣本人數。
（　）11.研究工具一節，宜說明：編製程序、內容介紹、信度、效度。
（　）12.研究結果一節，宜以圖表方式摘要呈現，並輔以文字說明。
（　）13.研究結果一節，要求真實、客觀的呈現；不需要做價值判斷及推論。
（　）14.綜合討論一節，宜對研究結果進行檢驗、解釋、修飾以及推論。
（　）15.綜合討論一節，可與文獻評析內容對照比較，並分析研究成果之價值及啟發。
（　）16.研究結論是對研究結果之摘要，但宜表現價值判斷歸納之特徵，並以肯定句表達。
（　）17.文獻探討首節「概念」，文獻來源來自：學術專業辭典、專業性學術專書。
（　）18.文獻探討次節「理論分析」，文獻來源來自：專業性學術專書。
（　）19.相關研究評析之文獻來源是：期刊論文、學位論文。
（　）20.研究假設之撰寫，宜與文獻探討中已知或已歸納之知識一致。
（　）21.研究工具一節，宜詳述研究工具內容、編製程序、信度、效度以及考驗方法。
（　）22.研究結果一節之標題，宜能回應研究目的，以及明確解答研究問題。
（　）23.討論一節，宜立求討論主題明確，並與理論穿梭驗證，或與實務現況比對。
（　）24.研究結論宜條理清晰、歸納合理，並有總結判斷之特徵。
（　）25.研究建議宜以研究結果為根據，建議宜具體明確，並有可行性。

個案研討11

一場特別的論文計畫簡報

　　小正經理服務於科學園區，為了提升學歷及專業成長的需要，進入C大學M研究所進修。經過四年的光陰洗禮，勉強完成了數十學分的課程修習，進入論文撰寫的階段。不過，此時困境來了，因為科技公司工作繁重、早出晚歸，讓小正經理一直以來無法專精課業，對研究方法相關專業所知有限，研究內涵相對薄弱，多數的課業都是在教授慈悲為懷的關照中低空掠過。

　　歲月如梭，時間很快進入第六年，小正經理面臨到修業年限的最後關卡。指導老師Y教授雖然面惡，但心地善良。Y教授一再催促之下，小正經理硬著頭皮，模仿同儕，勉強拼裝了一份70頁的論文研究計畫，提報給Y教授審閱。Y教授不翻則已，一翻大吃一驚，非同小可，實在與學位論文的要求品質落差太大……。

　　三天之後，Y教授電召小正經理，當面提出52點的論文計畫改善意見，創下Y教授指導研究生以來的最高紀錄。小正經理唯唯稱是的應答聲中，Y教授叮嚀小正經理，需在十五天之內改善完成並提出計畫口試申請，以符合研究所研究計畫審查時程……。

　　一個六月的炎夏午後，小正經理的論文計畫口試正式登場。小正經理準備了一份125張的計畫簡報檔，將本文內容幾乎全部融入其中。計畫審查開始，依例由研究生報告20分鐘。不過，小正經理向口試委員及蒞場同學們的問候和感謝就已花去了5分鐘，第6分鐘起終於進入第一章報告內容，第一章報告內容未完，已經花去了10分鐘。此時，只見三位口試委員臉上的微笑漸漸消失，一抹烏雲籠罩在研討室的空氣當中，指導老師Y教授的臉色也越來越沉重。到了第11分鐘，校外口試主席K教授忍不住了，首先發難，打斷小正經理的報告，詢問了簡報共有多少張？為什麼報告如此冗長等問題。小正經理的回答

如下：

「報告教授，簡報共有125張……。」

「……原因是要讓指導教授了解學生的認真和用功，以及製作PPT檔的努力……。」

口試主席K教授暗示只能精簡報告後，小正經理的報告繼續進行。但是，到了第17分鐘仍然只報告到第二章文獻探討的第一節，連第三章研究方法的邊都沒摸到。K教授再也無法容忍，下達停止報告的裁示，直接進入提問及答辯的程序……。

問題討論

1. 從個案故事中，您認為小正經理的主要困境來自哪裡？請分析原因後和同學分享，並說明小正經理的學弟妹要如何因應才能避免重蹈覆轍。

2. 您認為論文計畫口試的報告重點應該是什麼？如果製作PPT檔以幾頁為適合？報告的時間應該多少時間較為恰當？

3. 從故事的描寫中，您認為小正經理能夠通過論文計畫口試嗎？為什麼？如果您判斷會通過，理由是什麼？如果您判斷不會通過。原因為何？請說明理由。

4. 您覺得小正經理主要的問題出在那裡？應該如何改善？請從各方面提出具體的分析與建議，提供給小正經理當參考。

5. 您認為，以小正經理對學位論文的認知和準備，即使他能夠通過本次的計畫口試，但他有能力完成最後的學位論文考試嗎？為什麼？

論文實例⑪

資料來源	國立新竹教育大學／100／碩士
論文題目	高科技公司校園人才招募策略及其對企業影響之研究[9]
研究生	郭惠美
研究背景	研究生為高科技公司在職人員，擁有厚實的人資背景，以及校園人才招募的豐富經驗。研究生進入研究所以來，開始體會系統研究方法對於實務問題探析的功能，也因為人資背景及豐沛人脈的支持，啟動了此一主題研究的強烈動機。鑑於高科技公司調查研究進行不易的天險障礙，以及缺乏個案公司進行深度研究的支持，研究者乃選擇質性研究方法，針對研究主題應用深度訪談的方式進行研究。

▼解析：研究背景及研究方向決定，研究主題也相對單純，經初步融入學理及經驗後，條理化的方式羅列以下研究目的。

研究目的	1.探討人才招募之概念與管道。 2.探討高科技公司校園人才招募之方法。 3.分析高科技公司校園人才招募策略之成效。 4.探討企業在招募時遭遇之困難及解決方式。

▼解析：研究目的的起始從文獻探析著手，了解人才招募的詳實內涵，次從實務面進行了解，高科技公司校園人才招募的方法。研究方法啟動之後，則要分析其策略之成效，以及了解可能的困難及解決方式。

文獻架構	一、人才招募之概念 二、人才招募之管道 三、校園人才招募之相關研究

▼解析：研究主題鎖定校園人才招募，是小題大作學位論文之典型代表，因此文獻探析內容的三個範疇也相對明確。對研究生而言，文獻主題聚焦清晰，對研究效能的提升頗有助益。

研究設計	1.本論文研究對象，來自性質及規模不同之十家高科技公司，訪談對象有人資部門處級主管二位、理級主管五位、課級主管一位，以及管理師級二位。 2.研究過程依例採用三角檢定法，檢驗與實證過程中，包含指導教授、研究者、中立者參與分析，深度訪談結果並以電子郵件與受訪者確認，對研究信效度的確認積極用心。 3.整體研究資料的處理皆循質性研究之方法進行，蒐集資料逐一完成逐字稿，再進行比較與歸納分析，進而提出結論及建議。

論文評析	1.企業組織的研究原就障礙較大，如何彈性因應研究主題、研究者條件，以及相關資源適當評估，進而採取適當策略，乃是研究成敗與否的重要因素。本研究的可行性評估事前規劃適當，讓研究生能夠在最小的困難下完成論文研究，。
	2.校園人才招募是每年企業組織入注新血的例行活動，相關問題的系統性研究與分析尚有進步之空間，至於深度詮釋或開創性的結論與建議則仍付之闕如，凸顯了本研究無可取代的重要性。
	3.研究發現尚稱豐富，但意涵的詮釋有強化之空間，應用上的推理則稍嫌不足，研究建議無可避免的稍顯單薄。

第十二章
論文品質評析

人不講理，是一個缺點。人只知講理，是一個盲點！

——張忠謀（台灣・台灣積體電路公司董事長）

「論文水準不錯」，這是一句耳熟能詳的評語。這句評語意義簡單，容易了解，但其中隱含著一些複雜的問題。例如：「水準」指的是什麼？判定的指標又是什麼？有齊一的標準嗎？同一本論文，不同口試委員的判定，結果相同嗎？

學術界的研究論文，基本上都是在一定的邏輯架構下循序完成的，章節架構相同、用字遣辭一致，章節段落皆有一定的撰寫要求，處處都有一定的規範。依理，學術論文除了主題不一以外，個人揮灑或自由創作的空間相當有限，論文品質的評析理應相對客觀，不太受個人主觀偏見所左右。然而，實務經驗卻顯示，許多學術論文的評價天差地別，因審查委員不同而異，令人十分沮喪。我們認為，論文品質的評析，客觀上宜強調講理，主觀上容忍異見，僅保留部分審查或評量者個別差異的彈性與空間。

心理評量的客觀化

人的世界裡，或者說社會科學領域，最終離不開價值判斷。從知識到善惡，在在難逃人們主觀心理的評量。如何在主觀心理評量的過程中，求取最大的客觀化，一直以來都是領域相關學者持續關切的重要課題。

圖12-1呈現的是五點量表的判斷區間。這是一個價值判斷最基礎的評量基準，也是人們價值判斷的重要參照。

不論所評量的對象是人或物，我們都可以應用**圖12-1**加以評

價，進而區分高下，甚至於作爲選擇取捨的依據。當我們面對一個抽象的概念，或者是一件具體的實物時，價值判斷的區間離不開**圖12-1**的範圍。例如，判斷一顆蘋果的好壞，粗略的心理評量會介於圖**12-1**的區間中，文字表述就是介於「非常不滿意」到「非常滿意」之間，數字表述則是介於「1」到「5」之間，當我們應用五點量表的數值圖，評量許多相似的種屬物件時（如水果），就會得到許多不同的評價。

　　進一步，如果邀請多位評量者，應用五點量表數值圖，針對同一物件加以評量時，就會得到許多不同的評價結果。這時，許多個人的主觀、偏見、好惡或不明的心理原因及干擾，都會在分數統計處理過程中，得到最大的中和及平衡。這時候，我們就可以宣稱，這個價值判斷結果，得到最大多數人的最大認同和最大共識，此之謂「主觀心理評量的客觀化」[1]。

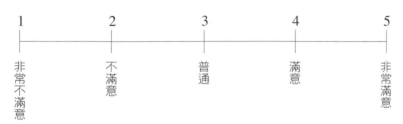

圖12-1　五點量表判斷區間

　　主觀心理評量客觀化應用的極致並不是在自然科學，而是在社會科學領域中的藝術學門。台灣一年一度的全省美展素有盛名，競爭者眾，得獎成績的判定一向受人矚目[2]。首先，單數的多位審查者從參賽的作品中，依其美感的價值觀進行圈選，經統計後過半數者爲入選；進一步，審查者從入選作品中圈選，獲多數票者爲複選；最後，個別審查者從入圍複選作品中，標出前三名次，獲最佳

名次者依序為前三名。

　　美感的判斷主觀眾所皆知，但論文品質的評析也難逃主觀。如何在五點量表的基礎上，應用到論文品質的評析，並力求客觀化，將是我們進一步要與讀者溝通討論的重點。

　　首先，我們必須要承認主觀感受的正當性，和「飢餓」、「自私」等相同，皆屬於人性本能的一環。當我們期待社會公民參與民主活動能夠理性客觀時，其實只是一種主觀的期待。因此，論文主觀評量客觀化的第一步，反而是請審查者主觀的進行判斷和評量。以下，我們將以研究生的學習評量當作例子，說明其歷程。

第一步：指導語說明，主觀感覺成為判斷的起點。

　　請試著判斷研究生修習「量化研究」科目的學習表現，並在閱讀左邊題目後，就您實際的了解與感受，在右邊適當的□內打"✓"，以表示您對該研究生學習表現的「主觀感覺」。

　　所謂「主觀感覺」是指該研究生對學習內涵、概念或知能的了解有多少把握而言。

　　其中，1代表「非常不滿意」；2代表「不滿意」；3代表「普通」；4代表「滿意」；5代表「非常滿意」。

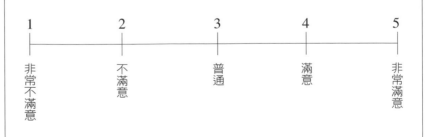

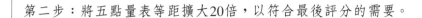

第二步：將五點量表等距擴大20倍，以符合最後評分的需要。

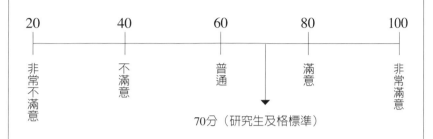

20	40	60	80	100
非常不滿意	不滿意	普通	滿意	非常滿意

70分（研究生及格標準）

第三步：最後成績綜合判斷，依各研究所對論文發表的要求將分數細緻化。

80	85	90	95	100
滿意	研究生平均水準	研討會水準	專業期刊水準	非常滿意

　　一般的狀況下，水準普通的研究生，其學習評量成績分數級距會在80～90分之間。為嚴謹起見，如果評量分數低於80分或高於90分，則應列點敘明具體事實或理由，以增加評量的客觀性和公信力。

　　上述漸進式的心理評量歷程，將粗略的五點量表細緻化，以符合評量的應用需要，雖然是從主觀心理評量為出發，但最後追求的目標是客觀化，足以成為我們進行論文品質檢核時思維的參考。

論文品質檢核

　　研究論文完成後，提交審查就進入了論文品質檢核的階段。論文品質的檢核，常見於期刊論文的投稿審查，或是學位論文的考試過程。原則上，學術社群對論文品質良窳的方向普遍上有交集與共識，但在共識的巨大框架下仍然存在著不小的歧異，本書觀念擂台的對照，就是普遍歧異觀點的具體反映。不過，論文品質的評斷如果從微小細項著手，容易導致見樹不見林的問題，我們將嘗試引導至較高的層次進行價值性的評斷。

研究問題

　　論文品質好壞第一個判定的準則是研究問題，通常此問題都會較大程度的涉及到價值的取捨。**表12-1**的各項指標提供逐一檢證的依據，以判定品質的好壞。

表12-1　「研究問題」品質檢核表

指　標	5 非常滿意	4 滿意	3 普通	2 不滿意	1 非常不滿意
1.研究問題的敘述是否清晰？	☐	☐	☐	☐	☐
2.研究問題與關鍵名詞的界定是否明確？	☐	☐	☐	☐	☐
3.研究問題對理論的建立或修正是否有貢獻？	☐	☐	☐	☐	☐
4.研究問題對解決實際問題是否有幫助？	☐	☐	☐	☐	☐

文獻探討

文獻探討應著重在與研究問題直接相關，有積極促動研究目的的功能。除非重大障礙，應以第一手文獻為優先，並力求評析達到較高之層次。

表12-2 「文獻探討」品質檢核表

指 標	5 非常滿意	4 滿意	3 普通	2 不滿意	1 非常不滿意
1.文獻是否和研究問題直接相關？	☐	☐	☐	☐	☐
2.文獻對研究設計之建立是否有積極功能？	☐	☐	☐	☐	☐
3.文獻都來自第一手及原始資料？	☐	☐	☐	☐	☐
4.文獻探析達到的層次？	☐	☐	☐	☐	☐

研究方法

研究對象、研究方法、資料蒐集以及統計方法等都要符合研究目的之所需，以適當為宜。研究工具的編製、信效度等都要有清楚而明確的交代。

表12-3 「研究方法」品質檢核表

指　標	5 非常滿意	4 滿意	3 普通	2 不滿意	1 非常不滿意
1.研究對象符合研究目的所需？	☐	☐	☐	☐	☐
2.研究方法敘述清楚？	☐	☐	☐	☐	☐
3.研究工具信效度交代明確？	☐	☐	☐	☐	☐
4.資料蒐集方法適當？	☐	☐	☐	☐	☐
5.統計方法選用適當？	☐	☐	☐	☐	☐

研究結果與討論

　　研究結果段落宜呼應研究目的及研究問題之需要，並以清楚呈現爲主要原則。圖表的呈現宜適當配合文字說明，相輔相成。另明確界定研究結果之定位，僅在客觀呈現研究所得事實資料，不宜進行價值判斷。

　　討論宜能適當詮釋研究結果，並與相關研究對照比較，且能適當引導研究啓發與應用之討論。

表12-4 「研究結果與討論」品質檢核表

指　標	5 非常滿意	4 滿意	3 普通	2 不滿意	1 非常不滿意
1.研究結果敘述清楚？	☐	☐	☐	☐	☐
2.圖表及文字說明配合得宜？	☐	☐	☐	☐	☐
3.呼應研究目的之需要？	☐	☐	☐	☐	☐
4.回應研究問題之解答？	☐	☐	☐	☐	☐
5.研究結果之詮釋適當？	☐	☐	☐	☐	☐
6.與相關研究對照比較？	☐	☐	☐	☐	☐
7.進行研究結果啓發與應用之討論？	☐	☐	☐	☐	☐

研究結論與建議

　　研究結論宜具體明確，條理清晰，並與研究建議之邏輯一致。研究建議宜具體可行，且不逾越研究限制。

表12-5　「研究結論與建議」品質檢核表

指　標	5 非常滿意	4 滿意	3 普通	2 不滿意	1 非常不滿意
1.研究結論相當具體明確？	☐	☐	☐	☐	☐
2.研究結論與建議之邏輯一致？	☐	☐	☐	☐	☐
3.研究建議具體可行？	☐	☐	☐	☐	☐
4.研究建議之範圍適當？	☐	☐	☐	☐	☐

摘　要

　　摘要內容應完整，且可以詮釋完整研究內容，文字表達清晰流暢。

表12-6　「摘要」品質檢核表

指　標	5 非常滿意	4 滿意	3 普通	2 不滿意	1 非常不滿意
1.中文約500字左右？	☐	☐	☐	☐	☐
2.扼要說明問題、方法、結果？	☐	☐	☐	☐	☐
3.摘要內容完整，可以詮釋完整研究？	☐	☐	☐	☐	☐
4.文字邏輯及表達清晰流暢？	☐	☐	☐	☐	☐

參考資料及附錄

參考資料及附錄要完整，以供讀者查閱或應用。撰述體例宜符合APA格式。

表12-7　「參考資料及附錄」品質檢核表

指　標	5非常滿意	4滿意	3普通	2不滿意	1非常不滿意
1.文中引用資料與參考文獻一致？	☐	☐	☐	☐	☐
2.參考文獻呈現內容完整，可以追查？	☐	☐	☐	☐	☐
3.撰述體例符合APA格式？	☐	☐	☐	☐	☐
4.附錄有條理，資料完整？	☐	☐	☐	☐	☐
5.附錄有應用及學習價值？	☐	☐	☐	☐	☐

文字修辭

文字修辭簡單清楚，行文流暢容易閱讀，且段落之邏輯一致。

表12-8　「文字修辭」品質檢核表

指　標	5非常滿意	4滿意	3普通	2不滿意	1非常不滿意
1.文字修辭簡單清楚？	☐	☐	☐	☐	☐
2.標題應用層次井然？	☐	☐	☐	☐	☐
3.行文流暢容易閱讀、理解、溝通	☐	☐	☐	☐	☐
4.文字段落之邏輯一致？	☐	☐	☐	☐	☐

12-1　英文論文寫作

　　國際化是高等教育的重要指標，英文學術論文的發表相形重要，而其關鍵因素則在於英文論文的寫作。不過，對多數社會科學領域的研究者而言，應用英文撰寫學術論文都是一個不小的難題。原因無他，除非耗費無數的心力時間努力，否則對非英文母語的研究學者而言，如何表達清楚適切終究是一個難以跨越的障礙。幸運的是，這個障礙已有多條協助及支持管道：

一、寫作網站

- 普度大學線上寫作實驗室
  The Purdue Online Writing Lab
- 威斯康辛大學麥迪遜分校寫作中心
  The Writing Center @ The University of Wisconsin-Madison
- 北卡羅萊納大學寫作中心
  The Writing Center, University of North Carolina
- 達特茅斯學院寫作課程
  Dartmouth Writing Program

二、線上語料庫

- 網頁搜尋工具Google
- 學術英文寫作索引CARE
- 搭配錯誤訂正MUST
- YouTube高等教育線上影音分享網站YouTube EDU

三、英文研究論文寫作書籍[3]

英文論文寫作專書，不僅提供各類文本、用語精華，也提供範例和練習，對於英文學術研究論文之寫作有不小的幫助。

四、英文編輯專業機構

目前國內已有多家英文編輯專業機構，提供英文寫作的全方位協助，可以協助研究翻譯、編修或訂正英文學術論文。

綜合以上，研究者可以視需要及個人條件的不同，選擇適當的支持管道，以完成英文學術論文的撰寫。如果以學習為導向，則以前三種方法較為適宜，如果講求發表績效為導向，則可尋求英文編輯專業機構的協助。

12-2　論文著作貢獻聲明

2005年，國科會整理並公布近五年來違反學術倫理案件，有關師生共同發表的問題引人注意。案例中有罪有應得者，亦有無辜受害者。K教授有鑑於此，乃設計「論文發表著作人貢獻聲明」以為遵循。

<table>
<tr><td colspan="4" align="center">論文發表著作人貢獻聲明</td></tr>
<tr><td rowspan="3">論文</td><td>主題</td><td colspan="3">中文：教育人力資源發展問題之剖析——DPM評估系統之應用
英文：Analysis for educational human resource development-Application research of evaluation system of DPM</td></tr>
<tr><td>出版發表</td><td colspan="3">東華大學第一屆教育行政與政策學術研討會</td></tr>
<tr><td>時間地點</td><td colspan="3">2008/11/29東華大學美崙校區</td></tr>
<tr><td>貢獻類別</td><td>姓名</td><td>現職</td><td>通訊</td></tr>
<tr><td>第一作者</td><td>K教授</td><td>H大學HRD研究所</td><td>300新竹市南大路521號
(03)5213132-6801
e-mail: kkkk@mail.nhcue.edu.tw</td></tr>
<tr><td>第二作者</td><td>D研究生</td><td>H大學研究生</td><td>300新竹市南大路521號
(03)5213132-6805
e-mail: DDD@mail.nhcue.edu.tw</td></tr>
<tr><td>論文貢獻分析說明</td><td colspan="3">一、本論文源起K教授2008年國科會研究計畫（NSC 97-2410-H-134-000）。
二、本論文為研究計畫之第一階段成果，係採質研究方法，完成八位學者、行政人員、校長及教師之半結構性訪談。
三、本論文全文7,214字之撰述及投稿等事項皆由K教授個人獨立撰述完成。
四、D研究生為K教授指導之研究生，協助本計畫研究助理之部分工作，負責協助安排新竹地區受訪人員之連繫及地點之規劃安排。
五、K教授同意由D研究生擔任本論文之第二作者，以感謝其對本論文之貢獻。</td></tr>
<tr><td colspan="4" align="center">著作人簽章</td></tr>
<tr><td>第一作者</td><td>K教授</td><td colspan="2">King　　　　　　2008年11月29日</td></tr>
<tr><td>第二作者</td><td>D研究生</td><td colspan="2">Dung.　　　　　2008年11月29日</td></tr>
</table>

五星級論文簡報

2011年5月，兩岸四校教育學術研討會在台灣隆重召開。研究生楊美娟同學與指導教授討論後，決定共同發表楊美娟同學的學位論文，並簽署「論文發表著作人貢獻聲明」，楊美娟同學為第一作者，指導教授為第二作者，以符合學術倫理之慣例。

本次研討會除了對投稿格式有要求之外，並依例規定參與研討會發表之作者，應準備PPT簡報檔。相關規範摘要如下：

1.主持人請於發表人發言前，簡略介紹討論議題、議事規則及發表人，時間2分鐘為限，屆時按鈴乙次。
2.發表人發表時間，10分鐘為限，8分鐘按鈴乙次，10分鐘按鈴兩次。
3.評論人時間，每位發言以8分鐘為限，7分鐘按鈴乙次，8分鐘按鈴兩次。

楊美娟同學的學位論文編頁達133頁，總字數77,293個字，要製作10分鐘以內的簡報，且要在10分鐘以內清楚的完成報告，不啻是一個艱難的挑戰。指導教授除了耳提面命之外，並提示楊美娟同學《APA出版手冊》中的指引資料：Material for Oral Presentation[4]：

1.簡報PPT檔，除前後頁外，20頁以內為原則。
2.研討會口頭報告資料，組織及發表的層次上不同於書面資料。
3.口頭報告宜集中在部分重點，讓聽者憑聽講即可了解研究內

容。

4.省略繁瑣細節，著重以下重點：

(1)研究什麼和為什麼研究？

(2)研究如何進行？

(3)發現了什麼？

(4)研究結果的意涵和啓發。

5.不要照本宣讀文字內容，告訴聽眾要說的內容，如同當面會談一般。

6.簡報內容原則上只提示大綱，避免被誘導成閱讀報告。

7.宜預先練習發表，掌握精準時間及節奏。

　　楊美娟同學經過一個下午的製作，終於完成了符合指導教授要求之發表簡報PPT檔，並得到指導教授佳評如潮、五星級評價的鼓勵，簡報檔如次頁起所示。研討會當天，楊美娟同學果然一如預期，時間精準的在簡報檔指引下，完成了論文口頭報告，並得到以下評價：

1.論文簡報內容提綱挈領，條理清晰，彰顯簡潔精練之優勢。

2.版面設計生動活潑，富有變化，能引發聽眾注意，激發興趣。

3.版面顏色調和，富有美感，與主題文字內容配合得宜，相得益彰。

4.口語表達清晰，音量適中，高低起伏流暢，富有節奏韻律感。

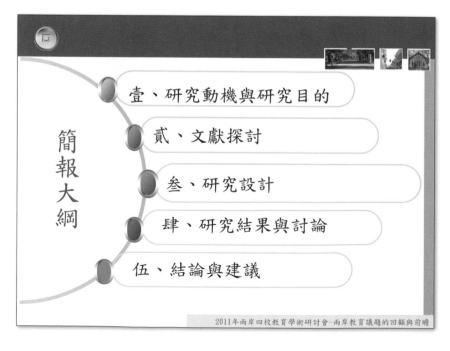

壹、研究動機

學術	重要性	策略
閱覽國內相關服務品質學術文獻，探討公有宿舍領域文獻相當少。	因應高等教育國際競爭潮流，建立世界一流大學的首要條件即是延聘與留任擅於研究與教學的教授。	提升宿舍服務品質，提供舒適、安全、安寧的居住環境品質，進而吸引一流的教師在學校服務，並願繼續留在學校貢獻所學、為校爭光。

2011年兩岸四校教育學術研討會-兩岸教育議題的回顧與前瞻

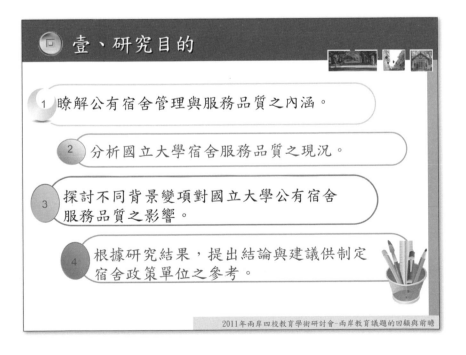

壹、研究目的

1 瞭解公有宿舍管理與服務品質之內涵。

2 分析國立大學宿舍服務品質之現況。

3 探討不同背景變項對國立大學公有宿舍服務品質之影響。

4 根據研究結果，提出結論與建議供制定宿舍政策單位之參考。

2011年兩岸四校教育學術研討會-兩岸教育議題的回顧與前瞻

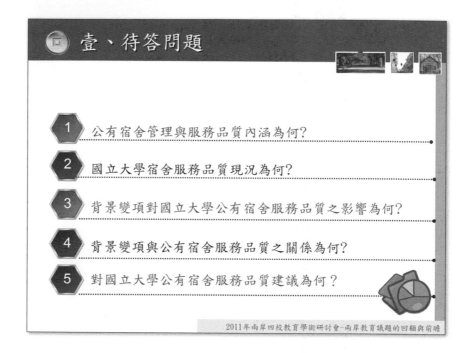

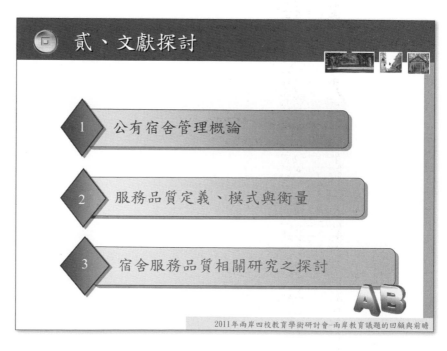

貳、文獻探討

一、公有宿舍管理概論

公有宿舍
按國有財產法規定，宿舍係屬國有公用財產，各直接使用機關為管理機關，分為單房間職務宿舍、多房間職務宿舍、眷屬宿舍等三種。

宿舍管理
主要參考內政部營建署(2007)之規定，為宿舍興建完成後依法進行之管理活動，意即指宿舍使用期間依法進行之管理活動，包含行政管理、環境管理、安全管理、建築管理等四大範疇。

2011年兩岸四校教育學術研討會-兩岸教育議題的回顧與前瞻

貳、文獻探討

二、服務品質定義、模式與衡量

1　服務品質的定義
--採學者Parasuraman、Zeithaml與Berry三位教授1985及1988年之看法指住戶預期的服務水準和住戶實際感受的服務水準之間的差異。

2　服務品質缺口模式
--依Parasuraman、Zeithaml與Berry於1985及1988年所提出之「服務品質概念性模式」(一般簡稱PZB模式)。

3　服務品質的衡量
--採P.Z.B.1988年提出具有建構效度及高信度(α值為.92)之服務品質「SERVQUAL」量表，由五個構面、二十二個項目所組成。

2011年兩岸四校教育學術研討會-兩岸教育議題的回顧與前瞻

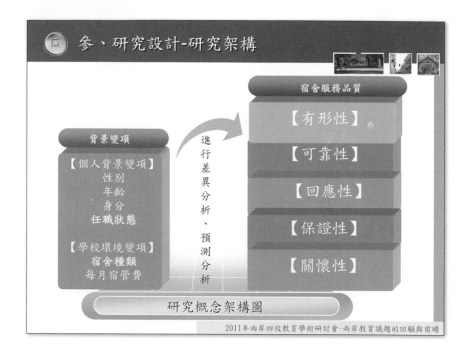

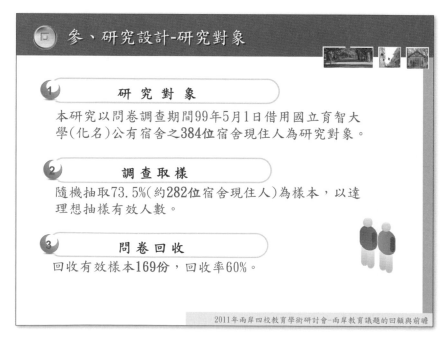

叄、研究設計—信效度分析(1/3)

一、服務品質量表之因素分析

分析次數	KMO值	題數	主成份	累積解釋變異量	刪題標準	刪除題目	刪除題數
一	.930	27	4個	79.189%	與原向度不符	a1及a5	2題
二	.934	25	4個	81.131%	與原向度不符	a2及a3	2題
三	.934	23	4個	83.078%	多重負荷	e31	1題
四	.930	22	4個	83.092%	與原向度不符	d24	1題
五	.925	21	4個	83.298%	(共同性皆大於0.7)		

➡ 顯示四個因素21題可以有效解釋變項特徵或屬性的適切性,因此本研究具有高度的建構效度。

 叄、研究設計--信效度分析(2/3)

二、服務品質量表因素分析結果

因素代號	向度別(因素命名)	題數	保留之題項
一	有形性	4	a6~a9
二	可靠性	4	b15~b18
三	保證性	4	d25~d28
四	互動性	9	c19~c23.e29~e30.e32~e33

➡ 依因素分析結果將回應性、關懷性合併為一個向度,並參考文獻重新命名為「互動性」。

叁、研究設計--信效度分析(3/3)

三、服務品質量表之Cronbach α 係數

向　度	各向度之 Cronbach α 係數	總量表之Cronbach α 係數
有形性	.874	.977
可靠性	.950	
保證性	.946	
互動性	.964	

➡ 顯示本問卷與各向度的內部一致性高，且有相當高穩定度及可信度。

2011年兩岸四校教育學術研討會-兩岸教育議題的回顧與前瞻

肆、研究結果與討論－描述性分析

一、公有宿舍服務品質之現況

向度名稱	樣本數(n)	平均數(M)	標準差(SD)	得分排序
有形性	160	3.5094	.80383	4
可靠性	163	3.8098	.83140	3
保證性	158	3.9573	.73860	1
互動性	162	3.8395	.77278	2
總量表	149	3.8150	.72028	

2011年兩岸四校教育學術研討會-兩岸教育議題的回顧與前瞻

肆、研究結果與討論--差異分析

二、不同背景變項對國立大學公有宿舍服務品質之影響

背景變項 (類別) 向度	性別 (1)男 (2)女	年齡 (1)40歲以下 (2)41-50歲 (3)51-60歲 (4)61歲以上	身分 (1)教師或研究人員 (2)行政人員	任職 狀態 (1)在職 (2)已退休	宿舍種類 (1)多房間職務宿舍 (2)眷屬宿舍 (3)單房間職務宿舍	宿管費 (1)999元以下 (2)1000-1999元 (3)2000元以上
有形性		$F=9.58^{***}$ 2>1 3>1 4>1			$F=5.06^{**}$ 2>3 1>3	$F=7.39^{**}$ 3>2
可靠性		$F=4.31^{**}$ 4>1	$t=2.77^{*}$ 1>2		$F=4.43^{*}$ 1>3	$F=3.79^{*}$ 3>2
保證性		$F=4.56^{**}$ 3>1 4>1	$t=2.62^{*}$ 1>2		$F=3.88^{*}$ 1>3	
互動性		$F=4.30^{*}$ 3>1 4>1	$t=2.28^{*}$ 1>2			$F=3.09^{*}$
總量表 (服務品質)		$F=7.15^{***}$ 2>1 3>1 4>1	$t=2.65^{*}$ 1>2		$F=3.83^{*}$ 2>3	$F=3.88^{*}$ 3>2

$^* p<.05$　$^{**} p<.01$　$^{***} p<.001$

2011年兩岸四校教育學術研討會-兩岸教育議題的回顧與前瞻

肆、研究結果與討論--預測分析

三、不同背景變項國立大學與公有宿舍服務品質之關係

背景變項 向度	個人背景變項	學校背景變項
有形性	$F=6.011^{***}$ 19.2%	$F=7.059^{***}$ 12.0%
可靠性	$F=3.364^{**}$ 11.5%	$F=3.415^{*}$ 6.1%
保證性	$F=3.496^{**}$ 12.3%	$F=2.683^{*}$ 5.0%
互動性	$F=2.953^{**}$ 10.3%	(不具聯合預測效果)
總量表 (服務品質)	$F=4.617^{***}$ 16.4%	$F=3.149^{*}$ 6.1%

$^* p<.05$　$^{**} p<.01$　$^{***} p<.001$

2011年兩岸四校教育學術研討會-兩岸教育議題的回顧與前瞻

伍、研究結論與建議--結論(1/2)

1 國立大學宿舍管理內涵包含「行政管理」、「環境管理」、「安全管理」、「建築管理」四大範疇。

2 國立大學宿舍服務品質分為「有形性」、「可靠性」、「保證性」、「互動性」四大向度。

3 宿舍現住人同意國立大學提供具有相當水準之服務品質。

4 國立大學宿舍服務品質首需改善宿舍區公共設備的問題。

5 國立大學宿舍現住人最滿意宿舍管理人員熟悉整個作業程序。

2011年兩岸四校教育學術研討會-兩岸教育議題的回顧與前瞻

伍、研究結論與建議--結論(2/2)

6 國立大學宿舍現住人大部分背景變項對宿舍服務品質有所影響：
背景變項「性別」及「任職狀態」在服務品質及其各向度並無顯著差異；其他四個背景變項「年齡」、「身分」、「宿舍種類」、「宿管費」分組會影響宿舍現住人在整體服務品質及部分向度的表現情形。

7 國立大學宿舍現住人大部分背景變項對宿舍服務品質具有預測力：
除了學校背景變項對互動性向度不具聯合預測效果外，背景變項對整體之宿舍服務品質及其各向度均具有良好的預測效果；尤其背景變項對「有形性」向度之服務品質預測效果最高。

2011年兩岸四校教育學術研討會-兩岸教育議題的回顧與前瞻

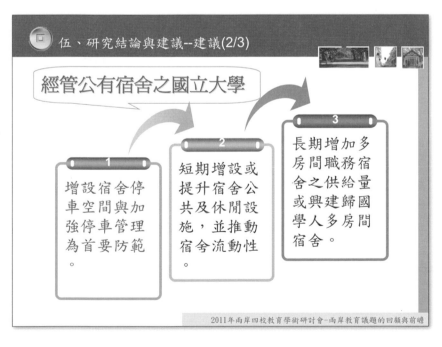

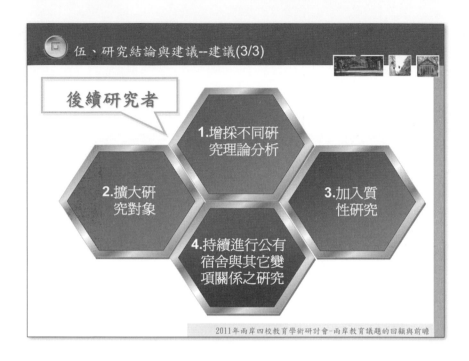

論文口試

　　論文提審後就要進入論文口試，論文口試的嚴謹與否，意味著研究所的素質和水準，當然也象徵著學位證書的價值高低，並彰顯了指導教師及研究生的價值取向。以下提示論文口試時之相關準備內容。

論文口試之準備

　　1.簡報檔（PPT）：20張左右。

　　2.論文報告之書面摘要。

　　3.論文勘誤表。

　　4.研究生學經履歷、發表之文章目錄。

　　5.審查頁及評分表。

　　6.場地：委員席、受試席、紀錄席、旁聽席。

口試程序

　　1.召集人宣讀。

　　2.研究生報告（10分鐘）。

　　3.第一位口試委員提問及回應。

　　4.第二位口試委員提問及回應。

　　5.第三位口試委員提問及回應。

　　6.召集人總結。

　　7.研究生及旁聽者退席。

8.評分及統計。

9.主席宣布成績。

語言儀態

1.報告應答時，用語宜中性、理性及口語化。

2.報告應答時，聲調高低緩急有致。

3.宜避免照稿宣讀。

4.儀態動作宜適當，表現出微笑、點頭、自然及自信。

5.時間宜控制精準。

報告內容

1.簡報呈現主要標題，口語化表達報告內容。

2.簡報內容之串接宜流暢，並能表達對論文內容之熟悉。

3.報告時宜簡潔扼要，掌握重點，適當提示。

提問情境與應答技巧

學位論文的口試情境有相當之差異性，通常會因為指導教授及口試委員的不同而異。數項原則如下：

1.讚許：如果口試委員給予讚許，適當的回應是：謝謝稱讚，繼續努力。

2.詢問：如果口試委員詢問論文問題或相關內容，則進行說明及講解。

3.質疑：如果口試委員提出的是質疑，則應重新闡述簡報內

容，並簡要而清晰的中明研究者之立場。

4.指正：如果口試委員舉證要求改進明確的錯誤，則適當的回
　應內容是：立即改進，謝謝指導。

5.建議：如果口試委員提出不明確舉證的改善建議，則應逐項
　分析：

　(1)可以直接應用的建議，虛心採納。

　(2)影響論文架構巨大者，則宜另行討論定奪，不宜當場同
　　　意修改，交由指導教授裁奪或會後另行研究。

　(3)如果尚有爭議甚或討論空間者，則宜另行再研究，不宜
　　　貿然同意，避免滋生困擾。

觀念擂台

正面論點：學位論文分數應自由評量

研究生畢業前都要完成一本學位論文，以表示研究能力達到一定的水平，這是檢核的重要指標。

基於學術自由的信念，不僅研究所不應限制研究生論文撰寫的方向，而且也不應該訂定統一的評分標準。首先，社會科學知識的創發本就多元，研究論文的主題稱得上是百花齊放。在此種情況之下，要用相同的標準加以評量給分，實際上並不恰當。

再次，《APA出版手冊》也指出，論文至少有五種類型，都屬於APA期刊可以接受的論文，不同類型的論文，不僅結構不同，研究重點及目的亦有相當不同的要求標準。在此種情況下，統一的論文評量標準並不適用。

學位論文不僅在同一研究所，其表現的類型原就有差異，如果是不同學校或者是不同的研究所，彼此差異更大。這時候，每位教授的水平不一，研究型大學與教學型大學的教授，視野及看法彼此都不相同，訂定相同的評量標準不僅理論上不可行，顯然也不符合實務上的需要。

另外，學位論文分數應自由評量的佐證來自於實務現況。將A、B兩所研究所的學位論文評量標準對比如下：

	A研究所	B研究所
研究方法	20%	25%
文獻引用	20%	20%
論文結構	20%	25%
文辭流暢	20%	10%
論文價值	20%	20%

從上述的對比可以看出，即使到目前為止，相同領域研究所對論文的評量分數並不一致，存在就是價值，說明了論文評價海闊天空、自由自在的必要性，也再一次證明了所謂統一標準的意義並不存在。

綜合以上，學位論文分數應自由評量，給予口試委員充分的評量空間，獎優懲劣。如果研究生的學位論文太優秀，給100分也無妨；如果水平太差，不僅不應該給予高分，而且不應該讓論文通過，避免引發對研究所、對指導教授，以及對廣大學術界聲望更大的傷害。

觀念擂台

反面論點：學位論文評量應有統一標準

研究生畢業前所完成的學位論文，對研究生而言意義重大。如同《APA出版手冊》中提到的，學位論文與期刊論文最大的不同點在於壽命的長短。前者長而後者短。所以，學位論文在圖書館中被典藏、被評價，可能是數十年以上的時間。如果沒有客觀的衡量標準，那問題可就大了，因為後代子孫恐怕無法辨認論文的好壞。

學術自由的信念需要強調，但是每個研究所都有自己的宗旨方向和目標，研究生論文撰寫方向應與宗旨方向一致，否則研究所的發展目標或宗旨就會失去意義。

學位論文評量應有統一標準的另一個理由是，當研究論文的主題百花齊放的時候，更應該用相同的標準加以評量給分，否則對研究生而言更不公平。

如果甲生的學位論文得到95分，程度相當的乙生，只因口試委員及指導教授不同的原因得到80分。此時，問題就會產生，研究生之間的情誼會生變，師生之間的關係也會趨向緊張。

《APA出版手冊》所指的不同類型論文。就是因為類型、結構、研究重點以及目的皆不相同，如果研究生的學位論文來自不同的類型，更應該有統一的論文評量標準以取得價值判斷的平衡。

學位論文口試時，依例都是邀請校外的教授擔任口試委員。這時候，因為每位教授的認知要求並不一致，如果訂定相同的評量標準可以減低口試委員的困擾。否則，當研究生學位論文的評量愈趨放鬆時，可能會造成給高分數的惡性競賽。如果是這樣，就會失去的評量和判斷的真實意義。對研究所、對指導教授、對口試委員，或者對研究生都會失去意義。

學術自由中所謂的海闊天空、自由自在，所指是學術的思考或批判，以避免扼殺知識創發的空間，但並不包括統一標準的分數評量。

目前研究所亂象繁多，除了研究生人數太多之外，也包括了研究論文的給分太亂，研究生根本就無所適從，也證明了未來訂定統一評量指標以及給分標準的重要性。

因此，學位論文的分數應該有統一的指標與給分標準，減少人為的誤判空間。因為有既定的評量標準，獎優懲劣的結果也才會有更高的公信力。

【自我測驗12】學位論文品質自我測驗

作答說明：請閱讀左邊題目後，就自我評估學位論文的結果，在右邊適當□內打 "✓"。

題　目	極為符合 5	大致符合 4	普通符合 3	不太符合 2	極不符合 1
1.論文題目簡明清晰。	□	□	□	□	□
2.論文主題之關鍵字重要具體。	□	□	□	□	□
3.研究問題的敘述清楚且界定明確。	□	□	□	□	□
4.研究問題對理論建構與解決實際問題富有價值。	□	□	□	□	□
5.重要名詞能以文義型及操作型之定義界定清楚。	□	□	□	□	□
6.文獻探討之內容和研究問題密切相關。	□	□	□	□	□
7.文獻探討對研究架構與研究設計之建立有積極價值。	□	□	□	□	□
8.研究者能夠對文獻進行歸納與分析。	□	□	□	□	□
9.研究者能夠對文獻進行省思與評價。	□	□	□	□	□
10.研究方法的敘述清楚明確。	□	□	□	□	□
11.研究工具的信度考驗 α 係數在0.7以上。	□	□	□	□	□
12.研究工具的效度考驗方法適當。	□	□	□	□	□
13.統計方法之應用符合研究問題之需要。	□	□	□	□	□
14.研究結果章節之敘述富有條理。	□	□	□	□	□
15.研究討論章節之討論深入而且詮釋精闢。	□	□	□	□	□
16.研究建議具體而且合乎邏輯。	□	□	□	□	□
17.論文摘要之敘寫扼要明晰。	□	□	□	□	□
18.參考文獻之撰述符合APA格式之要求。	□	□	□	□	□
19.參考文獻之內容完整可以追查。	□	□	□	□	□
20.通篇論文之文字用語精確而且修辭暢達。	□	□	□	□	□

結果詮釋：

一、自評總分90以上為傑出，80～89為優，70～79為可，低於70分為差。

二、自評80分以上表示學位論文已具水準，可面見指導教授，擇期準備進行學位論文口試。

三、自評70～79分者表示論文品質岌岌可危，提出口試風險很高；自評70分以下者，通過口試的機會不大，暫緩論文口試方為上策。

個案研討12

兩篇對立的論文審查意見

　　K君服務於中台灣H公立大學，副教授七年。問及學術生涯表現，K君自評只有8個字：資質中等，表現普通。不過，遍訪K君的師友同儕，得到的評語有12個字：鑽研學術專注，常有研究創見。

　　2004年，K君整理了最近五年的學術發表著作參加升等。統計結果發現，五年內的論文著作共有43篇。其中，國科會專題研究計畫4件（主持人），期刊論文9篇，研討會論文11篇，專書論文有16篇，其他論文3篇。下表是K君著作經校外審查委員審查後，得到的兩篇審查意見。

	A審查委員	B審查委員
審查意見	1.代表著作之研究主題創新，有助於本研究主題的本土化，若長期、有系統的研究，或可推展至國際。 2.在研究方法上，申請人有系統地採用參與觀察、面對面訪談、量表建立等方法，配合未來進行之問卷調查，將有助於此一研究主題理論與實際應用之瞭解。 3.在文獻參考方面，代表著作除參酌國內相關文獻外，亦能參考相關的重要英文文獻。 4.本代表著作之研究成果，可補現有文獻之不足，若能與現有研究論點相配合，有助於對此一研究主題與實際之更佳瞭解。 5.文字通順，結構嚴謹。 6.申請人近五年來勤於發表論文，且著作多圍繞在研究主題。所提出的主張與研究發現，對研究主題之精練有所助益。	1.此一代表作雖具有價值，但因此一主題係十幾年前Westwood & Chan（1992）的觀點，較為過時，最近少有相關研究，因此原創性相對不足。 2.對所蒐集的研究資料（觀察日誌、訪談逐字稿等）以附錄方式呈現，對於這些研究資料的分析成分不足，因而呈現出的意義有限，影響所及，結論上欠缺據以提出系統性之歸納論點。 3.此一代表作的文字易懂清楚。 4.綜合言之，此一代表作雖有價值，但因對研究資料的分析與詮釋不足，以及欠缺歸納性結論和具體建議等，實有改進之空間。以一般大學教授水準而言，此一升等案在著作品質和數量上仍有努力之空間。

總評（勾選）	優點： ・內容充實見解創新 ・研究能力佳 ・所獲結論具學術或實用價值 ・取材豐富組織嚴謹 ・五年內研究成果優良 缺點：無	優點：無 缺點： ・無特殊創見 ・學術或實用價值不高 ・析論欠深入 ・內容不完整
得分	84	68

問題討論 ....

1. 這是兩篇極端對立的審查意見。A審查委員總評得分84（通過）；B審查委員總評得分為68（不通過）。針對相同的論文內容，兩位委員的審查意見可說南轅北轍，主要的原因是什麼？請討論。

2. K君五年內的論文著作共有43篇。但B審查委員說：「此一升等案在著作品質和數量上仍有努力之空間」。您認為B審查委員所謂數量上仍有努力空間的意義是什麼？這樣的審查意見合理嗎？為什麼？

3. K君五年內論文發表43篇，並連獲四年的國科會研究計畫主持榮譽。您覺得以K君的著作表現成果，最終升等教授的期望會成功嗎？為什麼？

4. 告訴讀者一個秘密，根據最終論文審查三級三審（共九位審查委員）的結果，K君順利升等教授成功了。您覺得這樣的結果符合您的期待嗎？為什麼？

5. 讀了此一個案，您覺得學術論文品質的評析有客觀標準嗎？台灣地區研究傑出大學的教師升等審查，多數以送國外審查為原則，您覺得理由何在？為什麼？

論文實例⑫

資料來源	國立新竹教育大學 / 93 / 碩士
論文題目	領導行為與因應策略之評估——以家長式領導風格為例[5]
研究生	蔡秉峰
研究背景	研究者為專職碩士研究生,進入研究所以來,對於領導議題深感興趣。適巧指導教授從事「家長式領導行為」主題之國科會專題研究計畫多年,應用過文件分析、觀察、訪談等探索性研究方法。於是,研究生乃在指導教授協助之下,以指導教授已取得之研究成果為基礎,規劃成家長式領導主題之個案研究,以探討學校組織情境中家長式領導行為的真實樣貌。
▼解析:根據上述進行研究的可行條件,研究生參與指導教授之研究團隊,以個案研究的模式進行研究,並提出以下四個研究目的。	
研究目的	1.檢核學校領導者在組織領導上運用何種家長式領導行為。 2.評估研究對象的領導行為是否達到領導兩大需求之滿足狀況。 3.探討何種家長式領導行為可以有效改善領導效能。 4.提出學校校長經營學校及領導教職員工之可行建議。
▼解析:本研究可以說是以家長式領導為主題,且於學校場域中進行深度「個案研究」之濫觴,因已有指導教授為研究成果為基礎,故於文獻探討後據以提出研究假設。	
文獻架構	一、領導及其相關概念 二、西方領導觀點回顧 三、家長式領導風格之內涵 四、家長式領導風格之相關研究
▼解析:以概念、理論、相關研究之三大準則進行文獻回顧與評析,作為研究假設及研究設計之基礎。	
研究設計	1.本研究採實地實驗研究之精神,進行以單一個體為對象之個案研究,應用了觀察、訪談及討論等技巧。觀察時間長達六個月,最後完成了20篇觀察紀錄及15篇訪談紀錄。 2.研究假設主要是驗證下列模型:

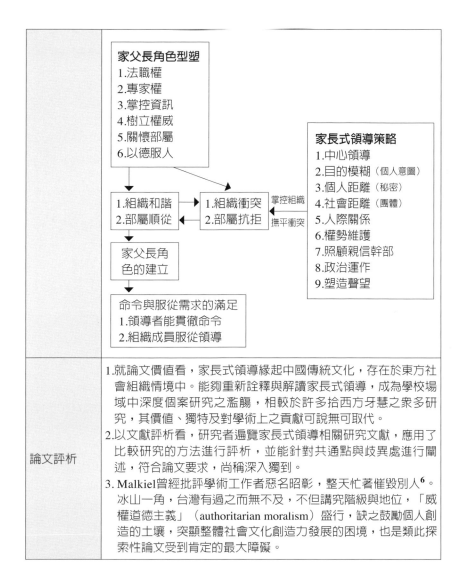

論文評析	1.就論文價值看，家長式領導緣起中國傳統文化，存在於東方社會組織情境中。能夠重新詮釋與解讀家長式領導，成為學校場域中深度個案研究之濫觴，相較於許多拾西方牙慧之眾多研究，其價值、獨特及對學術上之貢獻可說無可取代。 2.以文獻評析看，研究者遍覽家長式領導相關研究文獻，應用了比較研究的方法進行評析，並能針對共通點與歧異處進行闡述，符合論文要求，尚稱深入獨到。 3. Malkiel曾經批評學術工作者惡名昭彰，整天忙著催毀別人[6]。冰山一角，台灣有過之而無不及，不但講究階級與地位，「威權道德主義」（authoritarian moralism）盛行，缺之鼓勵個人創造的土壤，突顯整體社會文化創造力發展的困境，也是類此探索性論文受到肯定的最大障礙。

參考文獻

第一章

1.張美惠（譯）（1999）。**美之為物──美的科學**（Nancy Etcoff著：*The science of beauty*）。台北市：時報文化。

2.趙盾（譯）（1964）。**科學入門**（James B. Conant著：*Science and common sense*）。香港：今日世界。

3.Popper, K. R. (1968). *The logic of scientific discovery*. New York: Harper & Row.

4.熊鈍生（主編）（1980）。**辭海**。台北市：台灣中華。

5.Johnson, R. A. et al. (1967). *The theory and management of systems*. New York: McGraw-Hill.

6.聶崇信、朱秀賢（譯）（1990）。**民主概論**（Carl Cohen著：*Democracy*）。台北市：商務印書館。

7.張春興（1989）。**張氏心理學辭典**。台北市：東華。

8.楊國樞、文崇一、吳聰賢、李亦園（編）（1990）。**社會及行為科學研究法（上冊）**。台北市：東華。

9.程樹德（譯）（2000）。**研究科學的第一步**（Santiago Ramón y Cajal著：*Advice for a young investigator*）。台北市：究竟。

10.林玉體（1987）。**邏輯**。台北市：三民。

11.郁慕鏞（1994）。**科學定律的發現**。台北市：淑馨。

12.同7。

13.張春興（1983）。**怎樣突破讀書的困境**。台北市：東華。

14.李長鴻（譯）（1985）。**讀書方法**（T. F., Staton著：*How to study*）。台北市：聯經。

15.同13。

16.李遠哲（1997）。**為什麼要唸研究所？**1997年1月14日於台大醫學院演講摘錄。台北市：台灣大學。

17.同9。

18.莊忠和（2007）。**國民小學初任教師專業發展與輔導之研究**。國立新竹教育大學職業繼續教育研究所碩士論文，未出版，新竹市。

第二章

1.毛治國（2003）。**決策**。台北市：天下。

2.莊忠和（2007）。**國民小學初任教師專業發展與輔導之研究**。國立新竹教育大學職業繼續教育研究所碩士論文，未出版，新竹市。

3.郭惠美（2011）。**高科技公司校園人才招募策略及其對企業影響之研究**。國立新竹教育大學人力資源發展研究所碩士論文，未出版，新竹市。

4.American Psychological Association. (2001). *Publication Manual of the American Psychological Association* (5th ed.). Washington, DC: Author.

5.同4。

6.廖柏森（2007）。**英文研究論文寫作關鍵句指引**。台北市：眾文。

7.楊國樞、文崇一、吳聰賢、李亦園（編）（1990）。**社會及行為科學研究法（上冊）**。台北市：東華。

8.郭生玉（1985）。**心理與教育研究法**。新北市：精華。

9.游琇雲（2008）。**台北市公立國民小學附設幼稚園教師專業發展與家長滿意度之研究**。國立台北教育大學教育政策與管理研究所碩士論文，未出版，台北市。

10.Weissberg, R., & Buker, S. (1990). *Writing up research: experimental research report writing for students of english*. Englewood Cliffs. NJ: Prentice Hall.

11.朱浤源（主編）（2002）。**撰寫博碩士論文實戰手冊**。台北市：正中。

12.李遠哲（1997）。**為什麼要唸研究所？**1997年1月14日於台大醫學院演講摘錄。台北市：台灣大學。

13.同4。

14.陳正昌（2004）。**行為及社會科學統計學**。台北市：巨流。

15.謝金青（2002）。**家長式領導風格之檢驗──兩所國民小學之觀察研究**。國科會補助專題研究計畫（計畫主持人）。計畫編號：NSC

91-2413-H-134-003。

16.謝金青（1997）。**國民小學學校效能評鑑指標與權重體系之建構**。國立政治大學教育研究所博士論文，未出版，台北市。

17.吳明清（2004）。**教育研究——基本觀念與方法分析**。台北市：五南。

18.游仁謙（2006）。**室內裝修業管理系統與顧客滿意度之研究**。國立成功大學高階管理碩士在職專班碩士論文，未出版，台南市。

第三章

1.張春興（1989）。**張氏心理學辭典**。台北市：東華。

2.Robbins, Stephen P. (2001). *Organizational behavior* (9th). N. J.: Prentice-Hall.

3.黃囇莉、李茂興（合譯）（1990）。**組織行為——管理心理學理論與實務**。台北市：揚智。

4.朱浤源（主編）（2002）。**撰寫博碩士論文實戰手冊**。台北市：正中。

5.謝金青（2003）。家長式領導風格內涵之理解與分析——學校場域中的研究報告。載於輔仁大學教育領導與發展研究所編印：**第二屆「教育領導與發展」學術研討會論文集**（頁73-94）。新北市：輔仁大學。

6.謝金青（2005）。論創造力發展障礙之跨越。**教育研究月刊，133**，頁23-30。

7.張奕華、許正妹（2008）。**研究方法與軟體應用——概念及實例**。台北市：心理。

8.童國倫、潘奕萍（2010）。**EndNote & RefWorks——論文與文獻寫作管理**。台北市：五南。

9.碩睿資訊（2011）。**EndNote使用手冊**。http://www.isiuser.com. Thomson Reuters.

10.同6。

11.American Psychological Association. (2001). *Publication Manual of the American Psychological Association* (5th ed.). Washington, DC: Author.

12.謝金青（2008）。**DPM評估系統在教育人力資源發展之應用研究**

（I）。國科會補助專題研究計畫（計畫主持人）。計畫編號：NSC 97-2410-H-134-007。

13.陳淑卿（2007）。**國民小學英語教師專業發展之研究**。國立新竹教育大學職業繼續教育研究所碩士論文，未出版，新竹市。

第四章

1.方佳梅（2005）。**國民小學智慧資本衡量指標之研究**。國立新竹教育大學職業繼續教育研究所碩士論文，未出版，新竹市。
2.蕭瑞麟（2006）。**不用數字的研究**。台北市：培生集團。
3.林清山（1985）。**心理與教育統計學**。台北市：東華。
4.同3。
5.施正屏（主譯）（2008）。**企業研究法**。台北市：學富。
6.洪文良、謝金青（2002）。**理想抽樣有效人數對照表**。2010年9月21日，取自http://www.nhcue.edu.tw/~king0120。
7.同2。
8.TVBS民調中心（2008）。**2008總統大選選前8天民調**。2008年3月26日，取自http://www.tvbs.com.tw/news/poll_center/index.html?dd=2008/3/15.
9.TVBS民調中心（2008）。**2008總統大選選前1天民調**。2008年3月26日，取自http://www.tvbs.com.tw/news/poll_center/index.html?dd=2008/3/22.
10.游琇雲（2008）。**台北市公立國民小學附設幼稚園教師專業發展與家長滿意度之研究**。國立台北教育大學教育政策與管理研究所碩士論文，未出版，台北市。

第五章

1.吳明清（2004）。**教育研究——基本觀念與方法分析**。台北市：五南。
2.楊國樞、文崇一、吳聰賢、李亦園（編）（1990）。**社會及行為科學研究法（上冊）**，頁25。台北市：東華。
3.郭生玉（2002）。**心理與教育研究法**。新北市：精華。
4.楊國樞、文崇一、吳聰賢、李亦園（編）（1990）。**社會及行為科學**

研究法（上冊），頁21-27。台北市：東華。

5.同3

6.郭生玉（1985）。心理與教育測驗。新北市：精華。

7.同1。

8.楊國樞、文崇一、吳聰賢、李亦園（編）（1990）。社會及行為科學研究法（上冊），頁232。台北市：東華。

9.同3。

10.張春興（1989）。張氏心理學辭典。台北市：東華。

11.同3。

12.謝金青（2003）。家長式領導風格內涵解析與情境因應模型之建立（I）。國科會專題研究計畫：NSC 92-2413-H-134-006。

13.謝金青（2002）。家長式領導風格之檢驗──兩所國民小學之觀察研究。國科會專題研究計畫：NSC 91-2413-H-134-003。

14.同10。

15.同10。

16.張春興（1983）。怎樣突破讀書的困境。台北市：東華。

17.黃淑貞（2005）。國民小學實習教師智慧資本之研究。國立新竹教育大學職業繼續教育研究所碩士論文，未出版，新竹市。

第六章

1.張春興（1989）。張氏心理學辭典。台北市：東華。

2.同1。

3.廖泉文（1990）。高等教育系統工程。福建：廈門大學。

4.同3。

5.李遠哲（1997）。為什麼要唸研究所？1997年1月14日於台大醫學院演講摘錄。台北市：台灣大學。

6.郭生生（1985）。心理與教育測驗，頁4。新北市：精華。

7.郭生玉（2002）。心理與教育研究法，頁76-85。新北市：精華。

8.同6。

9.Mason, E. J., & Bramble, W. J. (1978). *Understanding and Conducting Research: Application in Education and the Behavioral Sciences*. N.Y.: McGraw-Hill.

10.楊寓婷（2011）。**科技公司員工變革意願及其相關因素之研究**。國立新竹教育大學人力資源發展研究所碩士論文，未出版，新竹市。

第七章

1.程樹德（譯）（2000）。**研究科學的第一步**（Santiago Ramón y Cajal 著：*Advice for a young investigator*）。台北市：究竟。
2.陳正昌、張慶勳（編著）（2007）。**量化研究與統計分析**。台北市：新學林。
3.郭生玉（1985）。**心理與教育測驗**。新北市：精華。
4.張春興（1989）。**張氏心理學辭典**。台北市：東華。
5.游琇雲（2008）。**台北市公立國民小學附設幼稚園教師專業發展與家長滿意度之研究**。國立台北教育大學教育政策與管理研究所碩士論文。未出版，台北市。
6.同5。
7.同5。
8.謝金青（2003）。**家長式領導風格內涵解析與情境因應模型之建立（I）**。國科會補助專題研究計畫（計畫主持人）。計畫編號：NSC 92-2413-H-134-006。
9.同3。
10.Hsieh, K. C., & Chen, Y. C.* (2011). Development and significance of paternalistic leadership behavior scale. *Asian Social Science, 7*(2), 45-55.
11.許育禎（2008）。**國民小學教師角色職能與顧客滿意度認知之研究**。國立新竹教育大學人力資源發展研究所碩士論文，未出版，新竹市。

第八章

1.張春興（1989）。**張氏心理學辭典**。台北市：東華。
2.郭生玉（1985）。**心理與教育測驗**。新北市：精華。
3.同2
4.同1。

5. 游琇雲（2008）。**台北市公立國民小學附設幼稚園教師專業發展與家長滿意度之研究**。國立台北教育大學教育政策與管理研究所碩士論文，未出版，台北市。

6. 同2。

7. 陳正昌、張慶勳（編著）（2007）。**量化研究與統計分析**。台北市：新學林。

8. 同5。

9. 同7。

10. 同7。

11. 方佳梅（2006）。**國民小學智慧資本衡量指標之研究**。國立新竹教育大學職業繼續教育研究所碩士論文，未出版，新竹市。

第九章

1. 陳正昌（2004）。**行為及社會科學統計學**。台北市：巨流。

2. 同1。

3. 孟慶茂、馮伯麟（編）（1992）。**心理與教育統計學**。台北市：五南。

4. 張春興（1989）。**張氏心理學辭典**。台北市：東華。

5. 同4。

6. 白泋予（2011）。**組織氣氛對離職傾向影響之相關研究**。國立新竹教育大學人力資源發展研究所碩士論文，未出版，新竹市。

第十章

1. 謝金青（1992）。APA論文寫作格式中國化之探討。載於**教育研究與發展**，頁49-67。台北市：台灣書店。

2. American Psychological Association. (2009). *Publication Manual of the American Psychological Association* (6th ed.). Washington, DC: Author.

3. 同2。

4. 同1。

5. 林天祐（2010年8月30日）。**APA格式第六版**。2011年7月3日，取自

　　http://lib.tmue.edu.tw/service/Data/APA_format_990830.pdf。

6.同2。

7.同2。

8.同2。

9.同2。

10.聶崇信、朱秀賢（譯）（1990）。**民主概論**（Carl Cohen著：
　　Democracy）。台北市：商務印書館。

11.同2。

12.劉邦正（2011）。**企業組織人才甄選、教育訓練及其相關因素之研
　　究**。國立新竹教育大學人力資源發展研究所碩士論文，未出版，
　　新竹市。

第十一章

1.謝金青（2006）。**學位論文發展方格——研究計畫之指引與要求**。「量
　　的研究法」課程講義，未發表。

2.American Psychological Association. (1994). *Publication Manual of the
　　American Psychological Association* (3th ed.). Washington, DC:
　　Author.

3.American Psychological Association. (2005). *Publication Manual of the
　　American Psychological Association* (5th ed.). Washington, DC:
　　Author.

4.American Psychological Association. (2009). *Publication Manual of the
　　American Psychological Association* (6th ed.). Washington, DC:
　　Author.

5.同4。

6.游琇雲（2008）。**台北市公立國民小學附設幼稚園教師專業發展與家長
　　滿意度之研究**。國立台北教育大學教育政策與管理研究所碩士論
　　文。未出版，台北市。

7.同4。

8.同3。

9.郭惠美（2011）。**高科技公司校園人才招募策略及其對企業影響之研
　　究**。國立新竹教育大學人力資源發展研究所碩士論文，未出版，

新竹市。

第十二章

1. 謝金青（2004）。**研究歷程中──主觀心理評量的客觀化**。「教育管理研究」課程講義，未發表。

2. 台灣省教育廳（1992）。台灣省全省美術展覽會評審要點。載於**台灣省第四十七屆全省美術展覽會彙刊**，頁392。台中市：台灣省立美術館。

3. 廖柏森（2007）。**英文研究論文寫作關鍵句指引**。台北市：眾文。

4. American Psychological Association. (2001). *Publication Manual of the American Psychological Association* (5th ed.). Washington, DC: Author.

5. 蔡秉峰（2004）。**領導行為與因應策略之評估**。國立新竹教育大學職業繼續教育研究所碩士論文，未出版，新竹市。

6. 楊美齡（譯）（1999）。**漫步華爾街**。台北市：天下文化。

研究方法叢書 5

社會科學研究法——論文寫作之理論與實務

作　　者／謝金青
出 版 者／威仕曼文化事業股份有限公司
發 行 人／葉忠賢
總 編 輯／閻富萍
特約執編／鄭美珠
地　　址／新北市深坑區北深路三段 260 號 8 樓
電　　話／(02)8662-6826
傳　　真／(02)2664-7633
網　　址／http://www.ycrc.com.tw
 E-mail ／service@ycrc.com.tw
印　　刷／鼎易印刷事業股份有限公司
 I S B N ／978-986-6035-01-2
初版二刷／2014 年 2 月
定　　價／新台幣 450 元

國家圖書館出版品預行編目(CIP)資料

社會科學研究法：論文寫作之理論與實務 /
謝金青著. -- 初版. -- 新北市：威仕曼文
化, 2011.08
　　面；　公分. -- （研究方法叢書；5）

ISBN 978-986-6035-01-2 (精裝)

1.社會科學　2.研究方法

501.2　　　　　　　　　　　　100015396

Note...

Note...

Note...